イギリス労働関連法制の履行確保

西畑 佳奈

イギリス労働関連法制の履行確保

―― 歴史的変遷と行政機関の役割 ――

学術選書
260
労働法

信山社

は し が き

　本書は，筆者が立命館大学大学院博士課程前期・後期課程で研究を行った成果である博士論文を基礎に執筆したものである。

　本書は，イギリスにおける労働関連法制の履行確保機構（行政機関）による民事救済権限が，労働者の権利救済となるのかという視点から，民事救済権限の意義および課題を解明するものである。イギリスにおける労働関連法制，とりわけ最低賃金法，民営職業斡旋事業法制，差別禁止法の歴史的変遷および内容は，先行研究によって詳細に明らかにされている。もっとも，行政機関による労働関連法制の「履行確保」に焦点を当てる研究は無きに等しい。そこで，本書は，これまでに明らかにされている労働関連法制の歴史的変遷および内容を跡付けるとともに新たな変遷にも対応した上で，労働関連法制の履行確保，とりわけ行政機関による履行確保に焦点をあてる。

　本書の執筆作業を行っている 2024 年 8 月現在，本書の核心ともいえる新たな履行確保機構（SEB）の設置は，遅々として進んでいない。しかし，イギリスでは，7 月 4 日，14 年ぶりに労働党が政権を奪還し，2024 年労働党マニフェストにおいても SEB の新設が掲げられている。本書が，労働関連法制の履行確保機構に係る研究のさらなる議論展開のひとつの契機となることを願う。

　本書の執筆・編集・刊行にあたっては，さまざまな方々のご支援を賜った。立命館大学大学院時代の指導教員である佐藤敬二先生（立命館大学教授）は，不肖の弟子である筆者に研究と教育について一からご教示いただいた恩師である。これまでのご指導に心から感謝申し上げたい。

　また，筆者の研究の遂行に関してご助言いただいた長谷川聡先生（専修大学教授），研究者・教員としてまだまだ未熟な筆者を温かく迎えてくださった最初の着任校である岩手大学の先生方，特に，公私ともにお世話いただいている本庄未佳先生（岩手大学准教授），本書の出版にあたりご快諾いただいた，信山

v

はしがき

社編集部の稲葉文子さんならびに今井守さんに厚く御礼申し上げる。

　最後に，これまで27年間筆者を支え続けてくれた家族に，感謝の意を表したい。

2024 年 8 月

暑さ厳しい大阪の書斎にて

西 畑 佳 奈

〔謝辞〕本書は，立命館大学大学院博士課程後期課程博士論文出版助成金制度からの
　　　　助成を受けたものである。

〈目　次〉

序 *3*

　第 1 節　問題の所在〈*3*〉

　第 2 節　本書の目的〈*9*〉

　第 3 節　先行研究と本書の位置づけ〈*10*〉

　第 4 節　本書の構成〈*11*〉

◆ 第 1 部 ◆　最低賃金法の履行確保

は じ め に〈*15*〉

◇ 第 1 章　最低賃金法の歴史的変遷 *17*

　第 1 節　全国最低賃金法の制定以前の最低賃金立法〈*17*〉

　　1　1909 年産業委員会法〈*17*〉

　　　(1) 制 定 過 程〈*17*〉

　　　(2) 内　　容〈*20*〉

　　2　1918 年産業委員会法〈*21*〉

　　　(1) 制 定 過 程〈*21*〉

　　　(2) 内　　容〈*22*〉

　　　(3) その後の展開〈*23*〉

　　3　1945 年賃金審議会法〈*25*〉

　　　(1) 制 定 過 程〈*25*〉

　　　(2) 内　　容〈*26*〉

　　　(3) その後の展開〈*27*〉

　第 2 節　現行の最低賃金法〈*36*〉

　　1　全国最低賃金法の制定過程〈*36*〉

　　2　全国最低賃金法の内容〈*38*〉

　　　(1) 目　　的〈*39*〉

vii

目 次

　　　(2) 適 用 対 象 (40)

　　　(3) 最低賃金の決定方法 (40)

　　　(4) 低賃金委員会の機能 (42)

　　3 全国最低賃金の新たな展開 (43)

第3節 小 括 (45)

◆ 第2章 最低賃金法の履行確保機構の歴史的変遷 47

第1節 商務省の係官による産業委員会法の履行確保 (47)

　　1 産業委員会法の履行確保機構の設置過程 (47)

　　2 権 限 (48)

　　3 商務省の係官による履行確保活動 (49)

第2節 賃金監督官による賃金審議会法の履行確保 (50)

　　1 賃金監督官の設置過程 (50)

　　2 権 限 (50)

　　3 賃金監督官による履行確保活動 (51)

第3節 歳入税関庁(最低賃金履行確保チーム)による全国
　　　　最低賃金法の履行確保 (52)

　　1 歳入税関庁(最低賃金履行確保チーム)の設置過程 (52)

　　2 権 限 (53)

　　　(1) 賃金記録に関する権限 (53)

　　　(2) 未払通告の交付 (53)

　　　(3) 代位訴訟権限 (56)

　　　(4) 刑事処罰を求める権限 (57)

　　　(5) 労働市場エンフォースメント誓約書・命令 (58)

　　　(6) 使用者名公表制度 (59)

　　　(7) 自主的是正制度 (60)

　　3 歳入税関庁(最低賃金履行確保チーム)による履行確保
　　　　活動 (61)

　　4 最低賃金法および労働関連法制の履行確保機構における
　　　　新たな展開 (62)

viii

目　次

◆　第3章　検　討 ·· 65

第1節　最低賃金法の履行確保機構に係る特徴〈65〉
　　1　権限行使の目的〈65〉
　　2　民事救済権限〈65〉
　　3　権限の多様性〈66〉
第2節　歳入税関庁（最低賃金履行確保チーム）の果たす
　　　　役割〈68〉
第3節　民事救済の対象範囲の限定性〈71〉

◆　第2部　◆　民営職業斡旋事業法制の履行確保

は じ め に〈75〉

◆　第1章　民営職業斡旋事業者基準監督機関による民営職業
　　　　　　斡旋事業法制の履行確保 ·· 81

第1節　民営職業斡旋事業法制の歴史的変遷〈81〉
　　1　1973年民営職業斡旋事業法〈81〉
　　　（1）制定過程および目的〈81〉
　　　（2）内　　容〈83〉
　　2　2003年民営職業斡旋事業行為規則〈88〉
　　　（1）制定過程および目的〈88〉
　　　（2）内　　容〈90〉
　　3　2010年派遣労働者規則〈93〉
　　　（1）制定過程および目的〈93〉
　　　（2）内　　容〈95〉
第2節　民営職業斡旋事業法制の履行確保機構の歴史的
　　　　変遷〈103〉
　　1　民営職業斡旋事業者基準室による労働者保護〈103〉
　　　（1）民営職業斡旋事業者基準室の設置過程〈103〉
　　　（2）権　　限〈104〉

ix

目　次

　　　⑶　民営職業斡旋事業者基準室による履行確保活動（*105*）
　　2　民営職業斡旋事業者基準監督機関による労働者保護（*107*）
　　　⑴　民営職業斡旋事業者基準監督機関の設置過程（*107*）
　　　⑵　権　限（*107*）
　　　⑶　民営職業斡旋事業者基準監督機関による履行確保活動（*110*）
　第3節　小　括（*115*）

◆　**第2章　ギャングマスター及び労働者酷使取締局による民営**
　　　職業斡旋事業法制の履行確保 ⋯⋯⋯⋯⋯⋯⋯⋯⋯⋯⋯⋯ *119*

　第1節　ギャングマスター及び労働者酷使取締局の管轄法令の歴史
　　　　的変遷（*121*）
　　1　2004年ギャングマスター（許可制度）法（*121*）
　　　⑴　制定過程および目的（*121*）
　　　⑵　内　容（*122*）
　　2　2015年現代奴隷法（*124*）
　　　⑴　制定過程および目的（*124*）
　　　⑵　内　容（*125*）
　　3　2016年移民法（*128*）
　　　⑴　制定過程および目的（*128*）
　　　⑵　内　容（*129*）
　第2節　2004年ギャングマスター（許可制度）法の履行確保機構の歴
　　　　史的変遷（*130*）
　　1　ギャングマスター許可局による労働者保護（*130*）
　　　⑴　設置過程（*130*）
　　　⑵　権　限（*131*）
　　　⑶　ギャングマスター許可局による履行確保活動（*133*）
　　2　ギャングマスター及び労働者酷使取締局による労働者保護（*134*）
　　　⑴　ギャングマスター許可局からギャングマスター及び労働者
　　　　　酷使取締局への移行（*134*）
　　　⑵　権限の拡大（*136*）
　　　⑶　ギャングマスター及び労働者酷使取締局による履行確保

目　次

活動（*139*）

◈ **第3章　検　討** ·· *143*

第1節　民営職業斡旋事業法制の履行確保機構に係る特徴（*143*）
　　1　民営職業斡旋事業者基準監督機関とギャングマスター及び
　　　労働者酷使取締局による履行確保（*143*）
　　2　民営職業斡旋事業者基準監督機関とギャングマスター及び
　　　労働者酷使取締局の権限（*145*）
　　3　ギャングマスター及び労働者酷使取締局の人的・経済的
　　　資源（*145*）
第2節　民営職業斡旋事業法制の履行確保機構の果たす役割（*147*）
　　1　民営職業斡旋事業法制の履行確保機構による履行確保の
　　　対象者（*147*）
　　2　管　轄　法　令（*147*）
　　3　ギャングマスター(許可制度)法の適用範囲（*148*）
　　4　民営職業斡旋事業者基準監督機関およびギャングマスター
　　　及び労働者酷使取締局の履行確保手法（*149*）

◆ **第3部** ◆　**差別禁止法の履行確保**

は　じ　め　に（*155*）

◈ **第1章　差別禁止法の歴史的変遷** ··························· *157*

第1節　2010年平等法以前の差別禁止法（*159*）
　　1　1975年性差別禁止法（*159*）
　　　(1)　制　定　過　程（*159*）
　　　(2)　内　　容（*161*）
　　2　1976年人種関係法（*164*）
　　　(1)　制　定　過　程（*164*）
　　　(2)　内　　容（*166*）
　　3　1995年障害差別禁止法（*168*）

目　次

　　　　⑴　制　定　過　程（*168*）

　　　　⑵　内　　　容（*169*）

　第2節　現行の差別禁止法（*173*）

　　　1　2006年平等法（*173*）

　　　　⑴　制　定　過　程（*173*）

　　　　⑵　内　　　容（*175*）

　　　2　2010年平等法（*175*）

　　　　⑴　制定過程（*175*）

　　　　⑵　内　　　容（*176*）

　第3節　小　　　括（*178*）

◆　**第2章　差別禁止法の履行確保機構の歴史的変遷** ···················· *181*

　第1節　2010年平等法以前の差別禁止法の履行確保（*182*）

　　　1　各委員会の設置過程と構成（*182*）

　　　2　各委員会の権限（*183*）

　　　　⑴　公　式　調　査（*184*）

　　　　⑵　差別停止通告（*185*）

　　　　⑶　差止命令の申請（*185*）

　　　　⑷　労使審判所の審判権（*186*）

　　　　⑸　個別申立てに係る援助（*187*）

　　　　⑹　協　　　定（*188*）

　　　3　各委員会による権限行使の状況（*188*）

　第2節　現行の差別禁止法の履行確保（*190*）

　　　1　設置過程および構成（*190*）

　　　2　権　　　限（*191*）

　　　　⑴　審　　　問（*191*）

　　　　⑵　調　　　査（*193*）

　　　　⑶　違法行為通告（*193*）

　　　　⑷　協　　　定（*195*）

　　　　⑸　司法審査その他の法的手続（*196*）

　　　3　平等・人権委員会による権限行使の状況（*197*）

xii

目 次

◆ **第3章 検 討** ────────────────────── *199*

第1節 イギリスにおける差別禁止法の履行確保機構に係る
　　　特徴 *(199)*
　　1 差別禁止法の履行確保機構の統合 *(199)*
　　2 各差別行為に係る問題に即した救済・是正手段 *(200)*
　　3 履行確保機構による提訴権 *(203)*
第2節 差別禁止法に係る現行履行確保手法の課題 *(204)*

◆ **第4部** ◆ **イギリス労働関連法制の履行確保機構の統合**

は じ め に *(211)*

◆ **第1章 DLME の新設** ───────────────── *215*

第1節 DLME の設置過程 *(215)*
　　1 移民問題助言委員会の報告 *(215)*
　　2 意見聴取の実施 *(218)*
　　⑴ 管 轄 事 項 *(218)*
　　⑵ 職　権 *(219)*
第2節 DLME の職務 *(220)*
　　1 LME 戦略および年報の作成・提出 *(220)*
　　⑴ LME 戦略 *(220)*
　　⑵ 年　報 *(222)*
　　2 履行確保機構間の情報提供の橋渡し(情報ハブ) *(223)*
第3節 DLME の及ぼす影響 *(224)*
　　1 スポーツ祭典における共同履行確保活動 *(225)*
　　2 レスター繊維産業における共同履行確保活動 *(226)*

◆ **第2章 SEB の構想** ────────────────── *231*

第1節 SEB の構想過程 *(232)*
　　1 テイラー報告書 *(232)*

xiii

目　次

　　　⑴　民営職業斡旋事業者基準監督機関による履行確保の対象
　　　　　事業者の拡大 (233)

　　　⑵　民営職業斡旋事業者基準監督機関の管轄法令の拡大 (233)

　　　⑶　休日賃金の履行確保機構の設置 (234)

　　2　Good Work Plan（2018年政策文書）(236)

　　　⑴　民営職業斡旋事業者基準監督機関による履行確保の対象
　　　　　事業者の拡大 (236)

　　　⑵　民営職業斡旋事業者基準監督機関の管轄法令の拡大 (236)

　　　⑶　休日賃金の履行確保機構の設置 (237)

第2節　SEB の管轄法令・権限・履行確保手法 (238)

　　1　SEB の新設に関する意見聴取 (238)

　　　⑴　既存の履行確保機構の問題点および SEB の有効性 (238)

　　　⑵　SEB の管轄法令 (239)

　　　⑶　SEB の権限・制裁 (243)

　　　⑷　SEB の履行確保手法 (244)

　　2　意見聴取における見解に対する政府回答 (245)

　　　⑴　既存の履行確保機構の問題点および SEB の有効性 (245)

　　　⑵　SEB の管轄法令 (246)

　　　⑶　SEB の権限・制裁 (248)

　　　⑷　SEB の履行確保手法 (248)

　　3　SEB の新設に関する意見聴取後の DLME，TUC，労働党の
　　　　反応 (249)

◆　第3章　検　討 ……………………………………………………………… 251

第1節　労働関連法制の履行確保機構の特徴 (251)

　　1　労働関連法制の履行確保機構間の共同履行確保活動 (251)

　　2　履行確保機構による労働関連法制の履行確保のあり方の
　　　　再編 (252)

第2節　労働関連法制の履行確保機構の統合における課題 (254)

　　1　SEB による民営職業斡旋事業法制の履行確保機構への
　　　　影響 (254)

xiv

2　SEB に統合されない平等・人権委員会への影響（255）

結 ·· *259*

第1節　本書の総括（*259*）
　　　⑴　行政機関よる民事救済権限の特徴（*259*）
　　　⑵　行政機関による民事救済権限の課題（*260*）
　　　⑶　結　論（*261*）
第2節　残された課題（*262*）

索　引（巻末）

イギリス労働関連法制の履行確保

序

◆ 第1節　問題の所在

　個別的労働関係法をどのように実現するのか，すなわち個別的労働関係法の履行確保（enforcement）が重要な検討課題となっている[1]。個別的労働関係法により，使用者の責任・義務が規定されていても，実際に，その履行を確保できなければ，労働者の保護を図ることはできない。そこで，個別的労働関係法の履行確保手段の拡充が必要不可欠となる。

　個別的労働関係法の履行確保手段は，①刑事司法による履行確保，②行政機関による履行確保，③私人間の紛争処理を通じた履行確保，④自発的な法遵守の促進（法の周知・情報提供等）による履行確保に大別されるといわれている[2]。これらに加えて，⑤労働組合による履行確保もある。①において，刑事罰を使用者に科すことのみによっては労働者の権利を直接的に救済できない。③において，個別労働者による民事訴訟が時間的・経済的・精神的負担の観点から容易ではない。④において，悪質な使用者により法違反が生じている場合には現実的な救済には繋がらない。⑤において，日本では，労働組合組織率および労働協約適用率の低さからこれが有効に機能するとはいえない。以上のことに鑑みて，②行政機関による履行確保手段は，個別的労働関係法の履行確保および労働者の権利救済にとってきわめて重要な手段となる。

---

[1]　個別的労働関係法のエンフォースメントが重大な検討課題となっていると指摘するものとして，和田肇「労働法のエンフォースメント ── 雇用平等・差別禁止法制を中心に」労働法律旬報1953号（2020年）41-58頁，山川隆一「労働法の実現手法に関する覚書」西谷敏先生古稀記念『労働法と現代法の理論（上）』（日本評論社，2013年）75-103頁，島田陽一＝野川忍＝山川隆一「〈鼎談〉問題提起・労働法のエンフォースメント」季刊労働法234号（2011年）2-26頁等がある。

[2]　労働法の履行確保手段の整理は，山川・前掲注(1)を参照。

序

　日本において，労働基準監督官，雇用環境・均等部(室)，需給調整事業部(室)等による個別的労働関係法の履行確保手段のうち，とりわけ行政的監督(罰則を背景としてその圧力によって積極的に違反行為の発生を未然に防止し，また，終息させる働きをもつもの)は，民事訴訟による侵害された権利の回復や違反した使用者の事後的な処罰だけでは，労働者の「具体的な権利の救済」という観点からは不十分なものと言わざるを得ないとして要請されたとされる[3]。また，男女雇用機会均等法や労働者派遣法等の履行確保手段である紛争解決援助(助言・指導・勧告)は，紛争の問題点を指摘し，解決の方向を示すことにより，紛争当事者による自主的な解決を促進することを目的とする。

　現状の行政機関による個別的労働関係法の履行確保では，次の理由から，労働者の権利を救済することが容易ではない。第一に，労働基準関係法の主たる履行確保手段として，①行政処分，②行政指導，③基準監督があるが，①行政処分は，事業改善・停止命令(労働者派遣法49条)，使用停止命令(労働安全衛生法98条)等，それを受ける違法行為が限定されており，②行政指導は，使用者の任意の協力によって実現される法的拘束力のないものであり，③基準監督は，監督官の人数の少なさゆえに，各事業場への定期監督は，おおむね30年に1度しか行うことができない状況にある[4]からである。第二に，都道府県労働局長による紛争解決援助(助言・指導・勧告)や裁判外紛争処理手続による労使間の紛争処理は，労働者もしくは事業主による相談または当事者の希望に応じて実施されるため，労働者の権利認識および時間的・経済的・精神的負担を要するものであり，さらに，これらの紛争処理もまた，法的拘束力のないものであるからである。したがって，上記措置後も使用者が法違反を是正しない場合に，労働者が権利を実現するためには，最終的には，労働者自身によって民事訴訟を行い，救済を図るしかないのが現状である。

　日本では，労働基準関係法の違反率が約70％[5]，男女雇用機会均等法，パートタイム・有期雇用労働法，および育児・介護休業法の違反率が約70〜

---

(3)　厚生労働省労働基準局編『労働基準法(下)—— 労働法コンメンタール3』(労務行政，2022年)1077頁。

(4)　片岡曻・萬井隆令=西谷敏編『労使紛争と法—— 解決への道』〔佐藤敬二，丹野弘，松林和夫執筆部分〕(有斐閣，1995年)212-213頁。

(5)　厚生労働省労働基準局『労働基準監督年報〔第75回〕』(2022年)。

第1節　問題の所在

85 %[6]，労働者派遣法および職業安定法の違反率は約 60 %[7]と高い状況にある。違反率だけでなく，行政機関による履行確保の効果（是正状況）にも問題がある。日本において，行政機関による指導後の是正状況を評価できる指標が必ずしも確立されているとはいえないが，例えば，2020 年度の賃金不払事案において，行政機関による指導後の未解決・未救済率は約 40 %であった[8]。また，男女雇用機会均等法違反では約 35 %，パート・有期雇用労働法違反では約 40 %，育児・介護休業法違反では約 20 %が，労働施策総合推進法違反では約 50 %が，行政機関による指導後も未解決・未救済のままとなっていた[9]。

　行政機関による個別的労働関係法の履行確保が，労働者の権利救済にとってきわめて重要であるが，行政機関による指導後の是正状況が高くないという状況にもかかわらず，日本において，行政機関による個別的労働関係法の履行確保手段を改良するための議論が行われているとはいえない。

　イギリスでは，「労働関連法制」[10]の履行確保に作用する行政機関（以下，「履行確保機構」とする。）による履行確保の重要性に加えて，近年（とりわけ 2018 年前後から），履行確保機構の新たな展開が議論の俎上に載せられている。プ

⑹　都道府県労働局雇用環境・均等部(室)「令和 5 年度都道府県労働局雇用環境・均等(部)室での法施行状況について」。

⑺　厚生労働省東京労働局「民間人材ビジネスに対する指導監督状況をまとめました〜延べ 3,999 事業所に指導監督を実施，2 事業主に対して行政処分〜」（2022 年 6 月 24 日発表），https://jsite.mhlw.go.jp/tokyo-roudoukyoku/content/contents/001182126.pdf（2024 年 7 月 31 日閲覧）。ただし，この数値は，指導監督を実施した事業所数に占める是正指導（文書指導）を行った件数の割合である。2017 年に東京労働局は，（指導監督を実施した事業所数に占める是正指導（文書指導）を行った件数の割合は，2022 年 6 月 24 日に発表されたものと同じく約 60 %であるが）労働者派遣事業所の 70 %以上が法違反の状況にあると発表した（厚生労働省東京労働局「民間人材ビジネスに対する指導監督状況をまとめました〜労働者派遣事業所の 72.4 %に法令違反，2 社に対して行政処分〜」（2017 年 6 月 22 日発表），https://jsite.mhlw.go.jp/tokyo-roudoukyoku/var/rev0/0145/4008/201762215023.pdf（2024 年 7 月 31 日閲覧））。

⑻　厚生労働省労働基準局・前掲注⑸。

⑼　都道府県労働局雇用環境・均等部(室)・前掲注⑹。

⑽　本書において，「労働関連法制」は，雇用や労使に関係する法律（労働法）だけでなく，雇用形態に限定されない働き方をする就労者を広く包摂することを念頭においた労働市場の機能調整に関係する法制全般を含めたものを意味する。例えば，奴隷法や移民法等，本来，労働法に該当しないような法制度であっても，イギリスでは，労働市場の機能調整的内容を含んでおり，「労働関連法制」はこのような法制度も含んで用いる。

序

ラットフォームを介して企業や個人から仕事を請け負うクラウドワーカーの増加によるこれらの労働者（worker）該当性の議論において，労働者に該当する意義，すなわち労働者としての権利の保障が重要であり，仮に労働者に該当し，権利を享受できたとしても，使用者の法違反により権利が侵害される場合，自己の権利を実現することが容易ではないとして，労働関連法制の履行確保の重要性が議論されるに至っている[11]。イギリスにおいても，労働組合組織率および労働協約適用率[12]の減少ならびに権利救済のための民事訴訟により生ずる労働者に対する時間的・経済的負担に鑑みて，労働関連法制の履行確保機構による履行確保手段が，労働者の権利救済にとって重要となっている[13]。

　現在，イギリスでは，図表1に示すように，労働関連法制の履行確保機構が，各法令に基づいて大きく7つに分かれている。このような状況に対しては，①労働者側にとっては法違反の申告先が，使用者側にとっては法令遵守のための情報収集先が不明確である，②各履行確保機構で権限および制裁が異なることから法違反に対する履行確保手段の予見可能性がない，③履行確保機構が法違反使用者に関する包括的な情報を持てていない，という課題が示されている[14]。これらの課題に取り組むために，現在，図表1のように分立している履行確保機構を単一の履行確保機構（Single Enforcement Body：以下，「SEB」とする。）に統合しようという動きが生じている。構想されている履行確保機構の統合案では，主として最低賃金の履行確保機構である「歳入税関庁[15]（最低賃金履行確保チーム）（HM Revenue & Customs National Minimum Wage

---

[11]　Matthew Taylor, *Good Work: The Taylor Review of Modern Working Practices* (2017) ch 8.

[12]　2023年度における労働組合組織率は22.4 %，労働協約適用率は20.6 %であった（Department for Business & Trade (DBT), *Trade Union Membership, UK 1995-2023: Statistical Bulletin* (29 May 2024) tables 1.2b and 1.11）。

[13]　BEIS, *Good Work Plan: establishing a new Single Enforcement Body for employment rights* (Consultation Paper, 2019) 3.

[14]　BEIS, *Establishing a new single enforcement body for employment rights* (Government Response, 2021) 8.

[15]　歳入税関庁（HM Revenue & Customs）では，税金の賦課・徴収，国民保険料の徴収，各種手当の支払い，最低賃金の履行確保等の職務を，歳入税関庁内の各チームが遂行している。本書において，「歳入税関庁」という場合には，特定のチームを指すものではない。

team）」，民営の職業紹介・労働者派遣事業を規制する法律（以下，「民営職業斡旋事業法制」とする。）の履行確保機構である「民営職業斡旋事業者基準監督機関（Employment Agency Standards Inspectorate）」，および「ギャングマスター[16]及び労働者酷使取締局（Gangmasters & Labour Abuse Authority）」の三機構が対象となっている。イギリスにおける新しい履行確保機構は，既存の履行確保機構の権限や履行確保手法（履行確保目的・方法）を基盤として設置されることになる。

図表 1　各履行確保機構の主要な管轄法令

履行確保機構	主要な管轄法令
歳入税関庁 （最低賃金履行確保チーム）	1998 年全国最低賃金法 2015 年全国最低賃金規則
民営職業斡旋事業者 基準監督機関	1973 年民営職業斡旋事業法 2003 年民営職業斡旋事業行為規則
ギャングマスター及び 労働者酷使取締局	2004 年ギャングマスター（許可制度）法 2015 年現代奴隷法第 1 部（奴隷，隷属，強制労働，人身売買）および第 2 部（奴隷及び人身売買防止命令，奴隷及び人身売買危機命令）
労働安全衛生執行局	1974 年労働安全衛生法（安全および健康に対する危険性が比較的高い産業における職場の安全衛生）
地方当局	1974 年労働安全衛生法（安全および健康に対する危険性が比較的低い産業における職場の安全衛生）
歳入税関庁 （法定手当紛争処理チーム）	1992 年社会保障拠出及び給付法（法定傷病手当，法定出産手当，法定父親手当，法定養子縁組手当）
平等・人権委員会	2010 年平等法

（出所）　Department for Business, Energy & Industrial Strategy（BEIS）, *Good Work Plan: establishing a new Single Enforcement Body for employment rights* (Consultation Paper, 2019) table 1 を参考に作成。

---

[16]　ギャングマスターとは，民営職業斡旋事業者の中でも，農業，採貝漁業，および農作物または貝・魚類の加工梱包業に労働者を供給する事業者である。

序

　最低賃金法について，日本では，最低賃金の履行確保手段として，労働基準監督官による行政的監督および刑事罰を規定する（最低賃金法32，33，39〜42条）とともに，最低賃金それ自体に民事上の契約内容となる効力を規定している（4条2項）。実際には，労働基準監督官による監督指導後も，使用者が最低賃金未満の賃金を支払う場合には，労働者自身が最低賃金と支払われた賃金についての差額請求の訴えを裁判所に提起しない限り，労働者の権利を救済することはできない。個別労働者が最低賃金と支払われた賃金の差額を請求するために，裁判に訴えることは費用対効果が低いと考えられるため，結果的には，労働者が泣き寝入りすることになるだろう。

　イギリスでは，日本における最低賃金の履行確保手段とは異なり，現行法下において，最低賃金の履行確保機構である歳入税関庁（最低賃金履行確保チーム）に，労働者に代わって，最低賃金の未払分の支払いを使用者に請求するた

図表2　各履行確保機構の管轄事項

	報酬[17]	法定手当[18]	安全衛生	休日賃金	差別行為
歳入税関庁 （最低賃金履行確保チーム）	○				
民営職業斡旋事業者 基準監督機関	○		○	○	
ギャングマスター及び 労働者酷使取締局	○		○	○	
労働安全衛生執行局			○		
歳入税関庁 （法定手当紛争処理チーム）		○			
平等・人権委員会					○

⒄　報酬とは，労働者の賃金と非労働者の報酬を意味する。

⒅　法定手当とは，法定傷病手当（Statutory Sick Pay），法定出産手当（Statutory Maternity Pay），法定父親手当（Statutory Paternity Pay），法定養子縁組手当（Statutory Adoption Pay）等，1992年社会保障拠出及び給付法（Social Security Contributions and Benefits Act 1992）において規定されている手当の総称を意味する。

めに，民事訴訟を行うという，労働者の権利を直接的に救済できる権限（以下，「民事救済権限」とする。）が付与されている。報酬の履行確保については，歳入税関庁（最低賃金履行確保チーム）だけでなく，図表2のように，民営職業斡旋事業者基準監督機関およびギャングマスター及び労働者酷使取締局も自己の有する権限を行使することができる。ただし，図表3のように民営職業斡旋事業者基準監督機関およびギャングマスター及び労働者酷使取締局には，歳入税関庁（最低賃金履行確保チーム）にある民事制裁・民事救済権限はなく，報酬の履行確保において行使できる権限は，法的拘束力のない通告の交付，刑事訴追，事業許可の取消しに限られている。

　もっとも，履行確保機構の統合議論では，歳入税関庁（最低賃金履行確保チーム）の有する民事救済権限の適用範囲を，最低賃金だけでなく，一部の民営職業斡旋事業法制等，労働関連法制の履行確保手段として拡大することが検討されている。

　また，イギリスでは，歳入税関庁（最低賃金履行確保チーム）のほかに，差別行為を禁止する法律（以下，「差別禁止法」とする。）である 2010 年平等法（Equality Act 2010）の履行確保機構として設置されている平等・人権委員会（Equality and Human Rights Commission）にも，違法な差別行為に係る訴えを提起する民事救済権限が与えられている。近年，平等・人権委員会も，SEBとして統合されるべきであることが指摘されている[17]。

◆ 第2節　本書の目的

　本書は，イギリスにおいて，労働関連法制の履行確保機構による民事救済権限が，労働者の権利救済となるのかという視点から，民事救済権限の特徴を解明する。これを解明することにより，民事救済権限の課題を明らかにしたい。

　行政機関が，労働者に代わって，労働者の権利救済のために民事訴訟を行うという履行確保手段は，日本にはない手段であるが[20]，労働者に経済的・時間

---

[19]　House of Commons Women and Equalities Committee, *Enforcing the Equality Act: the law and the role of the Equality and Human Rights Commission*（HC 1470, 2019）para 122.

序

図表3　各履行確保機構の行使できる権限

	立入調査	通告交付	民事制裁	民事救済	刑事訴追
歳入税関庁 （最低賃金履行確保チーム）	○	○	○	○	○
民営職業斡旋事業者 基準監督機関	○	○			○
ギャングマスター及び 労働者酷使取締局	○	○			○
労働安全衛生執行局	○	○			○
歳入税関庁 （法定手当紛争処理チーム）		○			
平等・人権委員会	○	○		○	

的・精神的負担を課すことなく，労働者の権利救済を直接的に可能にするものとなる。

　日本とイギリスでは，法の形成における裁判所の役割等，法規範の構造が異なるため，単純な日英比較は難しいが，労働者の権利救済に資する監督行政のあり方を検討するにあたり，行政機関の民事救済権限の意義・課題の解明に焦点をあてることは意義のあるものであると考える。

◆　第3節　先行研究と本書の位置づけ

　イギリスにおける労働関連法制，とりわけ最低賃金法，民営職業斡旋事業法制，差別禁止法の歴史的変遷および内容は，先行研究によって詳細に明らかにされている[21]。もっとも，行政機関による労働関連法制の「履行確保」に焦点

---

(20)　過去に，労働基準局内において，労働基準監督官に訴訟代理人の資格を付与すべきではないかという点の検討が行われたとされるが，実施には至らなかった（松岡三郎『条解労働基準法 下』（弘文堂，1959 年）1116 頁）。

(21)　例えば，神吉知郁子『最低賃金と最低生活保障の法規制 —— 日英仏の比較法的研究』

10

を当てる研究は無きに等しい。そこで，本書は，これまでに明らかにされている労働関連法制の歴史的変遷および内容を跡付けるとともに新たな変遷にも対応した上で，労働関連法制の「履行確保」，とりわけ行政機関による履行確保に焦点を当てる。

◆ 第4節　本書の構成

　まず，第1部では，2024年現在，民事救済権限をすでに有している歳入税関庁（最低賃金履行確保チーム）の管轄法令および権限の歴史的変遷を整理し，民事救済権限の意義および課題を明らかにする。第2部では，SEBにおいて歳入税関庁（最低賃金履行確保チーム）との統合および歳入税関庁（最低賃金履行確保チーム）と同一の民事救済権限の付与が検討されている民営職業斡旋事業者基準監督機関およびギャングマスター及び労働者酷使取締局の管轄法令および権限の歴史的変遷を整理し，民営職業斡旋事業者基準監督機関およびギャングマスター及び労働者酷使取締局に民事救済権限を拡大する意義を明らかにする。第3部では，SEBとの統合の必要性が指摘されているが，現在のところ政府において統合の検討が行われていない平等・人権委員会の管轄法令および権限の歴史的変遷を整理し，歳入税関庁（最低賃金履行確保チーム）とは若干異なるが，民事救済権限を有する平等・人権委員会による差別に係る問題処理への作用に係る特徴を明らかにする。第4部では，労働関連法制の履行確保機構の現在までの統合状況および構想されている統合議論の内容を整理し，統合による履行確保機構への影響を明らかにする。

　以上の検討を通じて，本書は，労働関連法制の履行確保機構による民事救済権限が，法の履行確保および労働者の権利救済にとって有効な手段となるのかを明らかにすることを目指す。

　（信山社，2011年），有田謙司「イギリス民営職業紹介業法制」山口経済学雑誌44巻3・4号（1996年），浅倉むつ子『雇用差別禁止法制の展望』（有斐閣，2016年）等がある。

第1部
最低賃金法の履行確保

◈ は じ め に

　イギリスにおける最初の最低賃金立法は，苦汗産業（sweated trades）を対象とした 1909 年産業委員会法（Trade Boards Act 1909）である。苦汗産業とは，苦汗労働（sweating）下で労働者を使用する産業であり，この苦汗労働とは，①労働の対価として不十分な賃金，②過重な労働時間，および③不衛生な労働環境における労働を意味する[22]。次に，1918 年産業委員会法（Trade Boards Act 1918）では，苦汗産業のみならず，団体交渉機構が未発達である産業をも対象とした。そして，1945 年賃金審議会法（Wages Councils Act 1945）は，適用対象産業を 1918 年産業委員会法のものより一層拡大した。さらに，1998 年には，現行法である 1998 年全国最低賃金法（National Minimum Wage Act 1998：以下，「全国最低賃金法」とする。）が制定された。

　産業委員会法が制定された当初，労使関係に対する国家介入は，団体交渉機構が十分に展開するよう促進することを意図しており，この考えがイギリス労働法の特徴だと考えられていた[23]。産業委員会法および賃金審議会法は，団体交渉の促進を意図する，旧来のイギリス労働立法であったが，全国最低賃金法は，対象範囲を全労働者とする点で，団体交渉の促進を目的としておらず，旧来のものとは異なっている。

　全国最低賃金法の履行確保機構としては，歳入税関庁が選定された。実際には，歳入税関庁内の 1 チームとして，最低賃金履行確保チームが，全国最低賃金法の履行確保機構として設置されている。歳入税関庁（最低賃金履行確保チーム）は，報酬についての履行確保権限を有する他の履行確保機構（例えば，民営職業斡旋事業者基準監督機関）と比較すると，労働者に代わって，未払最低賃金請求の訴えを提起することのできる民事救済権限が付与されている点に特徴がある。民事救済権限は，全国最低賃金法の制定前，すなわち産業委員会法お

---

[22]　Select Committee of the House of Lords on the Sweating System, *Fifth Report* (C169, 1890) para 175.

[23]　O. Kahn-Freund, 'Labour Law' in Morris Ginsberg (ed), *Law and Opinion in England in the 20th Century* (Stevens & Sons Limited, 1959) 252.

15

第 1 部　最低賃金法の履行確保

び賃金審議会法においても，各最低賃金法の履行確保機構に付与されていた
権限である。

　本部の目的は，現在，民事救済権限をすでに有している歳入税関庁（最低賃
金履行確保チーム）の管轄法令および権限の歴史的変遷を整理し，民事救済権
限の意義および課題を明らかにすることにある。イギリス最低賃金法に関する
先行研究は多数存在するが[24]，本部は，いまだ検討の俎上に載せられていな
い，「最低賃金の履行確保手段」に着目するものである。

　以下では，まず，イギリスにおける最低賃金の履行確保手段が現在の形に
至った背景を明らかにする前段階として，どのように，最低賃金法が，団体交
渉機構の有無に関係なく，全労働者に適用される現行法に至ったのかを明らか
にする。第一に，苦汗産業を主たる対象としていた産業委員会法について，第
二に，団体交渉の不十分性を補完することが意図されていた賃金審議会法につ
いて，第三に，賃金審議会法から現在の全国最低賃金法に至るまでの歴史的変
遷過程について，最後に，全国最低賃金法の特徴および新たな展開について考
察する。

---

[24]　藤井直子「イギリス最低賃金法の研究 ——『全国一律額』方式の実現」日本労働法学
　　会誌 133 号（2020 年）244-258 頁，神吉・前掲注[21]，小宮文人「イギリスの全国最低賃
　　金に関する一考察」北海学園大学法学研究 42 巻 4 号（2007 年）807-829 頁等。

16

第1章 最低賃金法の歴史的変遷

◆ 第1節 全国最低賃金法の制定以前の最低賃金立法

1 1909年産業委員会法

(1) 制 定 過 程

1880年代においてイギリスでは,「苦汗労働」が大きな問題となっていた[25]。苦汗労働の根源は,産業革命の進展に取り残された小工場および家内労働ならびにその苛烈な雇用条件にあったと考えられている[26]。苦汗労働を調査するために,1887年,商務省 (Board of Trade) の命を受けた,労働通信員 (labour correspondent) のジョン・バーネット (John Burnett) は,当時,もっとも貧困な地区であったロンドンのイーストエンドにおける仕立業を対象に調査を行い,その調査報告書を提出した。バーネットは,仕立業では,機械の発明による分業の発展によって,裁断工,ミシン工,アイロンかけ労働者,ボタン付け労働者というように,工程が分割,すなわち労働が単純化されていたこと,各工程について,下請業者が自身の家または小工場において作業を行っていたこと,およびその作業を行うアシスタントとして,下請業者は,数人から多い所では50人近くの労働者を雇用していたことを発見した[27]。このような作業内容の単純化に伴う下請および再下請により,仕立業では低賃金労働者が増加していたと考えられる。また,単純労働という仕立業の性質から,外国人

---

[25] 大塚正子「20世紀初頭のイギリスにおける最低賃金制度の成立過程(1)」フェビアン研究15巻9号 (1964年) 36頁。

[26] 同上。

[27] Labour Correspondent of the Board, *Report of the Sweating System at the East End of London* (C331, 1887) 3-4.

17

第 1 部　最低賃金法の履行確保

労働者の流入を容易にしたことで，労働者の供給過剰が生じており，その結果，ロンドンのイーストエンドにおける労働市場は，低賃金労働者であふれ，何千人ものイギリス人労働者が貧困に追いやられていることが指摘された[28]。これらを踏まえて，バーネットは，苦汗労働の特徴を下請制度下の労働であると指摘した[29]。

1888 年，苦汗労働の拡大という社会情勢を背景として，苦汗制度特別委員会（Select Committee of the House of Lords on the Sweating System）が上院に設置された。同委員会の最終報告書は，苦汗労働を，「下請制度下の労働」といった特定の形態の産業組織と結びつけることを否定し，これを劣悪な雇用条件（低賃金，長時間，および不衛生な労働環境）下における労働であると特徴づけた[30]。同報告書は，労使間に過度に介入しない措置により，苦汗労働を禁止するべきであると勧告した[31]。同勧告に基づき，1891 年，下院は，公正賃金決議（Fair Wages Resolution）を可決した。公正賃金決議は，立法ではなく，政府契約を締結する使用者に，少なくとも当該産業あるいは地域で一般的に承認された最低賃金以上の賃金を支払うように命ずるものであった[32]。公正賃金決議が，政府と契約者（使用者）間の契約条件に取り入れられれば，使用者には，決議内容の履行が義務づけられ，それに違反した場合には，コモン・ロー上，政府は契約の取消が可能であった[33]。もっとも，同決議の対象は，政府と契約している使用者に限定されていたため，問題の中心であった小工場や家内労働のすべてを対象にすることはできなかったといえる。

1906 年 5 月および 6 月には，デイリーニュース（Daily News）によって，苦汗労働に関する事実を上流階級および中産階級に広めることを意図した，苦汗産業展示会（Sweated Industries Exhibition）が開催された[34]。この展示会の反響

---

[28]　ibid 4.

[29]　ibid 3.

[30]　Select Committee of the House of Lords on the Sweating System (n 22) para 175.

[31]　ibid para 186.

[32]　Robert Hargreaves, *The Development of Minimum Wage Legislation in the United Kingdom* (Austin Macauley Publishers, 2019) 19.

[33]　O. Kahn-Freund, 'Legislation through Adjudication The Legal Aspect of Fair Wages Clauses and Recognised Conditions' 11 *Modern Law Review* 3 (1948) 274.

[34]　F. J. Bayliss, *British Wages Councils* (Basil Blackwell Oxford, 1962) 3.

第1章　最低賃金法の歴史的変遷

の結果として，全国反苦汗連盟（National Anti-Sweating League）が設置された[35]。同連盟は，苦汗労働者に適用される最低賃金を設定するために，下院における委員会の設置を促したといわれている[36]。同連盟について，一方で，ベイリス（F. J. Bayliss）は，全国反苦汗連盟こそが，苦汗労働に対して政府による法的規制が必要だという世論の転換を導いたと評価している[37]。しかし，他方で，女性労働者の低賃金を中心に論じるジェリー・モーリス（Jerry Morris）は，全国反苦汗連盟が，「生活賃金（living wage）」を立法の要求に取り入れていない点に対して，低賃金労働者への十分な措置を講じようとしていないとして[38]，そして，低賃金労働者の多くが，女性労働者であるにもかかわらず，このような女性に影響可能な措置を講じようとしていないとして[39]，同連盟には一定の限界があったと指摘している。

　このような苦汗労働に関する活動および1880年代からの調査[40]の結果，苦汗労働の形態のひとつが家内労働であると特定された。そこで，1908年，政府は，下院に家内労働特別委員会（Select Committee on Home Work）を設置した。同委員会の報告書は，様々な理由により工場で働けない労働者にとって，家内労働は不可欠であるとして，それを廃止するのではなく改善することを提

---

(35)　同連盟は，社会運動家のベアトリス・ウェブ（Beatrice Webb）およびシドニー・ウェップ（Sidney Webb）等を構成員とする（Sheila Blackburn, 'The Problem of Riches: from Trade Boards to a National Minimum Wage' 19 *Industrial Relations Journal* 2（1988）126）。

(36)　ibid 126-127.

(37)　Bayliss（n 34）4.

(38)　Jenny Morris, *Women Workers and the Sweated Trades: the Origins of Minimum Wage Legislation*（Gower, 1986）199.

(39)　モーリスは，家内労働が女性労働者にとって必要不可欠であると考えており，全国反苦汗連盟が家内労働の存在を軽視した点についても，全国反苦汗連盟を批判している（ibid 199 and 224）。

(40)　先に述べた，バーネットによるロンドンのイーストエンドにおける仕立業を対象とした苦汗労働に関する調査に加え，当時，チャールス・ブース，シェロス，ベアトリス・ウェップ等の社会運動家によって，苦汗労働に関する調査が行われていた（高島道枝「賃金委員会法（Trade Boards Act, 1909）の成立 —— イギリス最低賃金制史(2)」経済学論纂（中央大学）33巻3号（1992年）15-37頁，高島道枝「賃金委員会法（Trade Boards Act, 1909）の成立 —— イギリス最低賃金制史(3)」経済学論纂（中央大学）41巻3・4合併号（2000年）89-107頁等を参照）。

19

第1部　最低賃金法の履行確保

案した[41]。また，家内労働の実態[42]から，「立法によって労働者に保護を与えない限り，労働者の雇用条件および地位は改善されない」[43]と指摘し，立法の必要性を明らかにした。

家内労働特別委員会による報告書の勧告に基づき，自由党政府によって，1909年産業委員会法[44]が制定された。同法の主たる適用対象である女性労働者の多くは，労働組合に組織されていなかった[45]。そのため，当時の労働組合の主流であった熟練労働者を中心とする職業別組合内では，最低賃金制への関心は薄く，最低賃金制の確立運動に対して消極的であったといわれている[46]。他方で，使用者側は，産業委員会法が，低賃金・悪条件を用いる「悪質な」使用者から，「善良な」使用者を保護するであろうと考え，それを支持していた[47]。

(2) 内　容

1909年産業委員会法は，当初，苦汗労働あるいは家内労働が特に広がっていた四業種[48]を適用対象とした。また，1909年産業委員会法は，当該四業種以外の産業に，産業委員会を設置する際の基準として，他の雇用と比較して賃金

---

(41)　Select Committee on Home Work, *Report from the Select Committee on Home Work* (Cd 246, 1908) para 29.

(42)　家内労働者の多くは，裁縫等の訓練を要しない女性労働者であった。女性労働者の多くは，自身の家または小工場にて作業を行うため，組合組織力が不足しており，低賃金に陥りやすい（Royal Commission on Labour, *Fifth and Final Report* (C 7421, 1894) para 267）。

(43)　Select Committee on Home Work (n 41) para 34.

(44)　Trade Boards Act は，最低賃金の設定を意図する立法であるという点から，「産業委員会法」より「賃金局法」や「賃金委員会法」という訳語の方が的確であるとする見解もある（大塚・前掲論文注(25) 39頁等）。しかし，1945年に制定された賃金審議会法の立法理由のひとつに，「改名の重要性」が指摘されていた。要するに，賃金審議会法は，「苦汗労働」に関連づけられた「産業委員会法」という概念を取り除き，「自主的な団体交渉機構の促進」を目的とする立法であることを強調するために，改名が重要であったということから，改名の意義を考慮して，本書では，Trade Boards Act に，あえて直訳的な「産業委員会法」という訳語を用いて差異化を図っている。

(45)　藤本武『最低賃金制度の研究』（日本評論新社，1961年）18-19頁。

(46)　同上 20-23頁。

(47)　Blackburn (n 35) 127.

(48)　四業種は，既製服製造業，紙箱製造業，レース・カーテン修繕・仕立業，製鎖業を意味する（1909年産業委員会法付則）。

が例外的に低い産業（1条2項）を規定した[49]。産業委員会は，商務省の管轄下に置かれ，労使で同数の代表委員および商務省が指名した公益委員によって構成された（11条1項）。産業委員会は，時間給で賃金を支払われる労働者の最低賃金および歩合給で賃金を支払われる労働者の最低賃金を設定する権限を有した（4条1項）。国家機関が最低賃金を定めるのではなく，公労使三者構成の委員会が最低賃金を定めるという仕組みは，労使関係に対する当時の不介入政策の中で，国家介入を必要最小限に抑えた結果であったといえる。また，適用対象を全労働者とするのではなく，苦汗産業または賃金が「例外的に低い」特定の産業のみに限定していることからも明らかであるように，当時，労使間に対する国家介入への疑念は強かったと指摘されている[50]。しかし，第一次世界大戦の勃発により，最低賃金の設定に対する国家介入が強まることとなった。軍需品の効率的な供給を促進するため，1915年，1916年，および1917年に，軍需品法（Munitions of War Act）が制定され，1917年軍需品法によって，軍需品の生産維持に不可欠であると考える場合に，大臣は，最低賃金を設定することができるようになった（1条1項）。

2 1918年産業委員会法

(1) 制 定 過 程

1890年代，社会運動家であるベアトリス・ウェッブ（Beatrice Webb）およびシドニー・ウェッブ（Sidney Webb）は，全国一律最低賃金の設定が，苦汗労働の問題解決のみならず，産業の発展（生産性の向上等）にも寄与すると考え，全国一律最低賃金制の導入を提案していた[51]。また，労働党と未熟練労働者を組織する若干の労働組合も，全国一律最低賃金制の導入を要求し始めたが，労働省は，非現実的であるとしてその提案を退けた[52]。政府は，全国一律

---

[49] 1913年，新しく五業種に産業委員会が設置された（前川嘉一「イギリス最低賃金制発展過程の一考察(1)——1909年法から1918年法へ」京都大学経済論叢82巻1号（1958年）6頁を参照）。

[50] Blackburn (n 35) 127.

[51] Sidney and Beatrice Webb, *Industrial Democracy* (Longmans, Green and Co., 1902) 774.

第 1 部　最低賃金法の履行確保

最低賃金制の確立の代替策として，1909 年産業委員会法の機能を拡大させた，1918 年産業委員会法を制定した[53]。

　第一次世界大戦時の国家による最低賃金の設定という経験は，全国一律最低賃金制の要求や 1909 年産業委員会法の適用対象の拡大という，労使関係に介入する提案の激増を全国規模で導いたといわれている[54]。そこで，第一次世界大戦後の労使関係に関して調査するために，1916 年，自由党政府は，ホイットレイ（J. H. Whitley）を長とする労使関係委員会（Committee on Relations between Employers and Employed：以下，「ホイットレイ委員会」とする。）を設置した。ホイットレイ委員会の第二報告書は，「産業委員会は，本来，特定の産業における最低賃金の設定機構として考えられていたが，それだけでなく，産業委員会は，自主的団体交渉機構の代替機構としてもみなされるべきである。産業委員会が，団体交渉機構の未確立または不十分な産業において，より有効に機能するためには，産業委員会の機能を拡大させる修正が必要とされている」[55]と勧告した。同報告書は，産業を，A. 団体交渉機構を展開させるのに十分な産業，B. A の産業には劣るが，団体交渉機構を展開させるのに相当な産業，C. 団体交渉機構が当該産業に従事しているものを十分に代表できない産業の 3 つに区分した[56]。このうち，B の産業には，共同労使評議会（Joint Industrial Councils：以下，「JICs」とする。）[57]を，C の産業には，産業委員会を設置すべきであると勧告した[58]。

(2) 内　容

　1918 年産業委員会法は，ホイットレイ委員会の勧告に沿って，1909 年産業

---

[52]　Blackburn（n 35）128. また，全国一律最低賃金制の導入に対する批判状況については，Rodney Lowe, 'The Erosion of State Intervention in Britain, 1917-24' 31 *Economic History Review* 2（1978）274 を参照。

[53]　Bayliss（n 34）15.

[54]　ibid 13.

[55]　Committee on Relations between Employers and Employed, *Second Report on Joint Standing Industrial Councils*（Cd 9002, 1918）11.

[56]　ibid para 3.

[57]　JICs は，産業委員会とは異なり，公益委員の存在しない労使共同機構である。

[58]　Committee on Relations between Employers and Employed（n 55）paras. 20-21.

委員会法の適用対象であった，賃金が例外的に低い産業のみならず，団体交渉機構が十分に展開していない特定の産業においても，産業委員会の設置を認めた（1条2項）。さらに，政府は，同報告書の勧告に基づき，団体交渉機構を促進するために，Bの産業（Aの産業には劣るが，団体交渉機構を展開させるのに相当な産業）において，労使共同の機構であるJICsの設置を勧めた[59]。JICsでの合意には，法的拘束力（sanction of law）が付与される[60]。本来的に，イギリスの労使関係は，国家介入を排した労使自治の考えである「ボランタリズム」を特徴としており[61]，自主的団体交渉の結果，締結された労働協約は，一般的に法的拘束力を有していない，いわゆる紳士協定である。したがって，労使間の交渉によってなされた合意に法的拘束力を付与する，JICsでの合意には，労働協約とは異なり，法的効力がある。当時，政府は，団体交渉機構を有していない産業が，自主的団体交渉を展開していくための過程として，法的拘束力の付与された最低賃金を設定できる産業委員会（公労使三者構成）での交渉から，設定された最低賃金に法的拘束力は付与されるが，公益委員を含まない労使二者構成であるJICsでの交渉へ，そして，法的拘束力が付与されない最低賃金を自主的に設定する団体交渉機構での交渉へと段階的に導くことを意図していた[62]。

(3) その後の展開

第一次世界大戦後の不況以降，産業委員会法に対する不満が各方面から募っていた。1909年産業委員会法の制定当時，この法律を，「悪質な」使用者から「善良な」使用者を保護するものとして支持していた使用者側からは，現在，産業委員会が下向きの賃金調整を妨げているとの非難が生じ始めた[63]。産業委員会において，使用者代表委員が要求する最低賃金は，労働者代表委員の反対によって，公益委員が折衷案を提示することになる。そのため，産業委員会が

---

[59]　Paul Davies and Mark Freedland, *Labour Legislation and Public Policy: A Contemporary History* (Clarendon Press, Oxford, 1993) 40.

[60]　Sub-Committee on Relations between Employers and Employed, *Interim Report on Joint Standing Industrial Councils* (Cd 8606, 1917) para 21.

[61]　O. Kahn-Freund, 'Legal Framework' in Allan Flanders and H. A. Clegg (eds), *The System of Industrial Relations in Great Britain* (Basil Blackwell, Oxford, 1960) 44.

[62]　神吉・前掲注(21)107頁。

第1部　最低賃金法の履行確保

設置された産業では，産業委員会が設置されていない産業と比較して，使用者が要求する最低賃金の引下げは，緩やかになってしまう。これを理由に，使用者側からの不満が募ったのだと考えられる。また，大蔵省（Treasury）は，産業委員会法を，戦後の経済政策（経済回復）と矛盾するものとみなし，同法に対して懐疑的になっていたとされる[64]。

　このような産業委員会法に対する不満は，保守党政府から諮問を受けたケーブ卿（Viscount Cave）を長とする委員会（以下，「ケーブ委員会」とする。）の設置へとつながった。ケーブ委員会は，産業委員会の本来の機能が苦汗労働に対処することであると報告し，苦汗労働の対処に加えて，団体交渉の補完も目的とする1918年産業委員会法は，労使間および企業間競争に対する正当化できない国家介入であると指摘した[65]。ただし，ケーブ委員会は，産業委員会法の完全な廃止を勧告したわけではなく，1909年産業委員会法によって確立された仕組みが実効的であると勧告した[66]。産業委員会法を完全に廃止すれば，貧困労働者の収入は下落し，苦汗労働が繰り返されることになるとして，賃金が例外的に低い産業には，産業委員会が設置されるべきであると考えていた[67]。

　また，ケーブ委員会は，全国一律最低賃金制の要求に対しても言及している。同委員会の報告書では，各産業において，雇用の性質および労働者に要求される技術が異なることを理由に，柔軟性を欠く全国一律最低賃金制によって最低賃金が設定されるより，各産業の産業委員会によって設定される最低賃金の方が，より有効に機能するとして，全国一律最低賃金制の導入に対して反対の意向が示された[68]。

　政府は，ケーブ委員会の勧告を受け入れ，新たな法案として取り入れようとしたが，1923年の総選挙によって保守党が敗北し，労働党が政権に就いたため，法案が成立することはなかった[69]。

---

[63]　Blackburn (n 35) 128.

[64]　Lowe (n 52) 278.

[65]　Committee Appointed to Enquire into the Working and Effects of the Trade Boards Acts, *Report of the Committee Appointed to Enquire into the Working and Effects of the Trade Boards Acts* (Cmd 1645, 1922) paras 14-49.

[66]　ibid para 50.

[67]　ibid.

[68]　ibid para 51.

第1章　最低賃金法の歴史的変遷

　その後，1924 年に，再び保守党が政権に就いたが，ケーブ委員会による勧
告は，新しい立法をほとんど必要としなかったため，さらには，1930 年以降
に不景気が改善されるにつれて，産業委員会法に対する評価が変わり，これを
経済保護政策のひとつとみなしたため，1918 年産業委員会法が続行すること
となったとされる[70]。しかし，実際には，戦後不況の始まった 1921 年以降，
産業委員会はほとんど新設されず[71]，最低賃金に関する改革は，第二次世界大
戦後を待たなければならなかった。

3　1945 年賃金審議会法

⑴　制定過程

　1940 年から 1945 年にかけて，戦時挙国一致内閣の労働党政府において，労
働・徴兵大臣（Minister of Labour and National Service）であったアーネスト・
ベビン（Ernest Bevin）は，2 つの改革に着手した。
　1 つ目の改革は，1943 年仕出業賃金法（Catering Wages Act 1943）の制定で
ある。同法が適用対象を仕出業に限定した理由は，3 つあると考えられてい
る。第一に，仕出業は，食品，飲料，およびホテル等の宿泊施設といった幅広
い業種の総称であり，これらを別個の産業に分割すれば，多くのカテゴリーに
分かれてしまい，対応が困難となるからである[72]。そこで，個別の対応ではな
く，仕出業として，統一的に対応することが必要になったのである。第二に，
仕出業は，軍隊への食糧供給を担う重要な役割を果たす産業であったからであ
る[73]。仕出業における雇用条件が改善されない場合，労働者は，当該産業から
離れることになり，それは，戦力に悪影響を及ぼすことになると政府が考えた
ため[74]，仕出業に限定して，最低賃金の設定にとりかかったのである。第三
に，仕出業は，長時間労働を強いられる産業であったこと，また，工場や小売
店等とは営業日が異なっていたことから，一般的な産業分類に適合しておら

---

[69]　Hargreaves（n 32）49.

[70]　Blackburn（n 35）129.

[71]　Lowe（n 52）276.

[72]　Hargreaves（n 32）57.

[73]　ibid.

第1部　最低賃金法の履行確保

ず，仕出業に対する個別の法律[75]が要求されたからである[76]。

　2つ目の改革は，1945年賃金審議会法の制定である。賃金審議会法の立法理由として，産業委員会が「苦汗労働」に関連づけられているという概念を取り除くとともに，「自主的団体交渉機構の促進」を目的とすることを強調するために改名が重要であったことが挙げられている[77]。

(2) 内　容

　賃金審議会法は，団体交渉の補完を目的とする1918年産業委員会法の適用対象を拡大するものである。1945年賃金審議会法3条で規定された，「団体交渉機構が十分に展開していない産業」あるいは「報酬の妥当な水準の未確立な産業」という賃金審議会の設置基準は，産業委員会法に規定された設置基準が継承された。しかし，1918年産業委員会法では，適用対象が「特定の産業」に限定されていたのに対し，1945年賃金審議会法では，すべての産業が適用対象となった。また，1918年産業委員会法では，産業委員会の設置は，大臣の判断に委ねられていたのに対し（1条2項），1945年賃金審議会法では，報酬および雇用条件を設定するための機構が未確立である，または，不十分であることを理由とする，労使双方の代表による共同申請が可能となった（2条1項）。共同申請がなされた場合，労働大臣は，当該労働者および使用者に関して，賃金審議会が設置されるべきか否かを調査委員会（commission of inquiry）[78]に諮問しなければならない（3条）。この調査委員会は，調査に関する専門知識を有すると大臣が判断した公労使三者構成の委員会である（第2付則）。また，産業委員会とは異なり，賃金審議会には，最低賃金のみならず，すべての報酬，年次有給休暇およびその報酬等の雇用条件をも決定する権限が与えられた（10条1項）。賃金審議会は，最低賃金を含む雇用条件に関する決定事項を大臣に提案し，その後，大臣によりそれが受理され，賃金規制命令（wages

---

(74)　ibid.

(75)　1959年賃金審議会法（Wages Councils Act 1959）によって，1945年賃金審議会法，1943年仕出業賃金法等の整理統合が行われた。

(76)　Hargreaves (n 32) 61.

(77)　Blackburn (n 35) 130.

(78)　1975年雇用保護法（Employment Protection Act 1975）において，調査委員会により担われていた機能が，ACAS に移行した（89条1項）。

26

第 1 章　最低賃金法の歴史的変遷

regulation order）が交付されれば[79]，当該命令に規定された最低賃金に拘束力が付与されることとなった（10 条 4 項）。

　賃金審議会は，自主的な団体交渉を促進することを目的としていたが，実際には，その目的は果たされなかった。なぜなら，農業，ホテル業，仕出業等，賃金審議会が設置されていた産業では，労働者が地理的に分散していたことから，自主的な団体交渉では，実効的な労働協約を締結することができなかったからであるといわれている[80]。さらに，低賃金産業における労働市場の構造的特徴 —— 女性，若年者，少数人種，障害者，片親，パートタイム労働者，臨時工等[81] —— は，組合組織化および自主的な団体交渉の展開を妨げたと指摘されている[82]。

(3) その後の展開

(a) 賃金審議会法に対する批判の増加

　1945 年以降，賃金審議会は，多くの産業に普及したが，1960 年代の「完全雇用」[83]という時代背景において，失業期のような「自主的な団体交渉の欠如による低賃金」という問題が生じていなかったため，賃金審議会が実際には不要になった[84]，と断言する反対者が現れた。主たる反対者は，労使関係に対する国家介入が正当化されるのは，団体交渉が不十分な場合のみであり，「団体交渉機構の未確立な産業」が，賃金審議会の唯一の設置基準とされなければならないとして，「報酬の妥当な水準の未確立な産業」も設置基準とする，現行の賃金審議会法は，自由な団体交渉を抑制する正当化できない介入であると非難した[85]。

---

(79)　1975 年雇用保護法において，賃金規制命令は，大臣に代わって，賃金審議会自身が発することができるようになった（付則 7 第 1 部）。

(80)　Hugh Collins and others, *Labour Law*（Cambridge University Press, 2nd, 2019）270.

(81)　LPC, *The National Minimum Wage: First Report of the Low Pay Commission*（Cm 3976, 1998）paras 3.7-3.23.

(82)　Collins and others（n 80）270.

(83)　ケインズは，「完全雇用」を非自発的失業のない状態と定義している（J. M. ケインズ著（塩野谷祐一訳）『雇用・利子および貨幣の一般理論（ケインズ全集第 7 巻）』（東洋経済新報社，1983 年）16 頁）。

(84)　Bayliss（n 34）151.

第1部　最低賃金法の履行確保

　また，労働組合側も，賃金審議会の廃止を要求していた。組合は，賃金審議会での交渉では，公益委員による折衷案の提示によって，賃上げが抑制されるため，賃金審議会が団体交渉の障壁を創造していると考えたのみならず，賃金審議会が低賃金を設定する傾向にあることをも理由に廃止を求めた[86]。また，賃金審議会によって最低賃金が設定される場合，自主的な団体交渉によって設定されるよりも，交渉期間が長引く傾向にあった[87]。なぜなら，賃金規制命令が，拘束力を有するためには，大臣の受理が必要であるが，受理するか否かを考慮する期間は設定されておらず，大臣が賃金規制命令の実施日を決定できたからである。したがって，賃金審議会によって対象とされた産業の労働者は，賃金審議会が設置されていない産業の労働者と比較して，頻繁な賃上げを実現することができない。また，最低賃金の引上率は，賃金審議会が設置されていない産業の労働者に比べて低かったといわれている[88]。このように，頻繁な賃上げを実現できず，さらには，引上率も低いという状況は，加速するインフレ期において，賃金審議会が設置された産業の労働者を低賃金のままにさせる傾向があると指摘されていた[89]。

　その後，1965年，立法が労使関係に与える影響を検討・報告することを目的として，ドノヴァン卿（Baron Donovan）を委員長とする労働組合および使用者団体に関する王任委員会（Royal Commission on Trade Unions and Employers' Associations：以下，「ドノヴァン委員会」とする。）が設置された。ドノヴァン委員会の最終報告書では，「賃金審議会法は，低賃金労働者に法的保護を与えたと考えられるが，低賃金労働者の賃金を引き上げるという結果には至らなかった」[90]と報告された。同報告書において，賃金審議会は，自主的団体交渉機構のように，賃金および雇用条件について実効性のある基準を設定し，その履行を確保することができておらず，さらには，賃金審議会が，自主的団体交渉機構の促進に対する障害をもたらしているとして[91]，賃金審議会の廃止手続

---

(85)　ibid.

(86)　Christine Craig and others, *Abolition and After: The Cutlery Wages Council* (Department of Employment Research Paper no. 18, 1981) explanatory note.

(87)　J. C. Kincaid, *Poverty and Equality in Britain: a study of social security and taxation* (Penguin, 1975) 176.

(88)　ibid.

(89)　ibid.

の緩和等の必要性が勧告された[92]。また，賃金審議会法において対象とされていない低賃金労働者が存在していることが示され，低賃金問題の解決手段として，全国一律最低賃金制が検討・調査される必要があると指摘された[93]。

(b) 全国一律最低賃金制の考えの蘇生と代替策の失敗

1967年11月，政府は，全国一律最低賃金制の導入によって生じることが予想される社会的・産業的・経済的影響を調査するために，特別調査委員会（Inter-Departmental Working Party）を設置した。同委員会の報告書は，低賃金労働者の大部分が女性であり，全国一律最低賃金制が導入された際に，もっとも影響を受けるのは女性であると報告した[94]。さらに，同報告書は，全国一律最低賃金制が導入されれば，使用者は，生産性を改善することによってというよりは，労働力の削減によって，すなわち失業率を増加させることによって，全国一律最低賃金制の導入に対応することが見込まれると報告した[95]。

労働党政府は，特別調査委員会の報告書を支持しつつ，低賃金労働者の大部分が女性であることから，全国一律最低賃金制を導入するより，男女同一賃金を立法化する方が，有益かつ実効的であると考え，男女同一賃金の立法化を提案し，1970年同一賃金法（Equal Pay Act 1970）を制定した[96]。もっとも，女性の収入が，男性と比較して低い理由は，夜間労働を制限する等，女性には労働に関する法的規制および女性に不利に働く賃金構造（年齢，勤務継続期間等）が存在することにあった[97]。そのため，「同一労働」であるかぎりにおいて，男女間の「同一賃金」を要求する，1970年同一賃金法は，使用者にとって，男女間の仕事分離を増加させることになり，失敗に終わったと評価されている[98]。

---

(90) Royal Commission on Trade Unions and Employers' Associations, *Report of Royal Commission on Trade Unions and Employers' Associations 1965-1968*（Cmnd 3623, 1968）para 259.

(91) ibid para 260.

(92) ibid para 262.

(93) ibid para 280.

(94) Department of Employment and Productivity, *A National Minimum Wage: Report of an Inter-Departmental Working Party*（1969）paras 98-99.

(95) ibid 137-140.

(96) Chris Pond and Steve Winyard, *The Case for a National Minimum Wage*（Low Pay Unit Pamphlet No. 23, 1983）26.

第1部 最低賃金法の履行確保

　低賃金労働者の権利に関する情報および助言の提供を主たる活動とする，低賃金調査・助言機構（Low Pay Unit：以下，「LPU」とする。）[99]は，これまで，政府が公正賃金決議，男女同一賃金法，および賃金審議会法による部分的最低賃金制といった賃金に関する国家介入に失敗していることから，低賃金問題の根本的解決を図ることができるのは，全国一律最低賃金制しかないとして，その導入の必要性を指摘した[100]。

　また，LPU は，労使関係に対する国家介入を正当化する理由として，低賃金問題の根本的原因を挙げている。まず，低賃金産業における組合組織率の低さから[101]，当該産業の組合は産別協約を獲得できそうになく，これらの状況からも，法的な保護を加えることは避けがたいと指摘した[102]。次に，先に挙げたドノヴァン委員会報告において指摘されたものと同様に，低賃金労働者は，賃金審議会によって対象とされた産業のみならず，あらゆる産業に点在しており，このような低賃金問題の性質ゆえに，すべての労働者に適用される全国一律最低賃金制という賃金保護を規定することは不可欠であると指摘した[103]。

　当時，労働組合側，主にイギリス労働組合の全国中央組織である労働組合会議（Trades Union Congress：以下，「TUC」とする。）は，労使関係および最低賃金制に関する労働党政策に対して批判を強めていたといわれている[104]。この批判は，1969 年に労働党政府が提出した『闘争に代えて（*In Place of Strife*）』[105]

---

(97)　Alison Mitchell, 'The Consequences of the Equal Pay Act' in Frank Field (ed), *Are Low Wages Inevitable?* (Spokesman Books, 1977) 70-71.

(98)　Pond and Winyard (n 96) 26-27.

(99)　LPU は，シーボーム・ラウントリー奨学基金（Seebohm Rowntree Studentship Fund）からの資金で設置された独立組織である。その主たる機能は，低賃金の広がりや賃金審議会が設置されている産業での低賃金の集中に大衆の関心を集めることであった（Steve Winyard, *Policing Low Wages: a study of the Wages Inspectorate* (Low Pay Unit Pamphlet, 1976)）。

(100)　Pond and Winyard (n 96) 32.

(101)　1970 年代後半から 1980 年代初頭にかけて，全産業における組合組織率は，50 ％前後であったのに対し（Robert Price and George Sayers Bain, 'Union Growth in Britain: Retrospect and Prospect' 21 *British Journal of Industrial Relations* 1 (1983) table. 1)，低賃金産業（小売業）における組合組織率は，15 ％前後であった（Pond and Winyard (n 96) 31)。

(102)　ibid 31-32.

(103)　ibid 32.

第1章　最低賃金法の歴史的変遷

と題した白書[106]を契機とする。同白書において，労働党は，労使関係に対する一定程度の国家介入を正当化した[107]。これに対して，TUC は，伝統的なボランタリズムの重要性を主張し，賃金決定過程における政府の介入増加を受諾できないと考えていた[108]。さらに，同様の理由で，TUC は，賃金に対する過度の介入である全国一律最低賃金の法制化に反対していた。この反対の態度が，当時の労働組合意見となったことから，労働党政府の低賃金を終わらせるための政策主眼も，全国一律最低賃金制の確立ではなく，団体交渉を促進するための措置に置かれることとなった[109]。

(c) 賃金審議会法に対する意見の転換

1980 年代には，賃金審議会の廃止を主張していた労働組合側は意見を変え，賃金審議会の削減に反対を始めた。実際に，1982 年 4 月，労働組合は，当時，雇用大臣であったノーマン・テビット（Norman Tebbit）に対して，イギリスにおける労働力人口の約 10 分の 1 に対する最低賃金を設定する賃金審議会の重要性を指摘した[110]。

このような組合意見の方向転換には，次の 2 つの理由があったと考えられている。第一の理由は，賃金審議会の廃止が，低賃金労働者に悪影響を及ぼしたからである。実際に，1969 年に賃金審議会を廃止したカトラリー製造業において，賃金審議会廃止後における当該産業の労働者の状況について調査したものがある。この調査は，賃金審議会廃止後に締結された労働協約において設定された最低賃金が，賃金審議会廃止前のものと変わらず，低く設定されてお

---

(104)　ibid 36.

(105)　Department of Employment and Productivity, *In Place of Strife* (White Papers, Cmnd 3888, 1969).

(106)　白書（White Papers）とは，法律の制定を企図した政府の政策を表明するものであり，緑書（Green Papers）とは，政策を平易に解説して国民全体に議論を呼び起こさせるために，一般向けに政府の試案を説明するものである。（竹島武郎『イギリス政府・議会文書の調べ方』（丸善株式会社書籍雑誌事業部ニューメディア部，1989 年）103-104 頁）。

(107)　Department of Employment and Productivity (n 105) 6.

(108)　Pond and Winyard (n 96) 36.

(109)　Blackburn (n 35) 131.

(110)　Donald Macintyre, Labour Correspondent, 'Pay Councils Campaign by TUC' *The Times* (London, 22 April 1982) 2.

31

第 1 部　最低賃金法の履行確保

り，労働者の労働条件を改善していなかったことを示した[111]。このような低賃金の継続原因としては，当時の経済状況もある程度影響するであろうが，真の原因は，組合組織率の低さにあったと考えられる。なぜなら，賃金審議会廃止前と廃止後，いずれも組合組織率は，当該産業内における労働力の3分の1以下であったからである[112]。

　第二の理由は，賃金審議会廃止後において，最低賃金の履行確保に困難性があったからである。賃金審議会の設置されている産業では，法違反に対して，賃金監督官（Wages Inspector）が，最低賃金の履行確保を行っていたが，廃止後は，労働組合あるいは使用者団体によって，最低賃金の履行確保をするしか手段がない。上記のように，賃金審議会廃止後においても，組合組織率が低いため，労働者と使用者が対等な関係で，履行確保に関して交渉することは難しく，低賃金労働者の収入をより悪化させたといわれている[113]。

　かつて労働組合側は，賃金審議会が団体交渉を妨げているだけでなく，賃金審議会が低賃金を固定化しているとして，賃金審議会の廃止を要求していた。そのため，賃金審議会の廃止後も，最低賃金が，賃金審議会設置時のものと変わらないこと，さらには，最低賃金未満で支払われている場合の賃金監督官による履行確保の欠如は，低賃金労働者に利益をもたらすどころか，さらなる不利益を及ぼす結果となったことから，労働組合は，賃金審議会の廃止に反対したのである。TUC においても，「①賃金審議会を一旦廃止すると復活させることはできないこと，②組合の力が低下し，また低賃金の非典型雇用が増加して，組合員の賃金が低下するおそれが大きくなったこと，および③保守党政府の伝統的な賃金決定機構への介入に対する警戒」[114] を理由に，賃金審議会の廃止に反対していたといわれている。

　使用者側においても，賃金審議会の廃止が，悪質な使用者による不当な価格下落を導くであろうことを恐れ，自主的団体交渉に依拠するよりむしろ，賃金審議会を通じた交渉による賃金決定を要求していた[115]。

　保守党政府は，このような労使の見解を考慮に入れた上で，賃金審議会を存

---

(111)　Craig and others（n 86）50.

(112)　ibid 45.

(113)　ibid 83.

(114)　小宮・前掲注(24) 811 頁。

32

続させたのである。

(d) 賃金審議会の質的・量的縮小

1979年にマーガレット・サッチャー（Margaret Thatcher）率いる保守党が政権に就いて以降，政府は，21歳未満の若年労働者は，もはや最低賃金によって対象とされるべきではなく，賃金審議会によって設定された最低賃金未満で若年労働者を雇用することができるようにすることで，若年労働者の雇用が保護されると考えた[116]。さらに，1980年代に，賃金監督官によって発見された使用者による法違反の多くが，賃金規制命令の複雑性に起因して，使用者が自身の産業において適用される最低賃金を理解できていなかったために生じたということから[117]，政府は，21歳以上の労働者に関する賃金規制命令は，単純化されるべきであると主張していた[118]。

当時，保守党政府の経済政策は，自由市場原理と密接に結合していた[119]。サッチャーは，マネタリスト政策，すなわち市場経済が自律的安定性を有し，現金供給が管理されれば，完全雇用とインフレなき成長が可能になるという考えをもっていた[120]。また，労働市場が自由に機能することが可能になれば，賃金は，均衡状態を確保するために調整されるため，長期的な失業が生じることはないと主張した[121]。もし，大量失業が生じれば，それは，賃金の下落を妨げた労働組合の責任であると指摘した[122]。要するに，保守党政府は，賃金が下落すれば，多くの雇用が創造されると考えたのである。

このような保守党政府の姿勢に対して，反対者の多くは，若年労働者の賃金下限がなくなったことにより，若年労働者の低賃金搾取を横行させることになると主張していた[123]。また，労働党は，賃金審議会の廃止，すなわち労働者の

---

[115]　Blackburn（n 35）132.

[116]　Department of Employment, 'The Wages Act 1986' 94 *Employment Gazette* 8（London, 1986）369.

[117]　ibid 371.

[118]　ibid.

[119]　Steve Winyard, 'Low Pay' in David S. Bell（ed）, *The Conservative Government 1979-84: An Interim Report*（Croom Helm, 1985）50.

[120]　ibid.

[121]　ibid.

[122]　ibid.

第1部　最低賃金法の履行確保

賃金下落によって，雇用が創造されるという保守党政府の提案に根拠はなく，新しい規制は，既に低賃金の労働者にさらなる賃金削減を生じさせると指摘した[124]。

その後，保守党政府が制定した1986年賃金法（Wages Act 1986）により，21歳未満の若年労働者は，賃金審議会法の対象外となった（12条3項）。また，1986年賃金法は，既存の賃金審議会の廃止を容易にさせ，新しい賃金審議会を設置することを実質的に不可能にさせた。これまでの廃止条件は，賃金審議会が不要になったこと，すなわち団体交渉機構が発達した場合に，廃止が可能であったが，1986年賃金法では，団体交渉機構の確立が，単なる考慮事項となり，廃止に関するACASとの協議も不要となり，大臣がいつでも賃金審議会を廃止できるようになった（13条）。さらに，1986年賃金法が制定される以前は，最低賃金のみならず，すべての報酬，年次有給休暇およびその報酬等の雇用条件をも決定する権限が賃金審議会に与えられていた（1979年賃金審議会法（Wages Councils Act 1979）[125]14条）が，1986年賃金法の制定により，賃金規制命令の複雑性を取り除くために，賃金規制命令で設定できるものを最低賃金のみに限定した（14条1項）。

対照的に，1980年代後半においては，低賃金を終わらせるために，全国一律最低賃金制というかねてより主張されていた考えが，再度，主張され始めた。1986年，TUCは，低賃金に対処するための政策，すなわち全国一律最低賃金制の確立のために検討を行っていた[126]。また，労働党は，1987年の選挙マニフェストにおいて，低賃金を終わらせるための戦略として，全国一律最低賃金制の導入を公約のひとつに掲げていた[127]。

(e) 賃金審議会法と全国一律最低賃金制の調和の構想

1909年産業委員会法の制定時においても，全国一律最低賃金制の導入が提案されていた。しかし，当時，自由党政府により，1909年産業委員会法と全

---

[123]　Blackburn (n 35) 124.

[124]　Clare Short, HC Deb 29 October 1985, vol 84 cols 806-808.

[125]　1959年賃金審議会法に1975年雇用保護法内の賃金審議会に係る規定を取り入れる形で，1979年賃金審議会法が制定された。

[126]　TUC, *Fair Wages Strategy: National Minimum Wage* (Trades Union Congress, 1986).

34

第 1 章　最低賃金法の歴史的変遷

国一律最低賃金制を並行して導入することはできないと非難されていた[128]。
1909 年産業委員会法と並行して全国一律最低賃金制を導入すれば，産業委員
会において設定される最低賃金は，全国一律最低賃金以上でなければならない
ことになる。産業委員会における対象産業（苦汗産業）で働く大部分は女性で
あり，全国一律最低賃金を上回る，1909 年産業委員会法下の最低賃金で雇用
しなければならない場合に，使用者は，女性より男性を雇用することが予想さ
れるため，これらを並行させれば，多くの女性が解雇されることになると，政
府は指摘していた[129]。そのため，20 世紀初頭，最低賃金は各産業の状況およ
び必要性に応じた方法で設定されることとなった。

　対照的に，労働党および TUC は，賃金審議会法と全国一律最低賃金制の両
立が可能であると考えた。具体的には，賃金審議会が，団体交渉機構の代替と
して，全国一律最低賃金以上の最低賃金を交渉することができると考えていた
のである[130]。

　したがって，この段階では，労働党は，全国一律最低賃金という最低基準の
設定に加え，依然として賃金審議会によって，団体交渉機構，すなわち労働組
合の展開を期待していたと考えられる。

(f) 賃金審議会の廃止

　最終的には，1993 年に制定された労働組合改革・雇用権法（Trade Union
Reform and Employment Rights Act 1993）35 条によって，残っていた 26 の賃
金審議会が廃止された。

　保守党政府は，第一に，賃金審議会の設置された産業に従事する労働者が貧
困ではなかったため，賃金審議会によって設定された最低賃金は，貧困をほと
んど緩和しなかったこと，第二に，賃金審議会による最低賃金の設定は，対象
産業の雇用を削減すること，そして，第三に，賃金審議会は時代遅れであり，
賃金審議会が対処すべき問題，言い換えれば，ボランタリズムの補完・促進は

---

[127]　Labour Party, *Britain will win with Labour*（Labour Party Manifesto, 1987）〈www.
　labour-party.org.uk/manifestos/1987/1987-labour-manifesto.shtml〉accessed 31 July
　2024.

[128]　Percy Alden, HC Deb 9 April 1913, vol 51, col 1307.

[129]　ibid.

[130]　Roy Hattersley, *Choose Freedom: The Future for Democratic Socialism*（Penguin
　Books, 1987）246-247; and TUC（n 126）paras 6.14-6.15.

第1部　最低賃金法の履行確保

過去の問題であり，もはや今日の労働市場においてふさわしくないことを理由に，賃金審議会の廃止を正当化したとされている[131]。

しかし，このような主張を正当化する根拠はほとんどなく，賃金審議会の廃止に対する批判をかわすための理由付けにすぎなかったという評価がある[132]。したがって，賃金審議会の廃止は，当時の低い生産率とそれを上回る賃金の引上げという低成長に対処するために，インフレ抑制を最優先事項に置いた政府政策の一環であったと考えられる。

◆ 第2節　現行の最低賃金法

1　全国最低賃金法の制定過程

サッチャーから首相を引き継いだジョン・メージャー（John Major）は，多くの使用者が，労働組合といった媒介を通じた交渉による賃金の決定というよりむしろ，個別被用者の技術，経験，業績等を反映した賃金の決定を要求しているという報告から[133]，労働組合機能を縮小させるさらなる改革に着手した。しかし，メージャーによる過度の労働組合改革に対しては，国民の4分の3が不支持を示し，保守党支持者でさえ，約半数がその改革を支持していなかった[134]。保守党政府に対する国民の不満から，1997年5月の総選挙では，労働党が大勝を収めた。

労働党は，1997年の選挙マニフェストにおいて，最低賃金が適切に導入されれば，低賃金搾取を取り除くことができると同時に，低賃金を受け取る労働者の所得補助[135]を削減することができるため，社会保障給付費用40億ポンド（日本円で約6,800億円[136]）の相当部分を削減できると主張し[137]，全労働者に

---

[131]　Richard Dickens and others, 'Wages Councils: Was There a Case for Abolition?' 31 *British Journal of Industrial Relations* 4 (1993) 516.

[132]　田口典男「イギリスにおける賃金審議会の廃止と全国最低賃金制度の導入」大原社会問題研究所雑誌 502 号（2000 年）39 頁。

[133]　Department of Employment, *People, Jobs and Opportunity* (White Papers, Cm 1810, 1992) para 1.16.

[134]　Peter Kellner, 'The New Unions' *The Observer* (London, 4 August 1996) 17.

適用される最低賃金（以下，「全国最低賃金」とする。）の法制化を公約のひとつに掲げた。

全国最低賃金の法制化に対しては，労働組合間の見解に相違が生じていた。主に，収入が低い傾向にあった公務員を中心とする組合および組合員数の少ない組合は，賃金に対する国家介入を積極的に支持していた[138]。しかし，少なからぬ組合において，反対意見があった。熟練工を組織する職業別組合は，全国最低賃金の法制化に反対していた。例えば，メディア業界で働く労働者によって構成される労働組合（Graphical, Paper and Media Union：以下，「GPMU」とする。）は，その前総書記であったダビンズ（Tony Dubbins）へのインタビューにおいて，全国最低賃金に関する運動が，全体として，組合運動に重要ではないとは言わないが，それは，最優先事項ではなく，全国最低賃金を設定する立法より，団体交渉機構を展開させる立法を要求することに主眼を置いていると指摘していた[139]。

GPMU を含め，多くの職業別組合は，非典型雇用労働者の組合参加および労働協約の拡張をより一層困難にさせるのではないかという懸念から，最低賃金の法制化に否定的であった[140]。しかし，その後，TUC が認識を変え，1995年に『全国最低賃金に関する議論（*Arguments for a National Minimum Wage*）』[141]と題した文書を発表した。この文書において，当時，TUC 総書記であったジョン・モンクス（John Monks）は，サッチャーおよびメージャー率いる一連の保守党政府の経済政策が，経済成長および雇用増大を成し遂げておらず，全体的に失敗していることから，全国最低賃金等の最低労働基準の枠組み

---

(135) 失業者のみならず，一定の所得を得ていない労働者についても，社会保障給付が適用されるため，全国最低賃金法の導入によって，社会保障支出を削減しようとしたと考えられる。

(136) 本書では，英ポンド／円の 2023 年平均為替レートである 1 ポンド＝170 円を用いる。

(137) Labour Party, *Britain will be better with new Labour* (Labour Party Manifesto, 1997)〈www.labour-party.org.uk/manifestos/1997/1997-labour-manifesto.shtml〉accessed 31 July 2024.

(138) Andrew Brady, *Unions and Employment in a Market Economy: Strategy, Influence and Power in Contemporary Britain* (Routledge, 2019) 80.

(139) ibid 84.

(140) ibid.

(141) TUC, *Arguments for a National Minimum Wage* (Trades Union Congress, 1995).

第 1 部　最低賃金法の履行確保

といった介入なくしては，経済政策の達成をもたらすことができないと指摘した[142]。この文書の発表により，1997 年総選挙前に，全国最低賃金の法制化に対する労働組合間の見解の相違は和らぎ始めたとされている[143]。さらに，世論調査では国民の 4 分の 3 が，全国最低賃金の法制化を支持していた[144]。

2　全国最低賃金法の内容

1998 年に全国最低賃金法が制定され，1999 年全国最低賃金規則（The National Minimum Wage Regulations 1999）[145] と併せて，全国最低賃金制度が成立した。全国最低賃金法は，全労働者に適用されるという点で，産業委員会法または賃金審議会法とは明確に異なっている。1997 年に政権に就いたブレア率いる労働党によって作り変えられた，左派でも右派でもないニューレイバーの改革は，個別被用者に法的権利を保障するという個別的労働関係の改革に焦点を置いた[146]。これに加えて，賃金審議会の複雑性（各産業で異なる最低賃金の設定）ゆえの失敗から，全国最低賃金法では，わかりやすさが要求されていた[147]。そこで，全国最低賃金法は，団体交渉機構を促進する従来の最低賃金立法とは異なり，一部を除いて全労働者に適用されることとなったのである。

1998 年以来，最低賃金は，イギリス労働力人口の約三分の一の報酬に影響を与えている[148]。その中でも，女性労働者，パートタイム労働者[149]，および民間企業（主に，小売業，サービス業（ホテル，レストラン等），清掃・整備業，および理容業）に従事する労働者は，最低賃金からより大きな利益を受けていることが報告されている[150]。

---

(142)　ibid introduction.

(143)　Brady（n 138）84.

(144)　Peter Riddell, 'Blair Wins Backing for Weaker Link with Trade Unions' *The Times*（London, 6 September 1995）1.

(145)　現在は，1999 年全国最低賃金規則が廃止され，2015 年全国最低賃金規則（The National Minimum Wage Regulations 2015）が制定されている。

(146)　Brady（n 138）79.

(147)　LPC（n 81）para 8.16.

(148)　LPC, *20 years of the National Minimum Wage: A history of the UK minimum wage and its effects*（2019）17.

⑴ 目　的

　全国最低賃金法そのものの中に，目的規定は設けられていない。この点，先に挙げたように，労働党政府は，全国最低賃金の導入が，低賃金労働者の保護，社会保障給付費用の削減につながると考えており[151]，これに加えて，政府は，その導入により働くインセンティブを創造するとともに，低賃金で労働者を搾取する悪質な使用者から，善良な使用者を保護することに寄与し，公平な条件下での企業間競争を可能にすると指摘していた[152]。

　また，2014年には，当時，最低賃金に関する方針決定に責任を有していたビジネスイノベーション技能省（Department for Business, Innovation & Skills：以下，「BIS」とする。）により，全国最低賃金法の目的が明らかにされた。BIS は，同法の目的を，「立法の欠如に起因して，容認しがたい低賃金を支払うことで，競争相手より不当に価格を下げる使用者による潜在的な搾取を回避することによって，低賃金労働者を保護するとともに，労働者に働くインセンティブを与えることにある」[153]と説明した。

　以上から，全国最低賃金法の目的は，低賃金搾取から労働者を保護し，働くインセンティブを与えることによって，社会保障制度に頼らないよう促進するとともに，公平な条件下での企業間競争を可能にすることにより，使用者をも保護することであるといえる。

---

[149]　イギリスにおいて，パートタイム労働者とは，週労働時間が30時間以内の労働者を指す。パートタイム労働者とフルタイム労働者間では，同一労働同一賃金の原則が採られているが，実際には，賃金格差が生じていると報告されている（Office for National Statistics, 'Employee earnings in the UK: 2019'）。また，パートタイム労働者の7割以上が女性であることから，パートタイム・フルタイム労働者の賃金格差問題は，男女格差の問題に直結しているとの指摘がある（独立行政法人労働政策研究・研修機構「諸外国における非正規労働者の処遇の実態に関する研究会報告書」〔神吉知郁子執筆部分〕（2016年）132頁）。

[150]　LPC, *National Minimum Wage: Low Pay Commission Report 2019*（CP 206, 2020）paras 3.6-3.18.

[151]　Labour Party（n 137）.

[152]　DTI（Department of Trade and Industry），*Fairness at Work*（White Papers, Cm 3968, 1998）para 3.2.

[153]　BIS, *Power to Set the National Minimum Wage Financial Penalty on a per Worker Basis*（2014）5.

第1部　最低賃金法の履行確保

(2) 適 用 対 象

全国最低賃金法の適用対象は，義務教育年齢を越えている（16歳以上）労働者（worker）[154]（1条2項）であり，派遣労働者（agency workers）（34条）および家内労働者（35条）も対象となる。分益漁師（Share fishermen）[155]（43条），慈善団体によって雇われるボランティア（44条），宗教団体等での住み込み労働者（44A条），囚人（45条），無報酬の労働によって罰金を免除される者（45A条）等については，全国最低賃金法は適用されない。

(3) 最低賃金の決定方法

1980年代からTUCは，最低賃金目標として，「所得の中央値の3分の2」を用いていた[156]。これは，欧州評議会（Council of Europe）による欧州社会憲章（European Social Charter）4条において示された「公正報酬（fair remuneration）」を反映させたものであるといわれている[157]。その後，TUC以外の労働組合も，最低賃金の決定方法として，所得の中央値を用いた方式を要求し始めた[158]。労働党もこの方式を支持していたが，1995年以降，その考えを支持しなくなっていた[159]。この政策転換には，2つの重要な要素があったと指摘されている[160]。第一に，所得の中央値を用いた方式が採用されれば，経済に悪影響をもたらすであろうという懸念，そして，第二に，雇用レベルや所得分配のようなより広い経済的・社会的状況を考慮することのない方法で最低賃金を決定

---

[154]　全国最低賃金法は，「被用者（employee）」だけでなく，「労働者（worker）」をも適用対象としている。全国最低賃金法において，「被用者」とは，（明示（口頭もしくは文書）または黙示を問わず）雇用契約（contract of employment）の下で仕事を行う個人を意味する（54条1項，2項）。「労働者」とは，(a)雇用契約または(b)（明示（口頭もしくは文書）または黙示を問わず）個人が，依頼人または顧客の地位にない相手方当事者のために，仕事もしくはサービスを自ら行うことを引き受ける（雇用契約以外の）契約を意味する（54条3項）。

[155]　分益漁師とは，(1)雇用契約の下で，雇用されていない者，(2)1人以上を乗せたイギリス漁船の船長あるいは乗組員，(3)給料の全部あるいは一部を漁船全体の収益から得ているものを指す（HM Revenue & Customs, 'Share fisherman: Income Tax and National Insurance contributions' 〈https://www.gov.uk/guidance/share-fisherman-income-tax-and-national-insurance-contributions〉 accessed 31 July 2024）。

[156]　Winyard (n 119) 52.

[157]　ibid.

第1章 最低賃金法の歴史的変遷

することは，政治的・社会的誤謬を犯すであろうという考えが生じたためである[161]。そこで，労働党は，その代替策として，低賃金委員会（Low Pay Commission）の設置という審議会方式を提案するに至ったのである。

さらに，地域，部門，職業，または企業規模に応じて，異なる最低賃金を決定するという試みは，労働組合によって否定された[162]。低賃金委員会の第一報告書においても，低賃金労働の発生状況は，地域ごとに異なるが，地域内でも異なり，さらには，イギリスのすべての地域において，低賃金労働が存在していることから，イギリス全域に適用可能な単一の最低賃金を設定するよう勧告された[163]。

単一の最低賃金の設定に関して，当時，TUC総書記であったモンクスは，高い最低賃金では，若年者を失業に追いやる傾向にあるため，25歳未満の労働者については，より低い最低賃金が適用されるべきであると指摘していた[164]。低賃金委員会の第一報告書においても，経験や技術等のレベルが相対的に低い若年者に，熟練労働者と同等の賃金を支払わなければならないというのは，使用者にとって不合理であり，若年者は，全国最低賃金の適用から除外すべきであると勧告された[165]。このような指摘を受けて，全国最低賃金法では，国務大臣（Secretary of State）[166]によって作成される規則において，年齢別に異なる最低賃金が設定されるに至った[167]。最低賃金は，21歳以上の労働者を対象とする全国生活賃金（National Living Wage），18-20歳，18歳未満，および訓練期間中の見習労働者（Apprentice）[168]に適用される最低賃金の4つに分類される。

---

[158] David Metcalf, 'The British national Minimum Wage' *Discussion Paper* No. 419.（Centre for Economic Performance, 1999）2.

[159] ibid.

[160] ibid.

[161] ibid.

[162] Brady（n 138）89.

[163] LPC（n 81）paras 3.25-3.28.

[164] Brady（n 138）89.

[165] LPC（n 81）para 5.10.

第1部　最低賃金法の履行確保

⑷　低賃金委員会の機能

低賃金委員会[169]は，ニューレイバーが促進していたソーシャルパートナーシップモデル[170]を具体化したものである。低賃金委員会は，使用者代表，労働者代表，および公益代表の三者構成であり（全国最低賃金法付則1），雇用等に悪影響をもたらすことなく，最低賃金を引き上げることによって，低賃金労働者の待遇改善を行うことを目的としている[171]。

初回の最低賃金を決定する際，全国最低賃金法において，大臣は，低賃金委員会への諮問を義務づけられていたが（5条），その後の改訂に際しては，低賃金委員会への諮問を義務づけられていない（6条，7条）。しかし，低賃金委員会への諮問が通例となっており，低賃金委員会の勧告の内容通りに，最低賃金を改訂している。これは，異なる背景および知識を有する使用者，労働者，お

---

[166]　全国最低賃金法において，国務大臣は，歳入税関庁（最低賃金履行確保チーム）の所管省庁の大臣を意味する。歳入税関庁（最低賃金履行確保チーム）の所管省庁は，貿易産業省（Department of Trade and Industry），ビジネス事業規制改革省（Department for Business, Enterprise and Regulatory Reform），ビジネスイノベーション技能省，ビジネスエネルギー産業戦略省（Department for Business, Energy & Industrial Strategy），ビジネス産業省（Department for Business and Trade）と，政権交代や首相の交代を契機とした省の再編とともに変化している。

[167]　TUC は，その後，年齢別の最低賃金制の撤廃を求めている（TUC, 'TUC set out roadmap to a £15 minimum wage and high wage economy' (24 August 2022) 〈https://www.tuc.org.uk/news/tuc-sets-out-roadmap-minimum-wage-and-high-wage-economy〉 accessed 31 July 2024）。

[168]　訓練期間中の見習い労働者に適用される最低賃金は，2010 年に導入された。見習い労働者が 19 歳未満である場合には，訓練期間継続中にこの最低賃金が適用されるが，見習い労働者が 19 歳以上である場合は，最初の 1 年間にのみこの適用を受け，それ以降は，各労働者の年齢区分に応じた最低賃金が適用される（LPC, *National Minimum Wage: Low Pay Commission Report 2011* (Cm 8023, 2011) para 1.3）。

[169]　低賃金委員会に関する詳細は，William Brown, 'The Process of Fixing the British National Minimum Wage, 1997-2007' 47 *British Journal of Industrial Relations* 2 (2009) 429-443, William Brown, 'The Low Pay Commission' in Linda Dickens and Alan C. Neal (eds), *The Changing Institutional Face of British Employment Relations* (Kluwer Law International, 2006) 63-78 等を参照。

[170]　1998 年に労働党政府が提出した白書では，「使用者と被用者間にある対立という概念をパートナーシップの促進に置き換えることが労働法改革の構想の一環である」と述べられている（DTI (n 152) foreword by the prime minister）。

[171]　LPC (n 148) 7.

および有識者から構成された低賃金委員会が，労使双方の見解を勧告に反映させることを可能にし，経済や労働市場だけでなく，被用者の実際の状況をも反映させることを可能にするという利点を有するからである[172]。実際に，低賃金委員会は，最低賃金の改訂に関する検討に際して，個別労働者に対する影響および企業に対する影響についての広範囲にわたるエビデンスを収集・分析し，このエビデンスに基づいて審議を行っている[173]。また，現地調査が行われ，低賃金労働者に対する直接のヒアリングも行われている[174]。

3　全国最低賃金の新たな展開

全国最低賃金法が導入されて以来，使用者は，低利益の甘受，商品価格の値上げ，賃金以外の労働コストの削減，賃金構造の再編成，生産量の増加・重労働の要求等によって，最低賃金の引上げ[175] に応じている[176]。低賃金委員会は，「全国最低賃金法が制定されてから 20 年以上が経過するが，この間に，全国最低賃金に対する否定的な影響の兆候はみられていない」と報告している[177]。

全国最低賃金法の制定に反対していた保守党は，2000 年初めに実施した世論調査において，使用者の半分以上が，全国最低賃金法に肯定的であったこと[178]，そして，全国最低賃金法が雇用に悪影響を及ぼしていないことから，全国最低賃金法を支持することを発表した[179]。2005 年の保守党選挙マニフェストにおいても，最低賃金の引上げとともに，全国最低賃金制度を維持することが明記されている[180]。

---

[172]　ibid.

[173]　猪股正「イギリス低賃金委員会（Low Pay Commission）」労働法律旬報 1921 号（2018 年）29 頁。

[174]　同上。

[175]　全国最低賃金法の制定当初，最低賃金は，2 つの年齢区分に応じて設定されていたが，2024 年現在は，4 つの年齢区分に応じて設定されている。具体的な最低賃金の引上状況を示すために，1999 年に，22 歳以上の労働者に適用されていた最低賃金額と 2024 年に 21 歳以上の労働者に適用されている最低賃金額で比較すると，1999 年 3.60 ポンド（日本円で約 612 円），2024 年 11.44 ポンド（日本円で約 1,945 円）と，22 年間で約 8 ポンド（日本円で約 1,360 円）以上引き上げられている。

[176]　LPC（n 148）23-24.

[177]　ibid 4.

第 1 部　最低賃金法の履行確保

　2000 年代初頭からは，首都ロンドンにおける生活費の高さに応じた最低賃金の設定を要求する「ロンドン生活賃金（London Living Wage）」運動が，非営利団体である生活賃金推進機構（Living Wage Foundation）を中心に展開されていた[181]。このような生活賃金の要求の高まりを受けて，2016 年，政府は，25 歳以上[182]を対象とする新たな最低賃金区分である，全国生活賃金を導入した。

　全国生活賃金に関しては，それが社会保障の切下げ政策とセットで導入されたことから，「生活賃金」を「生活を保障する賃金」と読むのではなく，「生活は賃金で確保せよ」というメッセージであり，労働者の生活を社会保障ではなく，賃金中心に支えていくべきとする政策であったという指摘がある[183]。全国生活賃金は，労働者の生活保障のためというより，社会保障による財政圧迫を緩和するために導入されたと考えられる[184]。実際に，全国生活賃金は，労働者の生計費等を考慮しておらず，最低限の生活が可能な賃金として一般的に用いられている「生活賃金」とは意味内容が異なっている。

　全国生活賃金の目標は，それが導入された 2016 年当時，「所得の中央値の 60 ％をめざすこと」[185]とされていたが，2020 年，全国生活賃金は所得の中央値の 60 ％である 8.72 ポンド（日本円で約 1,482 円）に到達したため，それ以降は，2024 年までに，「所得の中央値の 3 分の 2」に到達することを目標に掲げ，それを考慮して，全国生活賃金の改訂額を決定している[186]。また，低賃金

---

(178)　Ipsos MORI, 'Business on Blair' (26 September 2000) 〈https://www.ipsos.com/ipsos-mori/en-uk/business-blair〉 accessed 31 July 2024.

(179)　Patrick Barkham, 'Portillo transforms Tories' economic outlook', *The Guardian* (London, 3 February 2000) 〈https://www.theguardian.com/politics/2000/feb/03/thatcher.uk3〉 accessed 31 July 2024.

(180)　Conservative Party, *Are You Thinking What We're Thinking?* (Conservative Election Manifesto, 2005) 4.

(181)　岸道雄「ロンドン・UK 生活賃金の算出方法の統一化と日本への示唆」立命館大学地域情報研究所紀要 6 号（2017 年）117 頁。

(182)　2021 年 4 月以降，全国生活賃金の対象年齢は，「25 歳以上」から「23 歳以上」へと引き下げられた。2024 年現在は，「21 歳以上」へとさらに引き下げられている。

(183)　神吉・前掲注(21) 10-11 頁。

(184)　当時，保守党政府の経済政策は，低賃金，高税率，および高福祉社会から離れ，より高い賃金およびより高い生産率を促進することであった（BIS, *National Minimum Wage: Low Pay Commission remit 2016 (Autumn)* (2016) 2）。

委員会は，全国生活賃金の対象年齢を，2024 年までに 21 歳に引き下げること
を目標としている[187]。

◆ 第3節　小　括

　産業委員会法および賃金審議会法は，団体交渉機構が未確立または不十分な
産業に，賃金決定機構として，産業委員会または賃金審議会を設置し，団体交
渉を補完・促進することを主たる目的としていた。しかし，全国最低賃金法
は，団体交渉機構の展開を意図しておらず，さらに，団体交渉機構の有無にか
かわらず，全労働者に適用される最低賃金を設定している。過去には，最低賃
金法について，政権交代時に著しい政策変化がみられていたが，現在では，当
初，反対していた保守党も全国最低賃金法の維持を表明するとともに，最低賃
金を引き上げ続けているという点から，最低賃金法に関する保守・労働両党の
方向性に，ほとんど差異はないようである。
　イギリスでは，団体交渉機構が未確立または不十分な産業に限定して，最低
賃金法が制定されていたことから，団体交渉機構の代替である産業委員会また
は賃金審議会によっては，労働者側の交渉力の劣位ゆえに代替困難である最低
賃金の履行確保について，行政機関による代位訴訟等，労働者の権利救済に有
効に働くであろう履行確保手段が採用されたのではないかと考えられる。しか
し，全国最低賃金法では，団体交渉機構の有無に関係なく，個別労働者の権利
を直接的に救済する権限が行政機関により講じられている。そこで，第2章で
は，このような最低賃金の履行確保手段が，イギリスにおいて採用されるに
至った過程を解明する。

---

[185]　LPC, *National Minimum Wage: Low Pay Commission Report Autumn 2016*（Cm
9272, 2016）introduction.

[186]　LPC, *Non-Compliance and Enforcement of the National Minimum Wage: A Report
by the Low Pay Commission*（2020）introduction.

[187]　ibid.

第2章　最低賃金法の履行確保機構の歴史的変遷

イギリスでは，最低賃金法の履行確保機構として，これまでに産業委員会法では商務省の係官，賃金審議会法では賃金監督機構（Wages Inspectorate）が設置されていた。1998年以降は，全国最低賃金法の履行確保機構として歳入税関庁（最低賃金履行確保チーム）が設置されている。以下では，産業委員会法，賃金審議会法，および全国最低賃金法における最低賃金の履行確保機構の設置過程および権限をそれぞれ整理する。

◆ 第1節　商務省の係官による産業委員会法の履行確保

1　産業委員会法の履行確保機構の設置過程

1909年産業委員会法は，他の産業において普及している最低賃金より賃金が例外的に低い産業（1条2項），いわゆる苦汗産業を対象としていた。第一次世界大戦後に制定された1918年産業委員会法は，賃金が例外的に低い産業のみならず，団体交渉機構が十分に展開していない特定の産業においても産業委員会の設置を認めた（1条2項）。

最低賃金の履行確保手段については，1909年産業委員会法および1918年産業委員会法に規定されていた。産業委員会により設定された最低賃金は，商務省の命令によって拘束力を有することになる（1909年産業委員会法5条1項）。使用者が命令に定められた最低賃金未満で賃金を支払う場合には，即決裁判（summary conviction）により，各違反につき20ポンド以下の罰金が使用者に科せられる（6条1項）。有罪判決後，違反が継続される場合には，違反の各日について，5ポンド以下の罰金が使用者に科せられる（6条1項）。また，有罪の場合には，裁判所は罰金に加えて，労働者に対する未払最低賃金の支払額を決定する（adjust）ことが可能である（6条2項）。

47

第 1 部　最低賃金法の履行確保

1909 年産業委員会法の目的は，苦汗産業における労働者の保護，すなわち低賃金労働の改善である。交渉力に格差のある労働者に最低賃金以上の賃金を保障するためには，労働者側の交渉力の補完をもって，使用者に最低賃金の完全な遵守を求めることが必要となる[188]。この観点から，実効的な履行確保手段の整備，すなわち国家機関の係官（officers）による介入が必要とされたという指摘がある[189]。

係官について，1909 年産業委員会法は，「商務省は，法令遵守を確保するために必要だと顧慮する際に，係官を任命することができる」と規定した（14 条1 項）。この係官は，商務省の指揮または商務省の決定により産業委員会の指揮を受けて活動する（14 条1 項）。

係官または暫定的に産業委員会法の施行を促進する他の国家機関の係官[190]（以下，総称する際は，「係官等」とする。）は，賃金記録の要求・調査，家内労働者の名簿・住所・賃金記録の作成要求，立入調査，および家内労働者の名簿の重要部分を調査・複写する権限を有した（1909 年産業委員会法 15 条1 項）。係官等が要求する記録を作成・提供することを拒む者は，即決裁判により各違反につき，5 ポンド以下の罰金が科せられ，また，虚偽の記録を作成・提供する者は，20 ポンド以下の罰金もしくは 3 ヶ月以下の懲役刑またはその両方が科せられると規定された（15 条2 項）。

2　権　限

係官等は，商務省の指揮により，産業委員会法に基づく訴訟を提起する権限を有する（1909 年産業委員会法 17 条1 項）。産業委員会も，商務省により任命され，産業委員会の指揮の下で活動する係官または産業委員会の書記官もしくはその書記官が委任した職員の名義において，同様の訴訟を提起することが可

---

[188]　Dorothy Sells, *British Wages Boards: A Study in Industrial Democracy*（The Brookings Institution, 1939）212.

[189]　ibid.

[190]　1923 年末，産業委員会法下で調査・監督に従事する係官は 40 人であった。このうち 29 人は商務省の係官であったが，11 人は他の省庁の係官を臨時的に出向させていたと報告されている（Ministry of Labour, *Report of the Ministry of Labour for the Years 1923 and 1924*（Cmd 2481, 1925）182）。

能である（17条1項）。また，係官等ならびに産業委員会の書記官もしくはその書記官が委任した職員は，法廷弁護士（counsel）や事務弁護士（solicitor）あるいは法廷代理人（law agent）ではないが，略式裁判所（court of summary jurisdiction）において，産業委員会法に基づいて生ずるあらゆる訴訟を提起し，処理することができると規定された（17条2項）。

産業委員会は，労働者からの申立てを契機に，当該労働者に代わって，産業委員会法に基づき訴訟手続をとることができると規定された（10条1項）。もっとも，訴訟手続によらずに当該紛争の解決を図るために，使用者に注意を促すための措置を講ずることができ，産業委員会が使用者に対して初めて訴訟を提起する場合には，これを行うものとすると規定されている（10条2項）。

さらに，1918年産業委員会法では，1909年産業委員会法6条における即決裁判によっては，未払最低賃金の回復が不可能であると顧慮する場合に，産業委員会または係官等は，労働者の名義で，未払最低賃金を請求するために民事訴訟（civil proceedings）を提起することができると規定された（1918年産業委員会法9条2項）。

3　商務省の係官による履行確保活動

20世紀の大半おいて，個別被用者の権利は，法による国家介入を排して，使用者または使用者団体と労働組合による団体交渉を通じて実現されていた[191]。当時，労使双方が政府に要求したものは，立法者，裁判所，または監督官による介入措置というよりむしろ，自主的団体交渉が円滑に機能するための措置であったとされている[192]。したがって，この時代の法による国家介入は，労使間の交渉力格差を是正することにより，ボランタリズムを補完・促進することを目的としていた。

産業委員会法における最低賃金の履行確保手段として，係官等による国家介入規定が存在していたが，最低賃金の対象者は苦汗産業および団体交渉機構が未確立な産業に従事する労働者に限定されていた。また，法違反がもっとも深

---

[191]　Kahn-Freund（n 61）44.

[192]　ibid 43.

第1部　最低賃金法の履行確保

刻である場合を除き，大部分の未払最低賃金請求は，訴訟手続によらずに[193]，その代わりとして，インフォーマルな方法を用いていたといわれている[194]。

◆ 第2節　賃金監督官による賃金審議会法の履行確保

1　賃金監督官の設置過程

賃金審議会は，賃金規制提案を労働大臣に提出し，これを労働大臣が受理すれば，賃金規制命令として拘束力を有することになる（1945年賃金審議会法10条4項）。賃金規制命令に定められた最低賃金未満で賃金を支払う使用者には，即決裁判により20ポンド以下の罰金が科せられる（11条2項）。また，有罪の場合には，裁判所は，未払最低賃金の支払いを命令する（order）ことが可能である（11条2項）。

1945年賃金審議会法の履行確保を行う行政機関については，17条1項に規定されている。これには，雇用省（Department for Employment）内の組織，賃金監督機構の構成員である賃金監督官が任命された。

2　権　限

賃金監督官は，賃金記録の作成の要求あるいは使用者によって保持された賃金記録の要求，使用者施設内の立入調査，家内労働者の名簿の調査・複写等の

---

[193]　もっとも，1925年以降は，このような規制の緩い履行確保体制に関して，労働大臣に対する激しい非難が生じていた。これを背景に，産業委員会法の遵守を向上させるために，より厳格な履行確保計画が図られ，1926から1930年にかけて刑事訴訟件数は急増した。しかし，1931年以降は，世界恐慌による不況および戦時体制の確保に起因して，刑事訴訟件数は激減したといわれている（Sells（n 188）235-236）。当時の刑事訴訟件数は，1923年17件，1924年19件，1925年27件，1926年67件，1927年50件，1928年42件，1929年98件，1930年79件，1931年33件，1932年35件，1933年24件となっている（Ministry of Labour, *Report of the Ministry of Labour for the Year* (1923-1934) を参照）。

[194]　Charles Henry Verrill, *Minimum-Wage Legislation in the United States and Foreign Countries* (Government Printing Office, 1915) 178; and Sells（n 188）233.

権限を有する（17条3項）。賃金監督官の権限行使を妨げるものには，即決裁判により20ポンド以下の罰金[195]が科せられる（17条6項）。賃金監督官に虚偽の情報を提供する場合には，100ポンド以下の罰金[196]もしくは3ヶ月以内の禁固刑またはその両方が科せられる（18条）。さらに，賃金監督官は，最低賃金未満で賃金が支払われた労働者の名義または当該労働者に代わって，未払最低賃金を請求するために民事訴訟を提起することができると規定された（17条5項）。

3　賃金監督官による履行確保活動

　賃金審議会法により，賃金監督官に最低賃金の履行確保に係る権限が与えられていたが，実際には，賃金監督官に付与された権限はどれもほとんど用いられていなかったといわれている[197]。最低賃金を下回る支払いがなされていたことを発見した場合，賃金監督官は，まず，口頭による未払最低賃金の支払要求を使用者に行い，それでも是正されない場合，次に，文書による支払要求，そして，民事訴訟提起の警告というように，段階的な履行確保手段をとることが可能であった[198]。最低賃金未満で賃金を支払った使用者のうち90％が，口頭による支払要求に応じており，民事訴訟に至るのは，0.02％に過ぎなかったと報告されている[199]。賃金審議会法では，このような段階的な履行確保手段を採用することにより，司法的介入を控える傾向にあった[200]。また，刑事訴追は，長期にわたり人的・経済的資源を要し，通常の監督数の減少をもたらすことから，最低賃金違反が故意または繰り返される恐れのある場合にのみ検討されて

---

[195]　1975年雇用保護法付則7第4部により，「100ポンド以下の罰金」に厳罰化された。

[196]　1975年雇用保護法付則7第4部により，「400ポンド以下の罰金」に厳罰化された。

[197]　Bob Hepple and Sandra Fredman, *Labour Law and Industrial Relations in Great Britain* (Kluwer Law and Taxation Publishers, 1986) para 208.

[198]　Winyard (n 99) 26.

[199]　ibid.

[200]　実際に，刑事訴訟件数，民事訴訟件数はどちらも，産業委員会法が制定されていた時代より少ない。産業委員会法下では，多い年では約100件の刑事訴訟，8件の民事訴訟が提起されていたが，賃金審議会法下では，刑事訴訟は，1年に10件前後，民事訴訟は，ほとんど提起されていなかった（Ministry of Labour, *Report of the Ministry of Labour for the Year* (1923-1934)）。

第1部　最低賃金法の履行確保

いた[201]。

　保守党政権下において，政府は，1980年から1981年にかけて，賃金監督官数を3分の1削減させた[202]。そのため，1982年には，賃金規制命令により対象とされた事業場の6％しか監督できなくなっていたといわれている[203]。賃金監督官数の減少に伴い，これまでの監督方法である使用者施設への立入調査に加えて，郵便調査を導入した[204]。郵便調査は，最低賃金以上の賃金を被用者に支払っているか否かを使用者に確認する内容であり，理容業と小売業の2つの産業のみで実施されたが[205]，これらの産業は，賃金監督官が調査を行った事業場の約40％を占めていた[206]。また，両産業は，違反率の高い産業であったことから[207]，監督調査の有効性が問われ，郵便調査を行うのであれば，遵守が予想される産業（なんらかの形で団体交渉機構を有している会社等）を選択すべきであったという指摘がある[208]。

◆ 第3節　歳入税関庁(最低賃金履行確保チーム)による全国最低賃金法の履行確保

1　歳入税関庁(最低賃金履行確保チーム)の設置過程

　全国最低賃金法の履行確保機構を設置するにあたり，低賃金委員会の第一報告書は，賃金審議会法下での履行確保手段をモデルにしないと報告している[209]。その理由としては，賃金規制命令は産業ごとに内容が異なり，理解・解釈するのが困難であったため，かつ賃金規制命令が職場に提示されていたにもかかわらず，被用者は，自己の権利に関してほとんど認識しておらず，履行確

---

(201)　Dave Nellist, HC Deb 23 July 1985, ser 6, vol 83, col 488.

(202)　Winyard (n 119) 57.

(203)　LPU, *Who Needs the Wages Councils?* (Low Pay Pamphlet, no. 24, 1983) 21.

(204)　ibid.

(205)　Michael Alison, HC Deb 28 March 1983, ser 6, vol 40, col 52W-57W.

(206)　LPU (n 203) 21.

(207)　Alison (n 205) table 2A.

(208)　LPU (n 203) 21-22.

(209)　LPC (n 81) para 8.16.

保手続自体が全体的に有効ではなかったためと示された[210]。

　低賃金委員会は，全国最低賃金法の履行確保機構ついて，「イギリス全域を網羅し，企業の運営方法を理解し，賃金問題に精通し，すでにあらゆる種類の会社を監督している機構を用いることが，履行確保を高める有効な手段である」[211]と述べ，監督機構を新設するのではなく，税・社会保障の徴収を所管する歳入税関庁を全国最低賃金法の履行確保機構として勧告した。

　この勧告を受けて，歳入税関庁内の1チームとして，歳入税関庁（最低賃金履行確保チーム）が，最低賃金の履行確保機構として設置された。

2　権　限

(1) 賃金記録に関する権限

　全国最低賃金法14条1項は，使用者に保持することが義務付けられている賃金記録（9条）を調査し，その重要部分を複写する権限を係官に与えている。さらに，使用者が記録を保持しないあるいは虚偽の記録を作成し，係官に提出した場合には，罰金刑（罰金額は無制限）の対象になると規定されている（31条2項）。

　使用者による記録の作成に関しては，デジタル方式が可能とされている[212]。しかし，最低賃金の主たる受益者である労働者は，デジタルリテラシー[213]を有しておらず，賃金情報を理解しがたいことから，デジタル方式は，最低賃金違反について，係官に申告しようとする労働者の障壁になっていることが報告されている[214]。

(2) 未払通告の交付

　全国最低賃金法が制定された当初は，19条において，最低賃金以上の賃金を支払わない使用者に対して，履行確保通告（enforcement notice）を交付する

---

[210]　ibid.

[211]　ibid para 8.17.

[212]　LPC (n 186) para 3.26.

[213]　インターネットを通じた情報・通信等を利用・活用する能力。

[214]　LPC (n 186) para 3.26.

第 1 部　最低賃金法の履行確保

権限を歳入税関庁（最低賃金履行確保チーム）の係官に与えていた。さらに，21条において，履行確保通告に従わない使用者に対して，制裁金通告（penalty notice）を交付する権限を係官に与えていた。当時，これらの通告の適用対象となったのは，在職中の労働者のみであった。しかし，2003年，過去に労働者であった者についても，係官は，履行確保通告を出すことができると判決された[215]。その判決後，2003年全国最低賃金（履行確保通告）法（National Minimum Wage（Enforcement Notices）Act 2003）により，過去に労働者であった者についても，履行確保通告の適用対象になると修正された。それまで，在職中の労働者でない者が未払最低賃金を請求する場合には，当該労働者自身が裁判所（county court）に訴えを提起するしか救済策はなかった。

　この2つの通告は，2008年雇用法（Employment Act 2008）によって，新たに全国最低賃金法に挿入された19条により，単一の「未払通告」に置き換えられた。未払通告に一本化されるまでは，違反に対する最初の通告に制裁がないことから，使用者側においては，最低賃金未満の賃金を支払う傾向にあった[216]。2008年までは，最低賃金遵守を要求する最初の通告である履行確保通告が交付された後も，使用者が最低賃金を支払わない場合に，制裁金通告が交付され，制裁金が課されることになっていた。そのため，履行確保通告が，使用者に交付されない限り，使用者の多くは，故意に最低賃金を支払わなかったと報告されている[217]。

　2008年雇用法によって修正された全国最低賃金法19条は，このような事態を取り除くことを可能にした。19条は，未払通告の交付について規定しており，未払通告は，その交付後28日以内に，当該賃金算定基礎期間（pay reference period）[218] における未払最低賃金を当該労働者に支払うよう使用者に要求するものである[219]。この要求に加えて，未払通告には，それが交付されて28日以内に，国務大臣に制裁金[220] を支払うよう使用者に要求する内容を含まな

---

[215]　*Inland Revenue Commissioners v Bebb Travel plc* [2003] EWCA Civ 563, [2003] 3 All ER 546.

[216]　Georgina Hirsch, John Usher and Shubha Banerjee, *The Employment Act 2008: an IER critique and guide*（Institute of Employment Rights, 2009）32.

[217]　ibid.

[218]　賃金算定基礎期間とは，賃金計算のための単位であり，1ヶ月を上限としている（2015年全国最低賃金規則6条）。

ければならない（19A条1項）。

　係官は，未払通告を交付するか否かに関して，自由裁量を有するが，調査時に，最低賃金に満たない賃金の支払いがあると係官が判断したほとんどすべての場合に交付することが要求されている[221]。しかし，使用者の主張する未払理由は，係官が，未払通告を交付するか否かを決定する際に考慮されてはならない[222]。すなわち，使用者が最低賃金の未払いが不可抗力であったと主張しても，係官の調査開始時に未払最低賃金がある場合には，未払通告が交付されなければならない[223]。また，未払通告は，係官の調査開始以前に，賃金の未払分を使用者が労働者に部分的に支払っている場合においても交付可能である[224]。そのため，未払通告は，係官が最低賃金違反を認識している，ほとんどすべての場合において交付されることが予測される。未払通告が交付されない例としては，使用者が最低賃金に満たない賃金を労働者に支払っていたが，係官の調査開始前に，労働者に支払われるべき未払最低賃金をすべて正しく支払っている場合である[225]。

　未払通告には，最低賃金未満の賃金が支払われている労働者の名前，支払われるべき未払最低賃金額，国務大臣に支払うべき制裁金の金額等が記載される（19条4項）。未払通告で特定された未払最低賃金額，労働者，制裁金額等に不服がある場合には，使用者は雇用審判所（Employment Tribunal）に訴えを提起することができる（19C条）。

　履行確保通告と制裁金通告を未払通告に単一化した目的は，最低賃金の未払いに対する十分な抑止力を確保するためであった[226]。そのため，使用者に課さ

---

[219]　未払通告は，通告が交付された日より6年以上前の賃金算定基礎期間には適用されない（19条7項）。

[220]　使用者によって支払われた制裁金は，国務大臣によって整理公債基金（Consolidated Fund）に支払われる（全国最低賃金法19A条11項）。

[221]　BEIS, *National Minimum Wage and National Living Wage: Policy on HM Revenue & Customs enforcement, prosecutions and naming employers who break National Minimum Wage law* (2016) para 3.3.7.

[222]　ibid para 3.3.4.

[223]　ibid.

[224]　ibid para 3.3.5.

[225]　ibid para 3.3.6.

[226]　ibid para 3.3.2.

第1部　最低賃金法の履行確保

れる制裁金の金額は，労働者に支払われるべき未払最低賃金額の50％であったものを，100％に，さらに，2016年以降は200％に増額されている（19A条5A項）。そして，未払最低賃金額の総額が，100ポンド未満になる場合は，一労働者につき最小制裁金の100ポンドが制裁金として課され（19A条6項），未払最低賃金の総額が，20,000ポンド以上になる場合は，一労働者につき最大制裁金である20,000ポンドが制裁金として課される（19A条5B項）[227]。しかし，使用者が，未払最低賃金および制裁金を14日以内に支払えば，制裁金は，50％減額される（19A条10項）。この規定は，使用者が，労働者に未払最低賃金を早急に支払うよう促すものである。以上のように，最初から，制裁金付きの未払通告を使用者に交付することによって，そして，14日以内の未払最低賃金および制裁金の支払いにより制裁金を減額することによって，通告が交付されても，なお最低賃金を故意に支払わないという事態を避ける規定が導入された。

(3) 代位訴訟権限

全国最低賃金法19D条は，未払通告において特定された労働者への未払最低賃金の全部あるいは一部を使用者が支払っていない場合に，係官が，当該労働者に代わって，1996年雇用権利法（Employment Rights Act 1996）23条1項(a)において，未払最低賃金請求の訴えを雇用審判所に提起する，または，コモン・ロー上の契約違反として，民事訴訟を提起することができると規定している。1996年雇用権利法に規定されている適用対象に該当しない労働者類型に属するもの（派遣労働者や家内労働者）についても，全国最低賃金法18条に特別規定が定められており，1996年雇用権利法の規定が適用されることになっている。

産業委員会法および賃金審議会法では，最低賃金の履行確保について，産業委員会または賃金審議会では，労働者側の交渉力の劣位ゆえに，自主的団体交渉機構の代替機構となることが困難であったことから，係官または賃金監督官に代位訴訟権限が付与されていたと指摘した。全国最低賃金法は，団体交渉機

---

[227]　2016年に制裁金の計算方法が，未払最低賃金額の200％に改正される以前，最大制裁金は，5,000ポンドであった。

第2章　最低賃金法の履行確保機構の歴史的変遷

構の有無に関わらず，全労働者に適用される点から，かつての最低賃金立法とは対象を異にする。そのため，全国最低賃金法の法案審議過程において，代位訴訟を規定した法案条文に対して，労使私人間の契約上の関係に国家機関による介入を可能にする規定であり，介入は簡潔になされるべきであるとの批判が，主に保守党議員から生じていた[228]。これに対して，当時，貿易産業省（Department of Trade and Industry）の大臣であったマッカートニーは，低賃金労働者および権利主張をする能力の低い労働者またはその能力を欠いている労働者は，係官による代位追及を求めることが不可欠であり，「代位訴訟権限を規定する条文は，使用者が履行確保通告を遵守しない場合に，係官によって完全な措置をとることを可能にさせる」[229]と主張した。もっとも，係官による代位訴訟が認められる根拠については，全国最低賃金法の法案審議過程において議論されていない。この点について，過去に政府が行った調査では，個別被用者および労働組合が最低賃金の履行確保機能を果たし，純粋な民事紛争において解決することは理論上おこりうるが，最低賃金法の主たる受益者は，労働組合による保護を有していない低賃金労働者であり，自発的解決が見込まれないことから，国家機関の係官による代位訴訟が必須であると指摘されていた[230]。

(4) 刑事処罰を求める権限

係官は，法違反が疑われる場合に，刑事捜査を行う権限を有する。歳入税関庁は，検察庁（Crown Prosecution Service）による刑事訴追を前提としてこの権限を用いる[231]。

刑事制裁としては，全国最低賃金法31条9項(a)(b)において，罰金刑が規定されている。しかし，刑事訴追では，労働者に未払最低賃金が返済されるという保障もなく，さらには，使用者に罰金刑を科すことによって，労働者に支

---

[228]　Andrew Lansley, Standing Committee D, HC Debs, 29 January 1998 [Part I].

[229]　Ian MacCartney, Standing Committee D, HC Debs, 29 January 1998 [Part I].

[230]　Department of Employment and Productivity (n 94) paras 153-154.

[231]　1986年に検察庁が設置されるまで，イギリスでは，国家訴追主義ではなく，私人訴追主義が採られていた。産業委員会法および賃金審議会法が制定されていた時代は，検察庁が存在しておらず，主に，係官または賃金監督官が刑事訴追（実質的意味での私人訴追）を行っていた。「私人訴追主義」については，小山雅亀『イギリスの訴追制度 ── 検察庁の創設と私人訴追主義』（成文堂，1995年）を参照。

57

第 1 部　最低賃金法の履行確保

払われるべき未払最低賃金が確保できなくなることもあり，ほとんどの場合，刑事訴訟は提起されてない[232]。歳入税関庁も，刑事捜査の着手を留保し，履行確保事案の大部分において，刑事捜査および刑事訴追は，最善策ではないと認識している[233]。1999 年から 2021 年 2 月時点までに刑事訴追されたのは 15 人の使用者のみである[234]。

(5) 労働市場エンフォースメント誓約書・命令

　2016 年移民法（Immigration Act 2016）において，歳入税関庁（最低賃金履行確保チーム）をはじめとする履行確保機構（民営職業斡旋事業者基準監督機関およびギャングマスター及び労働者酷使取締局）に，次の権限が導入された。すなわち，歳入税関庁（最低賃金履行確保チーム）は，全国最低賃金法に基づく法違反がみられる使用者に対して，(i)歳入税関庁（最低賃金履行確保チーム）が生じていると考える法違反を特定し，(ii)その理由を述べ，(iii)所定の書式において，違反事項の是正または法令遵守を約する「労働市場エンフォースメント誓約書（labour market enforcement undertaking：以下，「LMEU」とする。)」を提出するよう求める通告を交付することができる（14 条）。2016 年 LMEU 及び LMEO 行為準則（Code of Practice on Labour Market Enforcement Undertakings and Orders 2016）において，LMEU は各履行確保機構の有する既存の権限を補完するものと位置付けられている。

　歳入税関庁（最低賃金履行確保チーム）から上記通告を受け取った使用者が，14 日以内（または歳入税関庁（最低賃金履行確保チーム）との合意がある場合にはその期間内）に LMEU を提出しないまたは提出した LMEU を遵守しない場合，歳入税関庁（最低賃金履行確保チーム）は，使用者に対して特定行為を禁止もしくは制限または特定行為の履行を求める「労働市場エンフォースメント命令（labour market enforcement order：以下「LMEO」とする。)」を交付するよう

---

[232]　BEIS, *National Living Wage and National Minimum Wage: Government evidence on compliance and enforcement 2018/19*（2020）para 8.6.

[233]　ibid para 8.5.

[234]　BEIS, *National Living Wage and National Minimum Wage: Government evidence on compliance and enforcement 2019/20*（2021）13. 刑事訴追はすべて 2017 年以降に生じている。

裁判所に申請することができる（2016年移民法18, 19条）。LMEO違反に対して，正式起訴では2年以下の禁錮刑もしくは罰金またはその両方が科せられ，略式起訴では禁錮刑（イングランド，ウェールズ，およびスコットランドでは12ヶ月以下，北アイルランドでは6ヶ月以下）もしくは罰金またはその両方が課せられる（27条）。

(6) 使用者名公表制度

　全国最低賃金法の履行確保手段として，2011年に，最低賃金違反の使用者名を公表する「使用者名公表制度」が導入された[235]。同制度の目的は，最低賃金の履行確保に関する認識を向上させることおよびこれがなければ最低賃金違反をなそうとする使用者を抑止することである[236]。もっとも，2011年から2013年にかけて同制度により公表された使用者は，たった1人であった[237]。そこで，使用者名を公表しやすくするために，2013年に公表基準が改訂された。2013年10月以降の同制度の適用対象は，歳入税関庁により調査・監督された後に，未払通告が交付されており，かつ未払最低賃金額が100ポンド以上の使用者となった[238]。2013年に公表基準が改正されてから2019年6月までの

---

[235] 導入当時の使用者名公表基準は，以下の7点であった。(1)使用者が故意に最低賃金の支払義務を履行していないことが明らかな場合，(2)使用者が以前に歳入税関庁（最低賃金履行確保チーム）から全国最低賃金を遵守するために講じるべき措置に関して助言されていたにもかかわらず，措置を講じていないことが明らかな場合，(3)使用者が最低賃金に関する記録を保持するために十分な措置を講じていないことが明らかな場合，(4)使用者が係官の権限行使を妨害していることが明らかな場合，(5)使用者が係官からの質疑に応じていないことが明らかな場合，(6)使用者が係官への情報提供を拒絶していることが明らかな場合，(7)係官による履行確保措置後，使用者が未払最低賃金の支払いを拒絶していることが明らかな場合（BEIS (n 221) 19）。少なくともこの基準の1以上に該当し，かつ未払最低賃金額が100ポンド以上である使用者に適用されていた。

[236] BEIS, *National Minimum Wage Law: Enforcement: Policy on HM Revenue & Customs enforcement, prosecutions and naming employers who break National Minimum Wage law* (2017) para 5.1.2.

[237] LPC, *National Minimum Wage: Low Pay Commission Report 2014* (Cm 8816, 2014) 4.16.

[238] BEIS, *National Minimum Wage Law: Enforcement: Policy on HM Revenue & Customs enforcement, prosecutions and naming employers who break National Minimum Wage law* (2020) para 5.2.1.

第1部　最低賃金法の履行確保

間に，約 2,000 名の使用者が公表されている[239]。

　最低賃金の遵守および履行確保のための予算が，2015 年度と比較して 2019 年度では，2 倍以上になっていたことから，より効率的に予算を立て，より多くの最低賃金違反をとらえるために，使用者名公表制度の再検討を行うとして[240]，2018 年 7 月以降，同制度は一時的に停止されていた。その後，2019 年に低賃金委員会が公表制度の再開を勧告し，この勧告を政府が受諾したことから，2020 年に再開された[241]。一時停止までの公表基準は，未払最低賃金額が 100 ポンド以上である使用者とされていたが，公表制度の再開後に設定された基準は，未払最低賃金額が 500 ポンド以上の使用者と，増額されることとなった[242]。この変化は，一時停止される以前の公表基準が不相当であったという判断に基づいているが，低賃金委員会は，この新たな基準が抑止措置としての有効性を弱めないよう，今後の影響を監視するよう政府に勧告している[243]。

(7) 自主的是正制度

　2014 年に，自主的是正（self-correction）制度が導入された。歳入税関庁は，より迅速に未払最低賃金が労働者に支払われることを保障するために，申告監督[244]と重点監督[245]に加えて，自主的是正を用いている。これは，歳入税関庁が，未払通告や刑事捜査等の正式な履行確保手段を講じた後に，当該履行確保手段において対象とされていなかった労働者への未払最低賃金の支払いに関して，使用者に自主的な是正を求めるものである[246]。この履行確保手段は，使用

---

(239)　Kelly Tolhurst, HC Deb 4 June 2019, vol 661, col 51-52.

(240)　ibid.

(241)　BEIS (n 238) para 5.2.1.

(242)　LPC (n 186) para 2.12.

(243)　ibid.

(244)　労働者は，使用者の最低賃金違反に関して，ACAS 電話相談または歳入税関庁のオンラインフォームから申告することができる。2019 年度，ACAS 電話相談からは 752 件，歳入税関庁のオンラインフォーからは 2,552 件の申告があったと報告されている（BEIS, *National Living Wage and National Minimum Wage: Government evidence on compliance and enforcement 2019/20* (n 34) 9）。

(245)　歳入税関庁は，源泉徴収（PAYE）や税額控除に関する情報または他の監督機構からの情報等を用いて，最低賃金違反が生じていると考えられる産業部門または使用者を重点的に監督することで違反事案を発見する（ibid 10）。

60

者に対して法的拘束力を与えるものではないが，未払最低賃金の特定および返済を促していると評価されている[247]。2018年では，1,000万ポンド（日本円で約17億円）以上の未払最低賃金が，自主的是正によって返済された[248]。これは，労働者側にとっては，未払最低賃金の回復機会を増加させ，使用者側にとっては，制裁金付通告の回避を可能にさせ，行政側にとっては，人的・経済的資源の削減を可能にさせるという利点を有する。

3 歳入税関庁（最低賃金履行確保チーム）による履行確保活動

2019年度，歳入税関庁（最低賃金履行確保チーム）は，約250,000人の労働者に対して，総額2,080万ポンド（日本円で約35億円）の最低賃金未払いがあることを明らかにした[249]。このうち，歳入税関庁（最低賃金履行確保チーム）は，計約1,000件の未払通告を交付し，総額約1,850万ポンド（日本円で約31億円）の制裁金を課した[250]。

また，2021年度では，歳入税関庁（最低賃金履行確保チーム）は，約120,000人の労働者に対して，総額約1,630万ポンド（日本円で約28億円）の最低賃金未払いがあることを明らかした[251]。2021年度は，COVID-19によるパンデミックの影響を受けたことから，計約700件の未払通告の交付，総額約1,320万ポンド（日本円で約22億円）の制裁金と，歳入税関庁（最低賃金履行確保チーム）の権限行使に若干の減少がみられた[252]。

---

[246] BEIS（n 232）para 7.34.

[247] ibid para 7.37.

[248] ibid.

[249] BEIS（n 234）8.

[250] ibid 13.

[251] DBT, *National Living Wage and National Minimum Wage: Government evidence on enforcement and compliance 2021/22*（2023）6.

[252] ibid 6.

第1部　最低賃金法の履行確保

4　最低賃金法および労働関連法制の履行確保機構における
新たな展開

　最低賃金の履行確保手法として，政府は，2017 年頃から，使用者の法遵守を促進し，使用者の態様を改める，「促進，抑止，および対応（Promote, Prevent and Respond）」手法を採用している[253]。「促進」は，法違反が使用者の故意ではなく，使用者の情報不足および無能力を前提として，使用者に利用可能な情報を整備することを主たる目的とする[254]。「抑止」は，いくらかの使用者が故意に法違反をなすであろうという前提から，違反に対するリスクを増加させることによって，使用者の態様を改めることを目的とする[255]。そして，「対応」は，労働者による申告または重点監督を通じて，法違反が明らかになった場合に，歳入税関庁がそれに対応することを指す[256]。実際に，違反が発覚した際，歳入税関庁は，労働者に未払最低賃金の回復を保障するために[257]，使用者に是正措置を講ずる。このようなハイブリッド型の手法を採用することによって，最低賃金を実効的に履行確保しようとしている。

　また，最低賃金の履行確保に限らず，履行確保機構による労働関連法制の履行確保の重要性がかねてより指摘されていた[258]。これは，ゼロ時間契約（zero-hours contracts）[259] 労働者やギグワーカーといった新しい就労形態の増加による労働者間のネットワーク不足に起因する自主的履行確保の困難性を背景とする[260]。

　労使関係に対する国家介入の程度について，かつて労働組合が労働者の権利

---

[253]　BEIS, *National Living Wage and National Minimum Wage: Government evidence to the Low Pay Commission on compliance and enforcement*（2017）11.

[254]　BEIS（n 234）6.

[255]　ibid.

[256]　ibid.

[257]　ibid.

[258]　ibid 230.

[259]　ゼロ時間契約とは，週当たりの労働時間数が決定されておらず，使用者の呼び出しに応じて実際に働いた時間数に対して賃金が支払われる契約を意味する（Collins and others（n 80）264）。

[260]　Guy Davidov, *A Purposive Approach to Labour Law*（Oxford University Press, 2016）227-228.

第2章　最低賃金法の履行確保機構の歴史的変遷

救済のために政府に要求したものは，団体交渉を円滑に進めるための仲介措置であったが，現在では，労使間の仲介としてではなく，労働組合の代替として政府が直接的に要求されていると指摘するものもいる[261]。政府側においては，プラットフォームを介して企業や個人から仕事を請け負うクラウドワーカーの増加およびクラウドワーカーの「労働者」該当性を争点とする法的紛争[262]の増加等を背景として提出された以下の政策文書において，労働関連法制の履行確保機構に関する統合議論が生じた。2016 年当時の首相テリーザ・メイ（Theresa May）は，既存の法的枠組みが今日の就労形態の展開に適しているかの調査をマシュー・テイラー（Matthew Taylor）[263]に諮問した[264]。翌 2017 年，テイラーによる報告書（以下，「テイラー報告書」とする。）[265]において，労働関連法制の履行確保において生じている問題が指摘され，その対処のために必要となる措置が勧告された[266]。

　政府は，テイラー報告書における勧告を受諾するとともに，「その（勧告の）将来の実施を考慮して」，単一の履行確保当局（single labour market enforcement agency）の新設を検討するとした[267]。新たな履行確保機構では，歳入税関庁（最低賃金履行確保チーム）の統合が予定されていることから，これは最低

---

[261]　William Brown and Chris F. Wright 'Policies for Decent Labour Standards in Britain' 89 *The Political Quarterly* 3（2018）482.

[262]　例えば，*Uber* 事件では，プラットフォームを介して労務を供給する Uber 運転手が，全国最低賃金法および 1998 年労働時間規則（The Work Time Regulations 1998）上の権利を有する「労働者」に該当するか否かが争われた。2021 年 2 月，最高裁は，Uber 運転手と Uber 間に，労働者（worker）の契約を黙示的に認定した（*Uber BV and others（Appellants）v Aslam and others（Respondents）*[2021] UKSC 5）。最高裁判決の検討として，石田信平「クラウドワーカーの労働者性と労働者の脆弱性を起点とした目的論的解釈 —— イギリス *Uber* 事件最高裁判決」季刊労働法 274 号（2021 年）170-194 頁を参照。

[263]　テイラーは，ブレアの元側近であり，メイからの諮問を受けた当時は，芸術・産業・ビジネスの復興を目的とする Royal Society of Arts の最高責任者であった。

[264]　Theresa May, HC Deb 30 November 2016, vol 617, col 1517.

[265]　Taylor（n 11）.

[266]　テイラー報告書の全体的な内容は，滝原啓允「イギリス労働法政策の現代的展開 —— Taylor Review の概要と同報告書による勧告の具体的内容」JILPT Discussion Paper 21-05（2021 年）を参照。

[267]　Taylor（n 11）; and Greg Clark, HC Deb 17 December 2018, vol 651, col 573.

第1部　最低賃金法の履行確保

賃金の履行確保に少なからぬ影響を及ぼすことになろう。

第3章 検 討

第1節 最低賃金法の履行確保機構に係る特徴

1 権限行使の目的

　イギリスにおいて，産業委員会法および賃金審議会法は，団体交渉機構の補完・促進を目的としており，これが歳入税関庁（最低賃金履行確保チーム）による権限行使の目的にも反映されていた。そのため，労働者の権利保障という目的は主たるものではなく，従たるものであった。しかし，現在，最低賃金の履行確保について採用されている「促進，抑止，および対応」手法は，最低賃金に係る周知活動，法違反の抑止措置，および労働者の権利救済を兼ね備えたものである。このようなハイブリッド型の手法は，産業委員会法および賃金審議会法では採用されておらず，全国最低賃金法の履行確保に特有のものである。同手法，とりわけ「対応」手法の採用は，歳入税関庁（最低賃金履行確保チーム）による権限行使の目的が，監督権の行使から生じた反射的利益を労働者に付与することではなく，最低賃金以上の賃金を受け取る労働者の権利を直接的に保障することであるということを明らかにしている。

2 民事救済権限

　歳入税関庁（最低賃金履行確保チーム）は，最低賃金の履行確保手段として，民事救済権限を行使することができる。民事救済権限は，未払通告において，労働者に未払最低賃金を支払うよう命じられたにもかかわらず，未払賃金の支払いに応じない使用者に対して，歳入税関庁（最低賃金履行確保チーム）が，当該労働者に代わって，未払最低賃金請求の訴えを提起することができる権限で

65

第1部　最低賃金法の履行確保

ある。

　1923 年から 1960 年にかけて，産業委員会法および賃金審議会法における民事救済権限の行使件数は，毎年 1～8 件であった[268]。近年の具体的な件数は，公表されていないが，毎年，歳入税関庁（最低賃金履行確保チーム）は裁判所に最低賃金の未払事案を持ち込んでおり，勝率も高いという指摘がある[269]。

　最低賃金の履行確保手段として，労働者の権利を直接的に救済できる民事救済権限が行政機関に付与されていることは，労働者に経済的・時間的・精神的負担を課すことなく，最低賃金の受領を可能にできるという特徴がある。

3　権限の多様性

　歳入税関庁（最低賃金履行確保チーム）は，図表 4 のように，説得や助言等のインフォーマルな権限から，刑事訴追といった公法的手段に至るまで多様な権限を有している。これらの権限のうち，とりわけ民事救済権限に至るまでの権限として，未払通告の交付（民事制裁）と自主的是正の要請は，未払最低賃金の回復を高める権限として特徴的である。

　第一に，歳入税関庁（最低賃金履行確保チーム）は，最低賃金の履行確保に係る基本的な方針として，最低賃金未満の賃金を支払う使用者に対して未払通告を交付する[270]。未払通告の交付では，労働者 1 人あたりに最大 20,000 ポンド（日本円で約 340 万円）の制裁金が使用者に課される。イギリスの制裁金制度は，①行政機関がそれを課す点，②制裁金額が減額されない点，および③救済対象の広さに特徴がある。まず，行政機関である歳入税関庁（最低賃金履行確保チーム）が制裁金を使用者に課す。事業場の立入調査において，歳入税関庁（最低賃金履行確保チーム）係官が，最低賃金未満の賃金が支払われていることを発見した際に，未払通告により，その交付後 28 日以内に，未払分の最低賃金支払いと制裁金支払いを使用者に命ずる。次に，未払通告を交付するか否か，すなわち使用者に対して制裁金を課すか否かの判断において，歳入税関庁（最低賃金履行確保チーム）に裁量権があるが，未払通告の交付の可否を決定す

---

[268]　Ministry of Labour, *Report of the Ministry of Labour for the Year* (1923-1960).

[269]　TUC, *Enforcing the National Minimum Wage: A Practical Guide* (2017) 24.

[270]　BEIS (n 221) para 3.3.7

66

第3章 検 討

図表4 歳入税関庁（最低賃金履行確保チーム）の権限

権限	内容
事業場施設への立入調査	賃金記録の調査，賃金記録に係る説明の要請，未払通告の遵守状況の確認のために，事業場施設に立ち入り調査を行うことができる。
注意喚起文書の交付	未払最低賃金額が少額または該当する労働者が少数である場合に，注意喚起文書を交付することができる。
未払通告の交付（民事制裁）	未払最低賃金を労働者に，制裁金を歳入税関庁（最低賃金履行確保チーム）に，支払うよう求める未払通告を交付することができる。
代位訴訟（民事救済）	未払通告の交付後も，未払最低賃金を支払っていない場合に，労働者に代わって，未払賃金額を請求する訴えを提起できる。
使用者名公表	未払通告が交付されており，かつ未払最低賃金が500ポンド（日本円で約85,000円）以上の使用者を公表することができる。
刑事訴追	刑事捜査，刑事訴追を行うことができる。
自主的是正の要請	その他の権限行使後，当該権限行使において対象とされていない労働者について，使用者に自主的な是正を求めることができる。

る際に，使用者の主張する未払理由を勘案してはならないとされている[271]。制裁金の下限額とともに上限額が規定されているが，未払理由を勘案して「未払最低賃金の200％」が減額される余地はない[272]。さらに，未払通告において，最低賃金未満の賃金が支払われている労働者すべてを対象にすることができる。そのため，事業場全体の労働者の未払最低賃金の支払いを可能にすることができる。以上のように，イギリスにおける制裁金制度は，労働者による裁判手続なく，行政機関が，使用者に対する制裁金の支払いと労働者に対する未払

---

[271]　ibid paras 3.3.4 and 3.3.7.
[272]　もっとも，未払通告が使用者に交付されてから14日以内に，未払最低賃金および制裁金を支払えば，制裁金は50％減額されるとする事後的減額がある。

67

第1部　最低賃金法の履行確保

最低賃金の双方を 28 日以内に支払うよう命ずるものであり，労働者に経済的・時間的・精神的負担を課すことなく，事業場全体における労働者の早急な権利救済を可能とするものである。また，制裁金が使用者の未払理由を勘案することなく同率で課される点から，制裁の予見可能性があり，使用者の法違反に対する制裁として抑止機能のあるものである。行政機関による制裁金制度の運用は，労働者に経済的・時間的負担を課すことなく，使用者による早急な対応を可能とする点から，使用者に対する制裁および労働者の権利救済にとって有益なものである。

第二に，歳入税関庁（最低賃金履行確保チーム）は，未払通告の交付または刑事訴追後，当該権限行使によって対象とされていなかった労働者について，未払最低賃金がある場合に，使用者に対してその自主的な是正を求めることができる。この権限は，法的拘束力のない手段ではあるが，未払最低賃金の回復を促している[273]。

◆ 第2節　歳入税関庁（最低賃金履行確保チーム）の果たす役割

最低賃金の履行確保に，歳入税関庁（最低賃金履行確保チーム）が実際にどのような影響を果たしているのか，最低賃金の受益者数（影響率），最低賃金未満の賃金を受け取る労働者のうち歳入税関庁（最低賃金履行確保チーム）により救済される労働者数，最低賃金未満の賃金を受け取る労働者の特徴に分けてそれぞれ分析する。

まず，図表5と図表6のように，労働力人口（約 3,000 万人）に占める最低賃金額の賃金を受け取る労働者（約 200 万人）の割合は，約7％である。

また，500,000 人以上の労働者が最低賃金未満の賃金を支払われていると見積もられているが，そのうち，歳入税関庁（最低賃金履行確保チーム）の権限行使により，未払最低賃金が支払われた労働者は，2021 年度において，約 120,000 人であった[274]。

---

[273]　BEIS（n 232）para 7.37.

[274]　DBT, 'Supplementary data for the 2021/22 National Minimum Wage Enforcement and Compliance report'（2023）table 2.

第3章 検 討

図表5 労働力人口に占める最低賃金未満の賃金を受け取る労働者の割合

	労働力人口	最低賃金未満の賃金を受け取る労働者数	％
23歳以上	26,830,000	435,000	1.6
21-22歳	839,000	36,000	4.3
18-20歳	897,000	21,000	2.3
16-17歳	327,000	5,000	1.5
訓練中の見習労働者	220,000	10,000	4.5
総計	29,113,000	507,000	1.7

（出所） Department for Business & Trade（DBT）, *National Living Wage and National Minimum Wage; Government evidence on enforcement and compliance 2021/22*（2023）table 15a を参考に作成。

図表6 最低賃金受益者に占める最低賃金未満の賃金を受け取る労働者の割合

	最低賃金額の賃金を受け取る労働者数	最低賃金未満の賃金を受け取る労働者数	％
23歳以上	1,604,000	493,000	30.7
21-22歳	167,000	47,000	28.3
18-20歳	119,000	28,000	23.4
16-17歳	40,000	5,000	13.2
訓練中の見習労働者	32,000	9,000	28.5
総計	1,961,100	582,000	29.7

（出所） DLME（Director of Labour Market Enforcement）, *United Kingdom Labour Market Enforcement Strategy 2019/20*（2019）table 4 を参考に作成。

そして，図表7のように，最低賃金未満の賃金を受け取る労働者には特徴があり，これらは，低賃金業種（low-pay job）に集中している。低賃金業種とは，所得がイギリスにおける所得の中央値の3分の2を下回る業種と定義されている[275]。低賃金業種の特徴としては，労働組合が組織されていない，移民労

---

(275) LPC（n 150）185.

第 1 部　最低賃金法の履行確保

図表 7　業種別総労働者数に占める最低賃金未満の賃金を受け取る労働者の割合

業種	総労働者数	最低賃金未満の賃金を受け取る労働者数	％
小売業	1,939,800	62,500	3.2
サービス業	1,167,200	61,100	5.2
清掃業	877,600	57,800	6.6
事務職	485,200	21,900	4.5
倉庫業	649,700	19,900	3.1
保育業	326,000	18,900	5.8
運送業	444,900	18,200	4.1
介護業	725,500	15,500	2.1
理容業	97,900	10,000	10.2
食品加工業	374,800	79,00	2.1
レジャー産業	256,000	7,600	3.0
非食品加工業	323,500	6,000	1.8
農業	170,000	5,500	3.2
警備業	152,000	4,600	3.0
コールセンター職	51,700	600	1.2
繊維業	35,300	500	1.3
非低賃金業種	21,035,300	188,800	0.9
総計	29,113,500	507,300	1.7

（出所）DBT, *National Living Wage and National Minimum Wage; Government evidence on enforcement and compliance 2021/22* (2023) table 17 を参考に作成。

働者・若年労働者を中心に雇用する，派遣・下請等の就業形態を用いている等が挙げられる[276]。歳入税関庁（最低賃金履行確保チーム）による重点監督が行われるべきとされている業種としては，低賃金業種，とりわけサービス業，倉庫

[276]　Orestis Papadopoulos, Mariti Lopez-Andreu and Mandi Jamalian, 'Violation and

業，介護業，食品加工業，農業，繊維業が挙げられており[27]，歳入税関庁（最低賃金履行確保チーム）の権限行使の対象も低賃金業種が中心となる。したがって，歳入税関庁（最低賃金履行確保チーム）が最低賃金の履行確保に果たす役割は，実際には，低賃金業種に集中しているという状況にある。

◈ 第3節　民事救済の対象範囲の限定性

歳入税関庁（最低賃金履行確保チーム）は，最低賃金の未払請求について民事救済権限を行使することができる。しかし，最低賃金の未払いに関係して労働者に生ずる解雇または不利益取扱い等に係る申立てを歳入税関庁（最低賃金履行確保チーム）が代位することはできない。この場合，未払最低賃金の請求とは別に当該労働者自身が解雇または不利益取扱いに対する訴えを提起するほかない。

また，民営職業斡旋事業者基準監督機関およびギャングマスター及び労働者酷使取締局についても，図表2のように報酬の履行確保のために自己の有する権限を行使することができるが，両機構には，図表3のように民事救済権限がなく，労働者の報酬の回復を直接的に可能にする権限がない。

以上のように，民事救済権限は，労働者に代わって，行政機関が当該労働者の権利救済を可能にするものであるが，歳入税関庁（最低賃金履行確保チーム）の民事救済権限の対象は未払最低賃金に限定されており，また，民事救済権限を行使できる行政機関も限定されている。

もっとも，イギリスでは，歳入税関庁（最低賃金履行確保チーム），民営職業斡旋事業者基準監督機関，およびギャングマスター及び労働者酷使取締局の管轄法令の履行確保手段として，民事制裁・民事救済権限の拡大が予定されている。

Lack of Awareness of Employment Rights in the United Kingdom's Hotel Industry: Isolation, Fragmentation and Barriers to Labour Enforcement'52 *Industrial Relations Journal* 4（2021）315-330.

[27]　Interim DLME, *United Kingdom Labour Market Enforcement Strategy 2020/21*（2021）sec 3.

第 **2** 部
民営職業斡旋事業法制の
履行確保

◈ はじめに

　イギリスにおいて，職業斡旋事業者は，公共のものと民営のものに分かれている。公共職業紹介所として，公共職業安定所（Jobcentre Plus）が労働年金省（Department for Work & Pensions）により運用されている。労働年金省はその管轄の一部として求職者支援や失業手当の支給を行っている。失業者は，失業手当を受給するために，公共職業安定所を訪れなければならないため，公共職業安定所は，求職中の有職者と比較すると求職中の失業者による利用が高い[278]。

　「民営職業斡旋事業者」は，1973年民営職業斡旋事業法[279]（Employment Agencies Act 1973：以下，「民営職業斡旋事業法」とする。）上，「職業紹介事業者（employment agency）」と「労働者派遣事業者（employment business）」の2つに分類される。民営職業斡旋事業者のうち職業紹介事業者は，求職中の失業者および有職者双方により利用される。専門職や管理職の求職者の3分の1が民営職業紹介事業者を利用するのに対して，公共職業安定所の利用者は，専門職や管理職の求職者の8分の1に過ぎない[280]。また，単純作業職の求職者の半分以上が公共職業安定所を利用するのに対して，民営職業紹介事業者を利用する単純作業職の求職者は6分の1に満たず，公共と民営間で紹介される業務の比重に相違がある[281]。民営職業斡旋事業のうち労働者派遣事業者を利用する派遣

---

[278]　求職中の失業者の3分の2が公共職業安定所を利用するのに対して，求職中の有職者は5分の1のみが公共職業安定所を利用する（Anne E. Green, Maria de Hoyos, Yuxin Li and David Owen, *Job Search Study: Literature review and analysis of the Labour Force Survey*（Department for Work & Pensions Research Report No 726, 2011）15）。

[279]　Employment Agencies Act は，「職業紹介事業法」と邦訳されるが，同法は，職業紹介事業者だけでなく，労働者派遣事業者の取締まりも含めた法律であるため，本書では，Employment Agencies Act を，職業紹介事業と労働者派遣事業双方を取り締まる法律であることを強調するため，「民営職業斡旋事業法」と訳出する。

[280]　Green（n 278）15.

[281]　ibid.

第 2 部　民営職業斡旋事業法制の履行確保

就労者が従事する職業分類としては，単純作業職が 26 ％ともっとも高い割合を占めている[282]。

　民営職業斡旋事業のうち職業紹介事業の問題状況およびその対応として，求職者から料金を徴収する有料の職業紹介事業は世界的に問題視されており，1949 年 ILO96 号条約（イギリス未批准）により有料職業紹介の漸進的な廃止またはその規制が ILO 加盟国に求められていた。ILO96 号条約が採択された当時，イギリスでは，一部地域に限定して有料職業紹介事業を規制する条例が制定されたが，全国的な法規制は存在していなかった。その後，国内外において，新たな職業斡旋形態として派遣労働が広がるにつれて[283]，労働者派遣事業者を含めた民営職業斡旋事業者への対応が求められるようになり，イギリスでは，1973 年に，民営職業斡旋事業者の全国的な法規制として民営職業斡旋事業法が制定され，世界的には，1997 年に，ILO96 号条約を改訂する ILO181 号条約（イギリス未批准）が採択された。

　民営職業斡旋事業のうち労働者派遣事業の問題状況として，イギリスでは，派遣就労者[284]と労働者派遣事業者（派遣元）または派遣先との間に雇用契約（contract of employment）の締結が法令上義務づけられていないことから，三者間の権利義務関係が争われている。判決では，「A（派遣就労者）と B（労働者派遣事業者）が，C（派遣先）に排他的にサービスを提供することを契約する場合，その（A と B 間の）契約は労務供給契約（contract for services）ではな

---

[282]　Explanatory Memorandum to the Agency Workers Regulations 2010（No. 93, 2010）table 4.

[283]　市民相談サービス（Citizens Advice）は，2006 年から 2016 年の 10 年間で派遣就労者が 29 ％増加したと見積もった（Citizens Advice, 'Number of temporary agency workers rises by 29 ％ in a decade'（8 September 2016）〈https://www.citizensadvice.org.uk〉accessed 31 July 2024）。Resolution Foundation（イギリスのシンクタンク）は，2018 年において約 800,000 人の派遣就労者が存在すると見積もった（Lindsay Judge, *Choices, choices... Why do firms use agency workers?*（Resolution Foundation, Business survey results, 2018）2）。

[284]　派遣就労者には，労働者派遣事業者の被用者または労働者だけでなく，個人事業主（self-employed）に該当する者もいる。そこで，本書では，労働者派遣事業者により派遣される就労者を「派遣就労者」とする。もっとも，法令によっては，派遣就労者が，労働者派遣事業者の被用者または労働者であることが要件とされるため，その場合には，派遣就労者より狭い概念として「派遣労働者」とする。

く，それとは異なる他の特有の（sui generis）契約」と判示するもの[285]，労働者派遣事業者に登録した者と労働者派遣事業者の間では雇用契約の成立に必要な義務の相互性（継続的に仕事を与える／引き受ける義務）を欠いていることから，派遣就労者と労働者派遣事業者間の契約は，雇用契約ではなく，労務供給契約であったと判示するもの[286]，義務の相互性があるとして，派遣就労者と派遣先間に黙示の雇用契約の存在を認めるもの[287]等がある。2010 年派遣労働者規則（The Agency Workers Regulations 2010：以下，「派遣労働者規則」とする。）により，派遣就労者と労働者派遣事業者間の法的関係が規定されたが，一定の基準を満たさない限り，派遣労働者規則は適用されないため，派遣労働者規則の制定後も，派遣就労者と労働者派遣事業者間の法的関係は議論の俎上に載せられている。

　イギリスにおいて，民営職業斡旋事業者への労働組合の対応は，次の 4 つに分かれていると指摘されている[288]。すなわち，(i)民営職業斡旋事業者を労働市場から「排除」する方針，(ii) 民営職業斡旋事業者を公共職業斡旋サービスまたは労働組合へと「置き換え」を行う方針[289]，民営職業斡旋事業者の中でも労働者派遣事業者に重点を置いて，(iii) 労働者派遣事業者または派遣先企業いずれかとの労働協約を通じて，派遣就労者が直接雇用労働者の雇用条件を不当に引き下げないように「規制」を行う方針，および (iv) 派遣就労者を労働組合に加入させて，派遣就労者の就労条件を設定および向上させる目的で，労働組合が労働者派遣事業者と団体交渉を行う「取り組み」の方針である[290]。(iii)「規制」は，直接雇用労働者の保護を目的として，派遣就労者の使用を制限する方針であり，派遣就労者を保護する (iv)「取り組み」とは異なる方針であ

---

[285]　*Construction Industry Training Board v Labour Force Ltd* [1970] 3 All ER 220.

[286]　*Wickens v Champion Employment* [1984] ICR 365.

[287]　*Cable & Wireless plc v Muscat* [2006] EWCA Civ 220.

[288]　Edmund Heery, 'The Trade Union Response to Agency Labour in Britain' 35 *Industrial Relations Journal* 5 (2004) 434-450.

[289]　「置き換え」の具体例としては，臨時の看護師や医療従事者を派遣する民営職業斡旋事業者に代わる公共職業斡旋サービスとして設置された NHS Professionals，運搬・流通における労働組合である URTU により設置された派遣運転手を派遣する事業者 IDF 等がある（ibid 446）。

[290]　ibid 447-448.

第2部　民営職業斡旋事業法制の履行確保

る。上記の対応方針のうち，TUC は，労働者派遣事業者が，直接雇用労働者
の雇用条件を不当に引き下げて派遣就労者の使用を増加させること，スト破り
労働者を供給し，団体交渉の意義を弱めること等を理由として，労働者派遣事
業者および派遣就労者双方を非難して，(i)「排除」の方針を明らかにした 1928
年以来，クローズドショップにより，派遣就労者の使用を阻止することで，
「排除」を進めていた[291]。しかし，労働組合の弱体化により，民営職業斡旋事業
者を通じた労働者の使用を妨げるための交渉力を欠いたこと，ILO 条約の改訂
により国際レベルで民営職業斡旋事業者への対応を排除から規制へと移行し始
めたことから，1980 年以降は，(iii)「規制」に TUC の方針が移行したと指摘
されている[292]。

　使用者（派遣労働の場合，派遣先にあたる。）にとって，季節的需要を満たす
ことが，派遣就労者を含む，「臨時労働者（temporary worker)」[293] を使用する
「伝統的な」理由であった[294]。1980 年代以降，生産需要の変動および労働コス
トを削減するプレッシャーを増加させる経済情勢に直面したことから，使用者
は，このような状況に対応するために，臨時労働者を常用労働者の代わりとな
る労働力として組み入れようとしたと指摘されている[295]。派遣就労者はその他
の臨時労働者とは異なり，使用者（派遣先）と派遣就労者間に雇用契約は存在
せず，派遣就労者には解雇予告期間，剰員整理手当等，雇用上の権利が保障さ
れておらず，使用者にとって負担が少ないことから，一時的な労働力の需要を

---

(291)　ibid 437.

(292)　ibid 444-445.

(293)　イギリスにおいて，「臨時労働者」の定義が明らかにされていないことから，他国と
の比較や問題状況の整理を困難にさせているという指摘がある（Bob Hepple, ' XII .
United Kingdom' in R. Blanpain (ed), *Temporary Work and Laour Law: of the
European Community and Member States* (Kluwer Law and Taxation Publishers,
1993) para 1)。臨時労働者を具体的に「有期契約労働者（あらかじめ決定された期間雇
用される者）」，「季節労働者（流通，観光，農業，食品加工といった産業における季節
的需要に応える者）」，「不定期労働者（義務の相互性がなく，非常に短期間の職務に従
事する者）」，「派遣就労者」等に分類する見解もある（Bernard Casey, 'The Extent and
Nature of Temporary Employment in Britain' 12 *Cambridge Journal of Economics* 4
(1988) 488-489)。

(294)　Casey (n 293) 500.

(295)　ibid 501.

満たすために派遣就労者を使用する傾向が生じたとされる[296]。

　本書の執筆時点（2024 年 7 月）において，イギリスでは，民営職業斡旋事業者は，主として，民営職業斡旋事業法，2003 年民営職業斡旋事業行為規則（The Conduct of Employment Agencies and Employment Businesses Regulations 2003），派遣労働者規則，および 2004 年ギャングマスター（許可制度）法（Gangmasters（Licensing）Act 2004：以下，「ギャングマスター（許可制度）法」とする。）により，その事業活動を規制されている。民営職業斡旋事業法と 2003 年民営職業斡旋事業行為規則は，民営職業斡旋事業者に一定の義務を課すものであり，また，民営職業斡旋事業法は，同法および同法に基づいて制定された規則を管轄する履行確保機構の権限を規定する。派遣労働者規則は，派遣労働者（派遣就労者より狭い概念）と派遣先労働者間の均等待遇原則を規定するとともに，労働者派遣事業者だけでなく，派遣先にも一定の義務を課す。ギャングマスター（許可制度）法は，特定の産業部門に労働者を供給する事業者に対して許可制を導入するとともに，同法および同法に基づいて制定された規則・ルールを管轄する履行確保機構の権限を規定する。

　民営職業斡旋事業法および 2003 年民営職業斡旋事業行為規則の履行確保機構として，民営職業斡旋事業者基準監督機関が設置されており，ギャングマスター（許可制度）法の履行確保機構として，ギャングマスター及び労働者酷使取締局が設置されている。本書の執筆時点において，民営職業斡旋事業者基準監督機関およびギャングマスター及び労働者酷使取締局には，民事救済権限が与えられていない。しかし，SEB の設置に伴い，民営職業斡旋事業者基準監督機関とギャングマスター及び労働者酷使取締局それぞれの管轄法令の履行確保手段として，民事救済権限の付与が検討されている[297]。

　本部の目的は，歳入税関庁（最低賃金履行確保チーム）との統合および歳入税関庁（最低賃金履行確保チーム）と同一の民事救済権限の付与が検討されている民営職業斡旋事業者基準監督機関およびギャングマスター及び労働者酷使取締局の管轄法令および権限の歴史的変遷を整理し，民営職業斡旋事業者基準監督機関およびギャングマスター及び労働者酷使取締局に民事救済権限を拡大する

---

[296]　ibid.

[297]　BEIS（n 13）33; and BEIS（n 14）22.

第 2 部　民営職業斡旋事業法制の履行確保

意義を明らかにすることにある。

　以下では，まず，民営職業斡旋事業法，2003 年民営職業斡旋事業行為規則，および派遣労働者規則の制定過程，目的，および内容を整理する。

第1章　民営職業斡旋事業者基準監督機関による民営職業斡旋事業法制の履行確保

第1節　民営職業斡旋事業法制の歴史的変遷

1　1973年民営職業斡旋事業法

(1) 制定過程および目的

イギリスにおいて，民営職業斡旋事業者のうち，労働者派遣事業者を除く，職業紹介事業者に対する最初の法規制は，議会が特定の地域を対象に制定する地域的個別法（local acts）として制定された1901年グラスゴー法（Glasgow Corporation（Police）Order Confirmation Act 1901）である。これは，家事使用人の有料の登録紹介業を行う者に，治安判事委員会（Magistrates' Committee）[298]による許可を得るよう義務づけるものである（14条）。これに続く1903年マンチェスター法（Manchester Corporation Act 1903）も，女性家事使用人の有料の登録紹介業を行う者に，その氏名および住所ならびに登録紹介業を行う事業場の登録を義務づけた（77条）。1901年グラスゴー法および1903年マンチェス

---

[298]　治安判事委員会は，1866年グラスゴー警察法（Glasgow Police Act 1866）に基づく法定委員会であり，グラスゴーの「治安判事（Magistrates）」を構成員とする。治安判事は下級裁判官である。各伯領の有力ジェントリ（地頭）が「国王の平和の維持」にあたったのが治安判事の起源とされる。その後，治安判事は大法官（Lord Chancellor）の推薦に基づいて国王によって任命された無資格の一般市民として一定の研修を受けて着任するようになった。2006年以降は，大法官に代わって，裁判官任命委員会（Judicial Appointments Commission）により選ばれたものが国王により任命されている。2017年時点で約18,000名の一般市民が治安判事を務めている。治安判事の歴史的経緯は，戒能通弘＝竹村和也『イギリス法入門 —— 歴史，社会，法思想から見る』（法律文化社，2022年），川北稔編『イギリス史 上』（山川出版社，2020年），幡新大実『イギリスの司法制度』（東信堂，2009年）等を参照。

第 2 部　民営職業斡旋事業法制の履行確保

ター法は，性的虐待から女性を保護することを目的としたとされる[299]。1907 年
公衆衛生法修正法（Public Health Acts Amendment Act 1907）では，女性家事
使用人の有料の登録紹介業を行う者に，その氏名および住所ならびに登録紹介
業を行う事業場の登録を義務づけるとともに，事業者による保管が義務づけら
れる帳簿およびその帳簿に含めるべき記載事項，ならびに不適切な事業活動の
阻止およびそのような事業活動が行われる事業場の取締りのために必要と地方
当局（local authority）[300]が考えるその他の事項，を定める条例を制定する権限
が地方当局に与えられた（85 条）。1907 年公衆衛生法修正法に基づいて，約
200 の地方当局が条例を制定したとされている[301]。その後，1921 年ロンドン議
会（包括権限）法（London County Council（General Powers）Act 1921）は，家事
使用人に限らずあらゆる職種の登録紹介業を規制の対象として，許可制を定め
る条例を制定する権限をロンドン議会（London County Council）に与えた（11
条）。1921 年ロンドン議会（包括権限）法の制定以来，約 50 の地方当局[302]が各
地域的個別法を通じて同様の権限をもったとされる[303]。

　もっとも，民営職業紹介事業者を規制する条例を制定する地域は一部にとど
まっており，許可制を定める条例のある地域で許可申請を不許可とされた事業
者が許可制を定める条例を制定していない地域で事業を行っていた[304]。そこで，
民営職業紹介事業者を全国的に取り締まるための法律を制定する動きがあった
が[305]，労働市場に対する過度な介入を避けるイギリスではその実施には至らな
かった。その後，1960 年代から 1970 年代初頭にかけての好況期において，臨

---

[299]　Earl of Growrie, HL Deb 8 June 1973, vol 343, cols 342-346.

[300]　1907 年公衆衛生法修正法において，地方当局は，都市部の衛生地区（urban sanitary
　　　authority），市町村（urban district council），農村部の市町村（rural district council）
　　　を意味する（13 条）。

[301]　Earl of Growrie (n 299) cols 342-346.

[302]　日本の県にあたるカウンティ（county）だけでなく，市町村にあたるディストリク
　　　ト（district）も含む。

[303]　Earl of Growrie (n 299) cols 342-346.

[304]　ibid.

[305]　例えば，1928 年には，職業紹介事業者に対する全国的な許可制を規定することを目
　　　的とした職業紹介業及び登録業法案（Agencies and Registries Bill 1928）が提案されて
　　　いたとされる（ILO, *Abolition of Fee-Charging Employment Agencies* (Sixteenth
　　　Session, 1932) 60）。

82

第 1 章　民営職業斡旋事業者基準監督機関による民営職業斡旋事業法制の履行確保

時的または季節的な労働力の需要が増加したことにより，1921 年ロンドン議会（包括権限）法の制定時には想定されていなかった新たな職業斡旋形態として派遣労働が広がっていた[306]。労働者派遣事業者は，当時の法令で規定されていた職業紹介事業者の定義に該当しないとして，法規制を受けていなかった[307]。民営職業紹介事業の全国的な広がりおよび法規制の対象となっていなかった新たな職業斡旋形態である派遣労働の広がりを背景として，労働者派遣事業者も含めた，民営職業斡旋事業者の全国的な法制度を整備することが必要となったとされる[308]。その結果，1973 年に民営職業斡旋事業法が制定された。

　民営職業斡旋事業法は，1921 年ロンドン議会（包括権限）法[309]等により採用されていた許可制を全国に適用すること，（民営職業斡旋事業者の）利用者（求職者・派遣就労者）および使用者（求人者・派遣先）の利益を保護するためのルールを民営職業斡旋事業者の事業活動に設定すること[310]を主たる目的とする。

⑵　内　容

⒜　**定義**　　民営職業斡旋事業法は，これまでの法規制の対象であった職業紹介事業者だけでなく，労働者派遣事業者もその対象とする。民営職業斡旋事業者の事業活動は，実質的には職業紹介事業にも労働者派遣事業にも該当する場合があることから[311]，職業紹介事業者および労働者派遣事業者双方の規制が 1 つの法令で規定されている。

　民営職業斡旋事業法上，「職業紹介事業者」は，使用者として求職者を「雇入れ（employment）」る求人者を求職者に，求職者を使用者となる求人者に紹介する事業者（13 条 2 項）であり，「労働者派遣事業者」は，自らが「雇入れ」

---

[306]　Patricia Leighton, 'Marginal Workers' in Roy Lewis (ed), *Labour Law in Britain* (Basil Blackwell, 1986) 512; Bob Hepple and B. W. Napier, 'Temporary Workers and the Law' 7 *Industrial Law Journal* 2 (1978) 86.

[307]　Earl of Growrie (n 299) cols 342-346.

[308]　Dudley Smith, HC Deb 16 February 1973, vol 850, col 1696.

[309]　民営職業斡旋事業法 14 条 2 項および付則により，1921 年ロンドン議会（包括権限）法をはじめとする地域的個別法および 1907 年公衆衛生法修正法内の登録紹介業を規制する規定は廃止された。

[310]　Smith (n 308) col 1692.

[311]　Hepple (n 293) para 10.

第2部　民営職業斡旋事業法制の履行確保

る者を派遣先に派遣して，派遣先の指揮命令下で働かせる事業者（13条3項）を意味する。民営職業斡旋事業法上，「雇入れ」は，(a)職業に従事する合意（professional engagement），その他の「労務供給契約（contract for services）」に基づく雇入れ，(b)住居や食費といったホスピタリティおよびポケットマネーまたはホスピタリティのみの提供を対価として，個人家庭の家事労働を補助する取り決め（arrangement）に基づく当該家庭における受入れを意味する（13条1項）と規定されている。「労務供給契約」は，当事者間の関係性が使用者と被用者（employee）または労働者（worker）の関係ではない場合において，他者にサービスを提供する契約（例えば，請負契約，業務委託契約）を意味するものである[312]。労働者派遣事業の場合，労働者派遣事業者と派遣就労者間の契約は，雇用契約に限定されないことから，労働者派遣事業者は，自己の被用者に該当するものだけでなく，被用者より広く労働者または個人事業主（self-employed）に該当する派遣就労者も派遣先に派遣することができる。イギリスにおいて，「被用者」と「労働者」の定義は，1996年雇用権利法に規定されている。「被用者」は，雇用契約に基づいて働く者を意味し（230条1項），「労働者」は，①雇用契約または②明示（口頭もしくは書面）または黙示を問わず，個人が，依頼人または顧客の地位にない契約相手方のために仕事もしくはサービスを自ら行うことを引き受ける（雇用契約以外の）契約を意味する（230条3項）。したがって，「労働者」は，「被用者」を含む概念である（以下，「労

---

[312]　雇用契約は，労務供給契約のひとつであるが，労務供給契約が雇用契約に該当することによって，使用者にはコモン・ロー上の使用者責任・安全配慮義務があり，また，被用者は制定法上の保護を受けることができる。そのため，雇用契約とその他労務供給契約との区別が問題となっていた。その後，雇用契約を締結せず，明示（口頭もしくは書面）または黙示を問わず，個人が，依頼人または顧客の地位にない契約相手方のために仕事もしくはサービスを自ら行うことを引き受ける（雇用契約以外の）他の契約（1996年雇用権利法230条3項(b)）を締結する「労働者」に該当することによって，雇用契約を締結する被用者に保障されている法的権利の一部が保障されるようになり，現在，雇用契約とその他労務供給契約の区別のほかに，明示（口頭もしくは書面）または黙示を問わず，個人が，依頼人または顧客の地位にない契約相手方のために仕事もしくはサービスを自ら行うことを引き受ける（雇用契約以外の）契約とその他労務供給契約との間の区別，すなわちその判断基準が，法的紛争（例えば，*Uber*事件）において争われている。イギリスのおける雇用契約の概念は，秋田成就『労働契約の法理論——イギリスと日本』〔林和彦執筆部分〕（総合労働研究所，1993年）86頁以下等を参照。

第1章　民営職業斡旋事業者基準監督機関による民営職業斡旋事業法制の履行確保

働者」は被用者を含むものとする）。

(b) **特別法による労働者派遣事業者と派遣就労者間の規制**　　民営職業斡旋事業法において，労働者派遣事業者と派遣就労者間に，①雇用契約または②明示（口頭もしくは書面）または黙示を問わず，個人が，依頼人または顧客の地位にない契約相手方のために仕事もしくはサービスを自ら行うことを引き受ける（雇用契約以外の）契約の締結が法令上義務付けられておらず，労働者派遣事業者と派遣就労者間の権利義務関係が明確ではないため，これが派遣先と派遣就労者間の関係も含めて議論の俎上に載せられている。

　もっとも，民営職業斡旋事業法以外の個別の制定法では，労働者派遣事業者もしくは派遣先またはその両方に次のような義務を課している。全国最低賃金法34条と1998年労働時間規則（The Work Time Regulations 1998：以下，「労働時間規則」とする。）36条では，派遣就労者に特別規定が設けられており，派遣就労者が労働者派遣事業者の労働者に該当しない場合であっても，全国最低賃金法または労働時間規則が規定する「派遣労働者（agency workers）」[313] に該当すれば，全国最低賃金法または労働時間規則上の権利を享受することができる。この場合，労働者派遣事業者または派遣先のいずれかが，全国最低賃金法または労働時間規則上の義務を負う。また，2010年平等法41条および55条は，労働者派遣事業者および派遣先[314] による派遣就労者に対する差別行為を禁止する。さらに，1974年労働安全衛生法（Health and Safety at Work etc. Act 1974：以下，「労働安全衛生法」とする。）3条は，（派遣先に該当する）使用者および個人事業主に，自己の被用者以外の者（下請労働者，近隣住人等）に健康および安全衛生上のリスクを生じさせない方法において事業を行うことを義務づけている。

(c) **許可制とその廃止**　　民営職業斡旋事業法の制定当時，民営職業斡旋事

---

(313)　「派遣労働者」は，(a)労働者派遣事業者と派遣先間の（派遣）契約に基づいて，派遣先の仕事に従事するために派遣される個人であるが，(b)派遣就労者が労働者派遣事業者または派遣先の労働者ではない者であり，かつ(c)依頼人または顧客の地位にいる者のために仕事を行うことを約する契約当事者ではない者（全国最低賃金法34条1項，労働時間規則36条1項）と定義されている。

(314)　2010年平等法上の派遣先に対する義務は，派遣就労者が，雇用契約または自ら仕事を行うことを約する契約に基づいて，労働者派遣事業者の労働者として，労働者派遣事業者に雇い入れられていなければ課されない。

業を行うためには，許可当局（licensing authority）から許可を得ていなければ
ならず，これに反する場合には略式起訴において 400 ポンド（日本円で約
68,000 円）以下の罰金が規定されていた（1 条）。許可当局として，雇用省内に
民営職業斡旋事業者基準室（Employment Agency Standards Office）が設置され
た。民営職業斡旋事業者基準室は，違法行為等を理由として，許可申請者の申
請を不許可とすること，または許可取得事業者の許可を取り消すことができた
（2 条および 3 条）。この許可制は，次の 3 点を理由として，1994 年規制緩和・
業務委託法（Deregulation and Contracting Out Act 1994：以下，「規制緩和・業務
委託法」とする。）35 条および付則 10 により，1995 年に廃止された。すなわ
ち，(1) 許可の新規申請および更新申請（許可は 1 年有効）のうち，年間を通
じてほとんど却下することがないこと，(2) 民営職業斡旋事業者は許可更新の
ために，毎年，更新料を支払わなければならないことから，事業者（とくに小
規模事業者）に多大な負担を課していること，(3) 許可制の廃止により労働市
場に対する規制を緩和することで，雇用創出につながること，が廃止の理由と
されている[315]。

　(d) 規則の制定　　　国務大臣[316]は，民営職業斡旋事業者の適切な行為を確保
するために，そして，民営職業斡旋事業者のサービスを利用する者の利益を保
護するために規則を制定することができる（5 条 1 項）。規則に規定できる具体
的な内容は，民営職業斡旋事業者に対する記録保管の義務付け，民営職業斡旋
事業者により提供されるサービスの制限，民営職業斡旋事業者がサービスを提
供する方法および条件の規制，民営職業斡旋事業者による求職者・派遣就労者
に対する料金徴収の制限または規制等である。これまで民営職業斡旋事業法 5
条 1 項に基づいて，1976 年民営職業斡旋事業行為規則（The Conduct of Em-
ployment Agencies and Employment Businesses Regulations 1976），2003 年民営

---

(315)　伍賀一道「イギリスにおける民営職業紹介事業，労働者派遣事業の現状」金沢大学
　　経済学部論集 15 巻 2 号（1995 年）44-45 頁。
(316)　民営職業斡旋事業法において，国務大臣は，民営職業斡旋事業者基準室の所管省庁
　　の大臣を意味する。民営職業斡旋事業者基準室およびその後継機関の所管省庁は，雇用
　　省，貿易産業省，ビジネス事業規制改革省，ビジネスイノベーション技能省，ビジネス
　　エネルギー産業戦略省，ビジネス産業省と，政権交代や首相の交代を契機とした省の再
　　編とともに変化している。

職業斡旋事業行為規則が制定された[317]。民営職業斡旋事業法に基づいて制定された規則に反する場合には，略式起訴または正式起訴において罰金が科せられる（民営職業斡旋事業法5条2項）。

(e) **有料職業紹介事業の禁止**　　国務大臣が規定を設ける場合を除いて，民営職業斡旋事業者は職を見つける目的で求職者・派遣就労者から直接的または間接的に，紹介料・派遣料を請求することを禁止されている（6条1項）。これに違反する場合には，略式起訴または正式起訴において罰金が科せられる（6条2項）。有料職業紹介事業の禁止は，ILO96号条約（イギリス未批准）の勧告に沿った内容とするために規定されたが，民営職業斡旋事業法では，求人者・派遣先から徴収する紹介料・派遣料の金額を取り締まる規定がない等，ILO96号条約の内容を満たしていなかったことから，民営職業斡旋事業法の制定後もこれを批准できなかったとされる[318]。1997年，ILO181号条約によるILO96号条約の改訂によって，ILOは，「民間職業仲介事業者」[319]の活動を原則自由として求職者と労働者の保護を図ることを加盟国に求めた。もっとも，イギリスでは，派遣就労者と労働者派遣事業者間に雇用契約の締結が義務付けられていない等，ILO181号条約の定める労働者保護を満たしていないことから，ILO181号条約を批准できていない。そのため，国内法は国際レベルの規制に至っていないと指摘されている[320]。

(f) **履行確保**　　民営職業斡旋事業法3A～3D条では禁止命令の交付，8A条では係官の任命，9条では係官の権限が規定されている。履行確保機構およびその権限の具体的な内容は次節において後述するが，禁止命令は，許可制の廃止に伴って，許可制の代わりとして新たに導入された履行確保手段であり，最大10年間，民営職業斡旋事業を禁止するものである。

以上，民営職業斡旋事業者に対する全国的な法規制として制定された民営職

---

(317)　派遣労働者規則は，民営職業斡旋事業法ではなく，1972年欧州共同体法（European Communities Act 1972）を根拠法とする。

(318)　Lord Diamond, HL Deb 8 June 1973, vol 343, col 337.

(319)　ILO181号条約において「民間職業仲介事業者」は，①職業紹介事業者，②労働者派遣事業者，③もっとも代表的な労使団体と協議の上，管轄当局（competent authority）が定めるその他の求職関連サービスを意味する。

(320)　Michael Wynn, 'Regulating Rogues? Employment Agency Enforcement and Sections 15-18 of the Employment Act 2008' 38 *Industrial Law Journal* 1（2009）71.

第2部　民営職業斡旋事業法制の履行確保

業斡旋事業法では，民営職業斡旋事業法および同法に基づいて制定された規則を管轄する履行確保機構の設置および履行確保機構の権限が規定された。また，1995年以降，許可当局の許可権限が廃止されたが，その廃止に伴って，禁止命令を導入することにより，民営職業斡旋事業法の履行確保を強化する手段が規定された。

2　2003年民営職業斡旋事業行為規則

(1) 制定過程および目的

　民営職業斡旋事業法5条1項に基づいて制定される規則では，民営職業斡旋事業者の事業活動の具体的な行為基準が規定されている。最初に制定された1976年民営職業斡旋事業行為規則では，職業斡旋において必要となる求人者・派遣先および求職者・派遣就労者に関する調査義務，情報収集義務等の民営職業斡旋事業者の一般的義務に加えて，年少者（18歳未満）に対する職業紹介の原則禁止[321]，外国での職業斡旋および外国人労働者の職業斡旋に際する民営職業斡旋事業者の義務[322]が規定されていた。

　ブレアおよびゴードン・ブラウン（Gordon Brown）率いる労働党政権時（1997～2010年），政府は，民営職業斡旋事業者の事業活動が，労働市場の柔軟性および効率性の確保にとって中心的役割を果たしていると考えており，民営職業斡旋事業者に対する負担の軽減を求めていた[323]。また，民営職業斡旋事業者の中でも，労働者派遣事業者の利用が増加しており，1976年民営職業斡旋事業行為規則が制定されてから約30年間において，派遣就労者数は50,000人から270,000人へと増加していた[324]。1976年民営職業斡旋事業行為規則は，派遣就労者の保護としては脆弱なものであった。例えば，労働者派遣事業者は，派遣就労者に対して，派遣先の事業内容，派遣就労者の職務内容，労働時間，

---

[321]　民営職業斡旋事業者のうち職業紹介事業者は，年少者が職業訓練を受けたことを調査していない限り，当該年少者を使用者に紹介してはならない（5条1項）。国外に年少者を紹介する場合，事前に年少者の親または後見人から書面の同意がなければならない。年少者に支払われる賃金で支払える家賃の居住施設が提供されていなければならない。有期雇用である場合には，雇用が開始されない，所定期間より短い期間になった，または契約が終了した場合に，就労国から帰郷する費用を保障しなければならない（5条3項）。

第1章　民営職業斡旋事業者基準監督機関による民営職業斡旋事業法制の履行確保

報酬の情報提供が義務づけられていたが，当該派遣先への派遣に際して，上記内容の同意を派遣就労者から得ることは義務づけられておらず（1976年民営職業斡旋事業行為規則9条），派遣就労者の意に反する派遣が可能であった。さらに，労働者派遣事業者を通じて派遣されている派遣就労者を派遣先が直接雇い入れようとする場合，実態として，労働者派遣事業者が派遣先に当該派遣就労者の移籍に対する移籍料を課すことができるが[325]，この移籍料に法的規制・制限がなかったことから，移籍料の存在が，派遣先が派遣就労者を直接雇い入れることを妨げており，雇用創出に対する障壁となっていたとされた[326]。そこで，現状に即した規則に改正するために，1976年民営職業斡旋事業行為規則を廃止し，2003年民営職業斡旋事業行為規則が制定された。2003年民営職業斡旋事業行為規則では，民営職業斡旋事業者の行為を管理し，求職者・派遣就労者

---

[322]　民営職業斡旋事業者のうち職業紹介事業者が，国外に労働者を紹介する場合，英国領事館のリストに記載されている法律家その他の信頼できる者によって，使用する外国の職業紹介事業者が適切な事業者であり，当該事業が当該国の法律で禁止されていないことの証明を得ていなければならない（6条1項）。外国人労働者を国内で紹介する場合，当該外国人労働者の人物証明書を（当該労働者の親族を除く者から）2通得ていなければならない（6条2項）。職業紹介事業者は，英国領事館のリストに記載されている法律家その他の信頼できる者によって，当該紹介が労働者に不利益を生じさせないことの証明を得ていない限り，外国人労働者を紹介してはならない（6条3項）。職業紹介事業者は，国外に労働者を紹介する場合および外国人労働者を国内で紹介する場合，当該労働者が自国から出国する前に，労働者と使用者双方が出発日，渡航の取り決め，雇入れの詳細等を含む書面を理解可能な言語で受領することを保障しなければならない（6条5項）。労働者派遣事業者は，英国領事館のリストに記載されている法律家その他の信頼できる者によって，当該派遣が派遣就労者に不利益を生じさせないことの証明を得ていない限り，国外に派遣就労者を派遣してはならない（11条1項）。労働者派遣事業者は，派遣就労者の帰郷費用の支払いを取り決めていない限り当該労働者を国外に派遣してはならない（11条2項）。労働者派遣事業者は，派遣就労者が自国から出国する前に，報酬，法定控除に関する情報，就労期間，居住施設の有無，旅費，および帰郷費用を含む詳細な書面を派遣就労者および派遣先双方に提供しなければならない（11条4項）。

[323]　Lord Sainsbury, HL Deb 18 December 2003, vol 655, cols 1330-1335.

[324]　Casey (n 293) 490; Chris Forde and Gary Slater, 'Agency Working in Britain: Character, Consequences and Regulation' 43 *British Journal of Industrial Relations* 2 (2005) 249.

[325]　Lord Sainsbury (n 323) cols 1330-1335.

[326]　ibid.

第 2 部　民営職業斡旋事業法制の履行確保

および求人者・派遣先が期する最低基準の枠組みを設定することを目的とし
て[327]，労働者派遣事業者に対して，派遣就労者を派遣するに際して派遣内容の
同意を当該派遣就労者から得る義務，移籍料の徴収要件を含む以下の規定が設
けられた。

(2)　内　容

(a)　一般的義務　　民営職業斡旋事業者は，求職者・派遣就労者との間で，
求職者・派遣就労者からの料金徴収が可能な有料サービス（職業訓練等，職業
斡旋サービス以外のサービス）の利用または物資の貸出もしくは購入を条件と
して職業斡旋を行うとする契約をしてはならない（5条）。民営職業斡旋事業者
は，求職者もしくは派遣就労者との契約の終了，または労働者派遣事業者の場
合には，当該労働者派遣事業者以外の者による当該派遣就労者の雇入れ，を理
由として派遣就労者を不利益に取り扱ってはならない（6条）。労働者派遣事業
者は，争議行為中の職場に派遣就労者を派遣してはならない（7条）。民営職業
斡旋事業者のうち労働者派遣事業者は，派遣先による派遣就労者の雇入れを阻
止するために派遣先に対して不当な移籍料[328]を課してはならない（10条）。労
働者派遣事業者は，派遣先から労働者派遣事業者に対する派遣料の不払い，労
働者派遣事業遂行上の事情等を理由として派遣就労者の報酬の全部または一部
を支払わないことをしてはならない（12条）。

(b)　事前同意事項　　（i）民営職業斡旋事業者による事業が，職業紹介事業
または労働者派遣事業のいずれの形態であるか，（ii）求職者・派遣就労者のた
めに見つける職種，（iii）①民営職業斡旋事業者のうち労働者派遣事業者の場
合，派遣就労者の契約形式，派遣就労者の報酬額，契約終了の予告期間，派遣
待機期間における報酬，有給休暇およびその報酬，②民営職業斡旋事業者のう
ち（求職者から料金を徴収できる（(e) を参照））職業紹介事業者の場合，職業
紹介事業者により提供される職業斡旋サービスの詳細，職業紹介事業者が求職

---

[327]　DTI, *Guidance on the Conduct of Employment Agencies and Employment
Businesses Regulations 2003* (2004) 1.

[328]　移籍料は，派遣就労者が派遣先に雇い入れられることまたは派遣就労者が別の労働
者派遣事業者によって当該派遣先に派遣されることに関係して生ずるあらゆる支払いを
意味する（10条 2 項）。

90

第1章　民営職業斡旋事業者基準監督機関による民営職業斡旋事業法制の履行確保

者に代わって，使用者となる求人者と契約を締結する等の権限がある場合には
その権限の詳細，紹介料の金額・計算方法，紹介料の支払方法，および紹介料
が職業紹介事業者により差し引かれる場合にはそのように差し引かれる状況が
求職者により同意されていなければならない（14条，15条，16条）。民営職業
斡旋事業者は，求職者・派遣就労者の同意なしに契約条件を変更することはで
きない（14条4項）。また，民営職業斡旋事業者は，求人者・派遣先にサービ
スを供給する前に，求人者・派遣先から徴収する紹介料・派遣料の計算方法等
の条件について求人者・派遣先と合意しなければならない（17条）。

　（c）**民営職業斡旋事業者の義務**　　民営職業斡旋事業者は，求人者・派遣先
の欠員ポストにふさわしい者を選択する目的で，（i）求人者・派遣先の事業活
動の性質，（ii）求職者・派遣就労者に求める職務従事期間，（iii）勤務地，労働
時間，および安全衛生上のリスクとそのリスク回避措置，（iv）求人者・派遣
先が求職者・派遣就労者に求める経験，訓練，資格，（v）求職者・派遣就労者
が支払うべき諸経費，ならびに（vi）民営職業斡旋事業者のうち職業紹介事業
者の場合には，最低報酬その他手当および解雇予告期間，の情報を得ていない
限り，求職者・派遣就労者を紹介または派遣することができない（18条）。民
営職業斡旋事業者は，求職者・派遣就労者が，求人者・派遣先が求める経験，
訓練，資格を有していること，求職者・派遣就労者が求人者・派遣先で働く意
思があることを確認しない限り，求職者・派遣就労者を紹介または派遣しては
ならない（19条）。民営職業斡旋事業者は，求職者・派遣就労者を紹介または
派遣する際には，求人者・派遣先には19条に定める求職者・派遣就労者の情
報を提供し，求職者・派遣就労者には18条に定める求人者・派遣先の情報を
提供しなければならない（21条）。民営職業斡旋事業者は，（イ）求職者・派遣
就労者および求人者・派遣先に法または職業団体（professional body）[329]により
課される要件を認識させるための合理的な措置および（ロ）労働安全衛生法に
基づく義務に反することなく，求職者・派遣就労者が求人者・派遣先の受け入
れようとする職に就くことが，求職者・派遣就労者および求人者・派遣先の利
益を損なわないようにするための合理的な調査，を講じない限りまたは行わな
い限り，求職者・派遣就労者を紹介または派遣してはならない（20条）。

---

[329]　例えば，英国勅許公認会計士協会（ACCA）や王立看護師協会（RCN）等。

91

第2部　民営職業斡旋事業法制の履行確保

(d) **多重紹介・多重派遣**　　民営職業斡旋事業者は，次の条件を満たさない限り，別の民営職業斡旋事業者を介して，求職者・派遣就労者を紹介または派遣することはできない（23条）。すなわち，(i) 民営職業斡旋事業者（A）は，別の民営職業斡旋事業者（B）が民営職業斡旋事業者として適切か否かを明らかにするために問い合わせを行い，これらを満たす回答を得ていること，(ii) AとBのそれぞれの事業形態，すなわち職業紹介事業か，労働者派遣事業か，についての合意，(iii) Aが求職者・派遣就労者に対して有料職業斡旋が可能な場合（(e) を参照）において，① Aは，求職者・派遣就労者に支払われるべき報酬が，求職者もしくは派遣就労者またはBではなくAに直接支払われなければならないことを求人者・派遣先に通知していること，または②求職者・派遣就労者に支払われるべき報酬をBが受け取ることに，AとBが合意した場合には，Bがその報酬の受領後10日以内にAまたは求職者もしくは派遣就労者にその金銭を渡さなければならないことにAとBが合意しており，かつBがAまたは求職者・派遣就労者に10日以内に金銭を渡さなかった場合には，求職者・派遣就労者がそれを履行確保できることにAとBが合意していること，ならびに (iv) AとBが合意した条件が紙もしくは電子媒体で記録されていることである（23条1項）。また，Aは，次の条件を満たさない限り，求職者もしくは派遣就労者または求人者もしくは派遣先との契約または取り決めにおける義務をBに割り当てることができない。すなわち，（イ）Aに代わってBが当該義務を遂行するものとして求職者もしくは派遣就労者または求人者もしくは派遣先の事前同意をAが得ていること，（ロ）当該義務が割り当てられた条件が単一の書面において記録されていること，ならびに（ハ）Aが求職者もしくは派遣就労者または求人者もしくは派遣先にその書面のコピーを提供していることである（23条2項）。条文上，AとBの二重派遣を例示しているが，23条1項および23条2項の条件を満たす限り，多重派遣においても適用される。

(e) **有料職業紹介**　　民営職業斡旋事業法は，国務大臣に5条1項に基づいて制定される規則において，6条1項に規定されている紹介料・派遣料の徴収制限の例外を設けることを可能にする。民営職業斡旋事業者のうち職業紹介事業者は，2003年民営職業斡旋事業行為規則付則3に列挙されている職種[30] に求職者を紹介する場合，その求職者の給与から支払える額で紹介料を求職者に

第1章　民営職業斡旋事業者基準監督機関による民営職業斡旋事業法制の履行確保

請求することができる（26 条）。

　以上，2003 年民営職業斡旋事業行為規則の制定によって，民営職業斡旋事業者の事業活動の具体的な行為基準に加えて，派遣就労者の保護に資する規定が設けられた。2003 年民営職業斡旋事業行為規則は，民営職業斡旋事業法に基づいて制定された規則であるため，民営職業斡旋事業法の履行確保機構の管轄法令に該当し，履行確保機構の権限が及ぶ。

3　2010 年派遣労働者規則

(1)　制定過程および目的

　派遣労働者規則は，EU 労働者派遣指令（Directive 2008/104/EC of the European Parliament and of the Council of 19 November 2008 on temporary agency work）を国内法化したものである。EU 労働者派遣指令は，2008 年 10 月に欧州議会が承認し，11 月に制定された。EU 労働者派遣指令の意義は，派遣労働者と派遣先労働者間の均等待遇原則を規定したことにあるとされる[331]。イギリスにおいて，民営職業斡旋事業法と 2003 年民営職業斡旋事業行為規則はこれまで，派遣就労者と派遣先労働者間の均等待遇原則を規定していなかった。なぜなら，労働市場の柔軟性の確保に重点を置くイギリスでは，労働市場に対する介入を避ける傾向にあったからであると指摘されている[332]。しかし，欧州委員会により EU 労働者派遣指令が提案されていた 2002 年には，これと併行して EU 労働時間指令の改正が提案されており，イギリスは，EU 労働時間指令

---

[330]　俳優，ミュージシャン，歌手，ダンサー，またはその他のパフォーマー，作曲家，作家，芸術家，ディレクター，制作マネージャー，撮影技師，メイクアップアーティスト，映画編集者，アクションまたはスタントコーディネーター，デザイナー，レコーディングエンジニア，小道具師，音声技術者，写真家，舞台監督，プロデューサー，振付師，シアターデザイナー，写真またはファッションモデル，プロスポーツ選手。

[331]　EU 労働者派遣指令の制定経過は，濱口桂一郎「EU 労働者派遣指令と日本の労働者派遣法」大原社会問題研究所雑誌 604 号（2009 年）25-35 頁を参照。

[332]　有田謙司「イギリスにおける派遣労働と 2010 年派遣労働者規則」季刊労働法 228 号（2010 年）161-162 頁。

第 2 部　民営職業斡旋事業法制の履行確保

の改正案におけるオプト・アウト[333]の維持と引き換えに[334]，EU 労働者派遣指令
の成立を支持したとされる[335]。

　EU 労働者派遣指令では，国レベルの労使団体間の合意により，均等待遇原
則の例外を定めることができる（5 条 4 項）と規定された。イギリスでは，
2008 年 5 月に，派遣就労者が所定の職務に就いて 12 週間経過すれば，派遣先
被用者の雇用条件と均等待遇の権利が生ずるとする合意が，政府，TUC，お
よび CBI 間で成立した[336]。すなわち，イギリスは，国レベルの労使団体間の合
意により，均等待遇原則が適用されるために必要な最低派遣期間を定めること
によって，均等待遇原則の例外を規定した。イギリスでは，EU 労働者派遣指
令を国内法において実施するために，1972 年欧州共同体法（European Commu-
nities Act 1972）[337]を根拠法として，派遣労働者規則が制定された。派遣労働者
規則それ自体の目的は，同規則において直接的に規定されていないが，派遣労
働者規則は EU 労働者派遣指令の内容を国内法化するものであることから，
EU 労働者派遣指令の目的と同一であると考えられる。EU 労働者派遣指令は，
均等待遇原則を保障することによっておよび労働者派遣事業者を使用者とみな
すことによって，派遣労働者を保護し，かつ派遣労働の質を向上させることを
目的とする（2 条）。

---

[333]　1993 年に成立した EU 労働時間指令（Council Directive 93/104/EC of 23 November
　　1993 concerning certain aspects of the organization of working time）では，週 48 時間
　　労働の特例として，この指令の施行時（1996 年 11 月 23 日）からさらに 7 年間は，週
　　48 時間労働の規定を適用しないことができると定められた（18 条 1 項(b)(i)）。7 年経
　　過後（2003 年 11 月 23 日），この規定の見直しが行われたが，廃止の合意に至らずイギ
　　リスのオプト・アウトは維持された。EU 指令およびその後の改正案の経過は，濱口桂
　　一郎『新・EU の労働法政策』（労働政策研究研修機構（JILPT），2022 年）を参照。
[334]　もっとも，この労働時間指令の改正案は，欧州議会の拒否により廃案となった。
[335]　労働政策研究・研修機構「EU 派遣労働指令の法制化作業を開始」（2009 年 6 月），
　　https://www.jil.go.jp/foreign/jihou/2009_6/england_02.html（2023 年 11 月 15 日閲覧）。
[336]　BERR（Department for Business, Enterprise and Regulatory Reform），
　　Implementation of the Agency Workers Directive: A consultation paper（2009）para 1.4.
[337]　イギリスの EU 離脱に伴って，1972 年欧州共同体法は，2018 年 EU（離脱）法
　　（European Union（Withdrawal）Act 2018）1 条により，2020 年 1 月 31 日に廃止され
　　た。もっとも，2018 年 EU（離脱）法 2 条は，1972 年欧州共同体法を根拠法として国内
　　法化された EU 法が，EU 離脱後も国内法として効力を有すると規定する。

第1章　民営職業斡旋事業者基準監督機関による民営職業斡旋事業法制の履行確保

（2）内　容

（a）定義　「派遣労働者（agency worker）」は，「派遣先（hirer）」の指揮命令下で「臨時的に（temporarily）」働くために，「労働者派遣事業者（temporary work agency）」により派遣される者であり，労働者派遣事業者との間で，雇用契約または仕事もしくはサービスを自ら行うことを引き受ける（雇用契約以外の）契約を締結する者（3条1項）と定義される。また，労働者派遣事業者が，個人の引き受ける仕事の依頼人または顧客である場合，当該個人は，派遣労働者ではない（3条2項）と規定されている。すなわち，派遣労働者規則上の派遣労働者に該当するためには，派遣就労者が労働者派遣事業者の労働者であることが必要となる。そのため，派遣労働者規則上の派遣労働者は，個人事業主を含む民営職業斡旋事業法上の派遣就労者より狭い概念となる。「派遣先」は，公共部門か民間部門か，営利か非営利かを問わず，経済活動に従事する者であり，かつ自己の指揮命令下で臨時的に働くために個人が派遣される者（2条）と定義される。「労働者派遣事業者」は，公共部門か民間部門か，営利か非営利かを問わず，派遣先の指揮命令下で臨時的に働くために個人を派遣する者，または派遣先の指揮命令下で臨時的に働くために派遣される個人のサービスの対価を支払うまたは支払いを受け取るもしくは払い込む者（4条）と定義される。派遣労働者が仲介者（intermediaries）を通じて派遣されている場合（いわゆる多重派遣）であっても，派遣労働者規則の適用を受ける派遣労働者と認められる（3条5項）。もっとも，派遣先の指揮命令下で「臨時的に」働いていない限り，派遣労働者規則の定める派遣労働者に該当せず，均等待遇の権利は保障されないことから，派遣先において期間の定めのない職務に従事させることで，以下（（b）を参照）の均等待遇原則を容易に回避できることになるという指摘もある[338]。実際に，派遣労働者規則上の「臨時（temporary）」は，「常用（permanent）ではない」ことを意味し，臨時的に働くということは，一定期間の満了もしくは特定の事業の完了のために働くということであるとして，労働者派遣事業者により派遣先企業に期間の定めなく派遣された派遣就労者は，派遣労働者規則上の「派遣労働者」には該当しないと判示したものがあ

---

[338]　Zoe Adams and others, *Deakin and Morris' Labour Law*（7th edn, Hart, 2021）para 2.43.

る[339]。労働者派遣事業者が派遣就労者を1つの派遣先企業のみに4年間繰り返し派遣しており，その実態が臨時的ではないとしても，各派遣においてそれぞれ期間の定めがあったことから，当該派遣就労者は契約上，「臨時的に」働くために供給されていたとして，派遣労働者規則上の「派遣労働者」に該当すると判示するものもある[340]。派遣就労者と労働者派遣事業者間の契約上，当該派遣就労者が「臨時的に」働くために派遣されるか否かを判断できない場合には，その派遣実態に照らして判断される[341]。

(b) 均等待遇原則　派遣労働者は，均等待遇の権利が生じるまでに要する期間（以下，「資格要件期間」とする。）である12週間（7条）継続して同一の派遣先で同一の役割（role）を引き受けることにより，派遣先によって直接雇い入れられていれば適用される「基本的労働・雇用条件（basic working and employment conditions）」が適用される（5条）。次の場合，派遣労働者は，派遣先で同一の役割に従事しているとみなされる。すなわち，(i) 派遣労働者が同一の派遣先でかつての役割と異なる新たな役割を引き受けておらず，(ii)（新たな役割を引き受けていたとしても）新たな役割の全部または主たる部分に占める仕事（work）あるいは職務（duties）がかつての役割のそれと実質的に異なっておらず，および (iii) 労働者派遣事業者が当該派遣労働者に書面で新たな役割を通知していない場合（7条3項）である。「基本的労働・雇用条件」は，派遣労働者が派遣先の被用者として雇い入れられていたならば，派遣先被用者の契約において通常含まれる条件（雇用条件），または，派遣労働者が派遣先の労働者として雇い入れられていたならば，派遣先労働者の契約において通常含まれる条件（労働条件）である（5条2項）。ただし，派遣先に「比較対象となる被用者（comparable employee）」がいる場合には，その者と同一の基本的労働・雇用条件となる（5条3項）。「比較対象となる被用者」とは，均等待遇原則に反していることが派遣労働者により申し立てられた時点において，派遣先の指揮命令下で働いており，かつ当該派遣労働者と同程度の資格または技能を有しているかを考慮して，派遣労働者と同一のまたは大まかに類似した仕事に

---

[339]　*Moran and others v Ideal Cleaning Services Ltd and another* [2014] IRLR 172.

[340]　*(1) Angard Staffing Solutions Limited and (2) Royal Mail Group Limited v Mr D Kocur and others* [2020] UKEAT/0050/20/JOJ.

[341]　*Brooknight Guarding Limited v Matei* [2018] UKEAT/0309/17/LA.

第1章　民営職業斡旋事業者基準監督機関による民営職業斡旋事業法制の履行確保

従事しており，かつ派遣労働者と同一の事業場で働いているものを意味する（5条4項）。同一事業場において上記の要件を満たす被用者がいない場合，異なる事業場において上記要件を満たす被用者が比較対象となる被用者となる（5条4項）。基本的労働・雇用条件は，報酬，労働時間，深夜労働[342]，休息期間（rest periods）[343]，休憩，および年次休暇に関する条件を意味する（6条1項）。もっとも，職域傷病手当（occupational sick pay）[344]，年金，失業手当，出産・父親（paternity）・（子どもの）忌引（parental bereavement）・養子縁組（adoption）休暇に係る手当[345]，剰員整理手当，金融・資金参加制度（financial participation scheme）に従って支払われるもの，労働者により行われた仕事の量や質に直接的に起因しない特別手当，長期勤続手当等，労働者により行われた仕事の量や質以外の理由から労働者に支払われるもの，1996年雇用権利法第6部に基づく（公民としての権利行使，出産前検診等に要する）タイムオフまたは1992年労働組合及び労働関係（統合）法（Trade Union and Labour Relations（Consolidation）Act 1992）に基づく（労働組合員がその組合の任務のために取得する）タイムオフにおける手当，1996年雇用権利法28条に基づく休業手当，報酬等の前払い，勤務中に生じた必要経費，労働者の能力に対するもの以外で労働者に支

---

(342)　深夜労働は，深夜時間における労働を意味する。深夜時間は7時間以上でかつ午前0時から5時までを含む時間であり，使用者と労働者もしくは労働者代表との間の協定（agreement）により決定される時間である（派遣労働者規則6条5項）。協定により深夜時間が決定されない場合には，午後11時から午前6時までの時間に行われる労働を意味する（6条5項）。深夜労働者（1日の労働のうち深夜時間に3時間以上労働する者または労働協約もしくは使用者と労働者もしくは労働者代表との間の協定所定の年間労働時間の割合以上深夜時間に労働する者）の通常労働時間は，17週の算定基礎期間を通じて，各24時間に平均8時間を超えてはならない（労働時間規則6条1項）。

(343)　成人労働者は，各24時間に少なくとも12時間継続した日ごとの休息時間が与えられなければならない（労働時間規則10条）。

(344)　イギリスでは，「被用者（employee）」は，病気またはけがを理由として働けない場合に，最大28週まで週99.35ポンド（日本円で約16,900円）の法定傷病手当を使用者から受け取ることができる（1992年社会保障拠出及び給付法第11部）。1992年社会保障拠出及び給付法上の「被用者」は，雇用契約（contract of service）に基づいてイギリス国内で雇用される者と定義される（163条1項）。職域傷病手当は，法定傷病手当とは別に使用者との雇用契約に基づいて受給可能な傷病手当である。職域傷病手当および法定傷病手当制度の展開は，鈴木隆「イギリスにおける法定傷病給与制度の展開と社会保障のプライバタイゼーション」島大法学35巻4号（1992年）139-158頁を参照。

第 2 部　民営職業斡旋事業法制の履行確保

払われるものは，基本的労働・雇用条件に含まれない（6条3項）。

　　(c)　**均等待遇回避**[346]**の禁止**　　派遣労働者が，(i) 同一の派遣先に2回以上派遣されている場合，(ii) 同一派遣先に少なくとも1回以上派遣されておりかつその派遣先と関連する派遣先にすでに1回以上派遣されている場合，または(iii) 同一の派遣先に派遣されている間，2以上の役割を引き受けており，かつかつての役割と同一ではない役割を引き受けている場合において，そのような派遣方法に至った「もっともあてはまる説明」が，均等待遇原則を回避することであり，そうでなければ均等待遇の権利を享受できたであろう場合には，派遣労働者は，資格要件期間の12週間継続したものとみなされる（9条1〜4項）。「もっともあてはまる説明」が均等待遇原則の回避であるか否かの判断

---

(345)　イギリスでは，1992年社会保障拠出及び給付法第12，12ZA，12ZB部において，出産休暇，父親休暇，養子縁組休暇が規定されている。1992年社会保障拠出及び給付法上の被用者は，産前産後の法定出産休暇として最長52週間（うち2週間は取得が義務づけられている。）の休暇取得が認められている。52週間のうち取得が義務付けられている2週間を除く50週間は両親間で分割して取得することができる。52週間のうち，最長39週間は法定出産手当を受給することができる。また，被用者は，父親休暇として産後8週間までに1週間もしくは2週間の休暇を1回取得することが認められている。父親休暇中は法定父親手当を受給することができる。さらに，被用者は，養子縁組休暇として，養親のどちらかに最長52週間の休暇取得が認められている。最長39週間は法定養子縁組手当を受給することができる。（子どもの）忌引休暇は，2020年忌引休暇規則（The Parental Bereavement Leave Regulations 2020）に規定されている。18歳未満の子どもが死亡した場合，被用者は2週間の休暇取得が認められている。忌引休暇中は法定忌引手当を受給することができる。

(346)　均等待遇原則の適用除外が，2019年派遣労働者（改正）規則（The Agency Workers (Amendment) Regulations 2019）により廃止されるまで規定されていた。これは，労働者派遣事業者と期間の定めのない雇用契約を締結している派遣労働者は，次の場合において，報酬に関する限り均等待遇原則は適用されない（派遣労働者規則10条）というものである。すなわち，(i) 当該雇用契約が派遣先に派遣される前に締結されており，かつ当該雇用契約が①最低報酬または報酬計算方法，②就業場所，③派遣中の労働時間，④派遣中の週最大労働時間，⑤派遣中の週最低労働時間，⑥仕事内容，を書面において定めるものであり，(ii) 当該雇用契約において，賃金に限り均等待遇原則が適用されない旨を記載されており，(iii) 当該雇用契約が締結されている間，派遣労働者が臨時的に働いていないが，①労働者派遣事業者が当該派遣労働者に適切な職を探すために合理的な措置を講じており，②適切な職が見つかった場合にそれを紹介し，かつ③就労していない期間に労働者派遣事業者が派遣労働者に対して最低報酬を支払っており，(iv) 労働者派遣事業者が (iii) の義務を履行するまで，少なくとも4週間は雇用契約を終了させない場合である（10条1項）。

98

は，派遣期間，派遣回数，各派遣間の空白期間等が考慮される（9条5項）。派遣労働者規則は，1996年雇用権利法203条（適用除外契約の制限）が適用されるため，労働者派遣事業者と派遣労働者間の契約または合意を理由として，均等待遇原則の適用を除外することはできない（派遣労働者規則15条）。ただし，適用除外契約の制限は，労働協約において適用除外を定める場合には適用されない（1996年雇用権利法203条2項）。したがって，労働協約において，派遣労働者に派遣先被用者より有利な条件を設定することは可能になる。

(d) **派遣先施設・設備利用の均等待遇**　　均等待遇原則を適用しないことに正当な理由がない限り，派遣労働者は派遣先により提供される施設および設備（施設内の食堂，託児所，および交通サービス）を利用する権利を享受する（12条）。派遣労働者は，派遣1日目からこの権利を享受することができる。

(e) **欠員情報の通知**　　派遣労働者は派遣期間中，常用雇用を見つける機会として，派遣先の「比較労働者（a comparable worker）」に与えられている機会と同一の機会を得るために，派遣先により当該派遣先事業場施設内における欠員情報を通知される権利を有する（13条）。「比較労働者」は，欠員情報が通知されていないと派遣労働者により申し立てられた時点において，派遣先の指揮命令下で働いており，かつ当該派遣労働者と同程度の資格または技能を有しているかを考慮して，派遣労働者と同一または大まかに類似の仕事に従事しており，派遣労働者と同一の事業場で働いている派遣先の被用者または上記要件を満たす被用者がいない場合は上記要件を満たす労働者である（13条2項）。

(f) **労働者派遣事業者および派遣先の責任**　　労働者派遣事業者は，均等待遇原則違反に責任のある程度において均等待遇原則違反の責任を負い，派遣先も均等待遇原則違反に責任のある程度において均等待遇原則違反の責任を負う（14条1項，2項）。労働者派遣事業者は，(i) 派遣先の基本的労働・雇用条件，(ii) 均等待遇原則が適用される場合には比較対象となる被用者の雇用条件，および (iii) 比較対象となる被用者の選定基準に係る情報を派遣先から得るために合理的な措置を講じており，上記情報を受け取って，資格要件期間の12週間経過後における派遣労働者の基本的労働・雇用条件の決定および適用に責任を果たしているのであれば，その限りにおいて労働者派遣事業者は均等待遇原則違反の責任を問われず，派遣先がその責任を負う（14条3項）。すなわち，均等待遇原則を適用する義務・責任は，基本的には派遣元である労働者派遣事

第2部　民営職業斡旋事業法制の履行確保

業者にあるが，労働者派遣事業者が当該義務・責任を果たしていれば，当該義務違反の責任は，派遣先にあるということになる。例えば，派遣先において，比較対象となる被用者の雇用条件が変更された際に，派遣先がその変更内容を労働者派遣事業者に通知せず，労働者派遣事業者が派遣労働者に対して変更前の基本的労働・雇用条件を適用した場合には，派遣先が均等待遇原則違反の責任を負うことになる。判決では，均等待遇原則を適用する上で必要となる情報提供の遅滞を理由として，均等待遇原則違反に対する50％の責任を派遣先に認めたものがある[347]。また，派遣手続に複数の労働者派遣事業者が関係している場合，各労働者派遣事業者が全てのまたは部分的に責任を負うか否かの判断において，雇用審判所は，各労働者派遣事業者の基本的労働・雇用条件の決定または適用に有する責任の程度を顧慮して決定する（14条5項）。

　(g) **情報を受け取る権利**　　派遣先または労働者派遣事業者が均等待遇原則に反する方法において派遣労働者を取り扱っていると考える時，当該派遣労働者は，当該取扱いに係る情報を書面で労働者派遣事業者に請求することができる（16条）。派遣労働者から情報を請求された労働者派遣事業者は，28日以内に次のことを記載した書面を派遣労働者に提供するものとする（16条2項）。すなわち，(i) 派遣先労働者の基本的労働・雇用条件に係る情報，(ii) 均等待遇原則に反していることが派遣労働者により申し立てられた時点において当該派遣労働者に適用されている基本的労働・雇用条件の決定要因，および，(iii) 労働者派遣事業者が派遣労働者の基本的労働・雇用条件の決定にあたり，比較対象となる被用者に依拠する場合には，比較被用者の選定基準とその被用者に適用される雇用条件（16条2項）を記載した書面である。労働者派遣事業者が30日以内に当該情報を提供しない場合，派遣労働者は，派遣先に対して，派遣先労働者の基本的労働・雇用条件に関する情報を含む書面を請求することができる（16条3項）。派遣労働者から情報を請求された派遣先は，28日以内に上記情報を記載した書面を提供するものとする（16条4項）。また，派遣労働者は，派遣先が12条（派遣先施設・設備利用の均等待遇）または13条（欠員情報の通知）に反していると考えるとき，当該派遣労働者は，当該取扱いに係る情報を含む書面を派遣先に請求することができる（16条5項）。派遣労働者か

---

[347]　*London Underground Ltd v Adelaide Amissah and Others* [2019] EWCA Civ 125.

第1章　民営職業斡旋事業者基準監督機関による民営職業斡旋事業法制の履行確保

ら情報を請求された派遣先は，28日以内に12条または13条により与えられた権利に関係する比較労働者の権利に係るあらゆる情報および12条または13条により与えられた権利に係る当該派遣労働者の取扱いの理由を詳細に記した書面を提供しなければならない（16条6項）。

　(h)　**不公正解雇および不利益取扱いの禁止**　　派遣労働者が労働者派遣事業者の被用者である場合において，(i) 派遣労働者規則に基づく訴えを提起すること，(ii) 派遣労働者による訴えに関連した証拠または情報を提供すること，(iii) 16条に基づいて均等待遇原則に係る情報を求めること，(iv) 労働者派遣事業者，派遣先等に関係して，派遣労働者規則に基づいてなすその他のこと，(v) 労働者派遣事業者または派遣先が派遣労働者規則に反していると申し立てること，(vi) 派遣労働者規則に基づく権利行使を差し控えることを拒むことを理由として解雇された時には，1996年雇用権利法第10部に規定される不公正解雇[348]とみなされる（派遣労働者規則17条1項，3項）。また，派遣労働者は，上記 (i) ～ (vi) の理由により不利益な取扱いを受けない権利を有する（17条2項）。

　(i)　**提訴権**　　労働者派遣事業者または派遣先が，均等待遇原則（5条，12条），欠員情報の通知（13条），不利益取扱いの禁止（17条2項）に反している場合，派遣労働者は，雇用審判所に訴えを提起することができる（18条2項）。雇用審判所は，訴えに根拠があると認定する場合，(i) 訴えに係る権利の宣言的判決（declaration）をなすこと，(ii) 賠償金の支払いを命ずること，(iii) 訴えに係る不利益取扱いを取り除くまたは緩和するために雇用審判所が合理的であると考える措置を所定期間内に講ずるよう勧告すること，の中から正当かつ公平（just and equitable）だと考える手段をとることができる（18条8項）。雇用審判所が賠償金の支払いを命ずる場合で，かつ複数にその支払いを命ずる場合，各人が支払うべき賠償額は，それぞれが有する責任の範囲内で雇用審判所が正当かつ公平と認定したところにより決定される（18条9項）。(ii) において，金銭上の救済が規定されているが，これは賠償金の請求に限られている。そのため，派遣労働者の報酬が均等待遇原則の適用を受けた場合に支払われる報酬未満であった場合において，均等待遇原則違反の救済は，派遣労働者が実

---

(348)　不公正解雇の救済として，雇用審判所は復職または再雇用を命ずることができる。

第2部　民営職業斡旋事業法制の履行確保

際に受け取った報酬と違反がなければ受け取っていた額の差額未満となる余地がある。もっとも、ほとんどの事案において、賠償額の基準は不法行為の結果として被った損失の補償に不可欠な金額（＝差額）以上となっている[349]。さらに、派遣労働者が均等待遇の権利を享受すべきであったと雇用審判所が判示する場合で、かつ（ii）の賠償金の支払いを雇用審判所が命ずる場合、賠償金支払命令において、5,000ポンド（日本円で約85万円）以下の追加支払いを命令することができる（18条14項）。

　以上、派遣労働者規則の制定により、労働者派遣事業者と派遣就労者間の法的関係が規定されるとともに、派遣就労者と派遣先労働者間の均等待遇原則が規定された。もっとも、派遣先の指揮命令下で「臨時的に」働いていない限り、派遣就労者は、派遣労働者規則の定める派遣労働者に該当せず、均等待遇の権利は保障されない等制約がある。また、派遣労働者規則の履行確保は、いずれの履行確保機構（行政機関）によっても管轄されていない。そのため、派遣労働者規則違反は、民営職業斡旋事業法および2003年民営職業斡旋事業行為規則違反とは異なり、その救済は、派遣労働者による訴えの提起に限定されている。

　本節では、民営職業斡旋事業法、2003年民営職業斡旋事業行為規則、派遣労働者規則の制定過程、目的、および内容を整理した。民営職業斡旋事業法では、同法および同法に基づいて制定された規則の履行確保機構として民営職業斡旋事業者基準監督機関が設置され、それらの権限が規定されている。そこで、次に、民営職業斡旋事業法と同法に基づいて制定された規則を管轄する履行確保機構の歴史的変遷、権限、制裁、履行確保活動の内容を整理する。

---

[349]　*London Underground Ltd* (n 347).

第1章　民営職業斡旋事業者基準監督機関による民営職業斡旋事業法制の履行確保

◈ 第2節　民営職業斡旋事業法制の履行確保機構の歴史的変遷

1　民営職業斡旋事業者基準室による労働者保護

⑴ 民営職業斡旋事業者基準室の設置過程

　民営職業斡旋事業法制は，派遣労働者規則，ギャングマスター（許可制度）法，およびギャングマスター（許可制度）法に基づいて制定された規則・ルールを除いて，民営職業斡旋事業者基準監督機関（Employment Agency Standards Inspectorate）の管轄となっている。民営職業斡旋事業法の制定前では，1901年グラスゴー法[350]，1903年マンチェスター法[351]，1907年公衆衛生法修正法[352]，1921年ロンドン議会（包括権限）法[353]等，地域的個別法を，その土地および住民に精通する治安判事または地方当局がそれぞれ管轄していた[354]。しかし，1973年以降，全国規模で民営職業斡旋事業者を規制する法令が制定されたことによる地域的個別法の廃止に伴い，治安判事または地方当局の権限も廃止され，全国的な履行確保機構として雇用省を所管省庁とする民営職業斡旋事業者基準室が設置された。

---

[350]　家事使用人の有料の登録紹介業を行う者に，許可制を義務づける1901年グラスゴー法は，①帳簿および②登録紹介業を行う事業場の適切な事業活動を確保するために必要であると治安判事委員会が考えるその他の記録，を監督するために当該事業場施設に立ち入る権限（14条）を治安判事委員会に付与した。治安判事もしくは治安判事委員会が許可を停止することができ，治安判事委員会が許可を取り消すことができる（1866年グラスゴー警察法180条，181条）。許可なく登録紹介業を行う者は，初犯では5ポンド（日本円で約850円）以下の科料，再犯では10ポンド（日本円で約1,700円）以下の科料が科せられる（184条）。

[351]　女性家事使用人の有料の登録紹介業を行う者に，その氏名および住所ならびに登録紹介業を行う事業場の登録を義務づける1903年マンチェスター法は，登録された事業場および保管することが求められている帳簿を監督する目的で，当該事業場施設に立ち入る権限（77条4項）を，地方当局により権限が付与された係官に付与した。未登録事業者，登録が停止もしくは取り消された事業者，または1903年マンチェスター法もしくは同法に基づいて制定された条例に反する者は，略式起訴において5ポンド以下の科料および1日あたり4シリング（日本円で約32円）以下の科料が科せられる（77条5項）。略式裁判所は，（科料の代わりにまたはそれに加えて）登録の停止または取消しを命ずることができる（77条5項）。

103

第 2 部　民営職業斡旋事業法制の履行確保

(2) 権　限

民営職業斡旋事業法の制定当初，許可当局であった民営職業斡旋事業者基準室に，民営職業斡旋事業を許可するまたは不許可とする権限が与えられていた。

また，民営職業斡旋事業者基準室係官には，(i)許可の取得者または許可の申請者により民営職業斡旋事業またはそれに関係して用いられている施設および民営職業斡旋事業またはそれに関係して用いられていると係官が考える合理的な理由のあるその他の施設に立ち入る権限，(ii)これらの施設および民営職業斡旋事業法または同法に基づいて制定された規則により保管が義務付けられ

---

(352)　女性家事使用人の有料の登録紹介業を行う者に，その氏名および住所ならびに登録紹介業を行う事業場を，地方当局に保管される帳簿に登録するよう義務づける 1907 年公衆衛生修正法は，事業者による保管が義務づけられる帳簿およびその帳簿に含めるべき記載事項，ならびに事業における不適切な事業活動の阻止およびそのような事業活動が行われる事業場の取締りのために必要と地方当局が考えるその他の事項，を定める条例を制定する権限（85 条 2 項）地方当局に付与した。地方当局に保管される帳簿に登録した者は，地方当局により制定された上記条例の内容を登録された事業場内に提示しなければならない（85 条 3 項）。地方当局の係官もしくは地方当局によって権限を与えられた者は，登録された事業場および事業者により保管されることが義務づけられている帳簿を監督する目的で，登録された事業場に立ち入る権限を有する（85 条 4 項）。未登録事業者，登録が停止もしくは取り消された者，または 1907 年公衆衛生修正法もしくは同法に基づいて制定された条例に反する者は，5 ポンド以下の科料およびその後の違反に対してそれぞれ 1 日あたり 40 シリング以下の科料が科せられる。略式裁判所は，（科料の代わりにまたは科料に加えて）登録の停止または取消しを命ずることができる（85 条 5 項）。

(353)　家事使用人に限らずあらゆる職種の登録紹介業を規制の対象として許可制を定める条例を制定する権限をロンドン議会に付与する 1921 年ロンドン議会（包括権限）法は，民営職業斡旋事業のために用いられている施設または民営職業斡旋事業のために用いられていると地方当局により権限を付与された係官が考える合理的な理由のある施設に立ち入る権限（13 条）を地方当局により権限を付与された係官に付与した。許可なく民営職業斡旋事業を行う者には，50 ポンド（日本円で約 8,500 円）以下の科料および有罪判決後に違反が継続する場合には，さらに各日 20 ポンド（日本円で約 3,400 円）以下の科料が科せられ，係官の立入りもしくは監督を拒む者または 1921 年ロンドン議会（包括権限）法もしくは同法に基づいて制定された条例に反する者は，5 ポンド以下の科料および有罪判決後に違反が継続する場合にはさらに各日 40 シリング（日本円で約 320 円）以下の科料が科せられる（14 条 3 項）。これに加えて，裁判所は，（科料の代わりにまたは科料に加えて）許可の取消しを命ずることができる（14 条 3 項）。

(354)　Michael Heseltine, HC Deb 28 April 1967, vol 745, col 2007.

第1章　民営職業斡旋事業者基準監督機関による民営職業斡旋事業法制の履行確保

ている記録その他の書類[355]を監督する権限，(iii) 民営職業斡旋事業法もしくは
同法に基づいて制定された規則が遵守されているか否かを確かめるために，ま
たは民営職業斡旋事業者基準室が民営職業斡旋事業法に基づく権限（許可申請
の不許可または許可の取消し）を行使することができるようにするために，必要
となる情報を（係官に）提供するよう事業場施設内にいる者に求める権限（旧
9条1項）が与えられていた。上記(i)または (ii) に基づく係官の権限行使を妨
害する者には，略式起訴において 50 ポンド（日本円で約 8,500 円）以下の罰金
が，合理的な理由なく (iii) に基づく要求を遵守しない者には，略式起訴にお
いて 100 ポンド（日本円で約 17,000 円）以下の罰金（旧 9 条 3 項）が科せられ
た。また，故意に誤った記録その他の書類を作成し提出する場合には，略式起
訴において 400 ポンド（日本円で約 68,000 円）以下の罰金（旧 10 条）が科せら
れた。

　現在では，規制緩和・業務委託法により許可制が廃止されたことによって，
上記権限は改正されている。民営職業斡旋事業者基準室の後継機関であり，現
行の民営職業斡旋事業法および同法に基づいて制定された規則の履行確保機構
である民営職業斡旋事業者基準監督機関の権限は後述する。

⑶ 民営職業斡旋事業者基準室による履行確保活動

　民営職業斡旋事業者による許可取得件数（更新件数を含む。）は，民営職業斡
旋事業法が施行された 1976 年から 1985 年にかけては毎年 3,900～9,000 件，
1986 年から 1994 年にかけては 10,300～17,200 件と増加していた[356]。このうち，
1976 年から 1994 年までの間における許可申請の不許可件数は計 58 件，許可
の取消件数は計 9 件にすぎなかった[357]。また，民営職業斡旋事業者基準室にお
いて，民営職業斡旋事業法の履行確保のために雇用された係官数は，1976 年
度 41 人，1977 年度 43 人，1978 年度 43 人，1979 年度 40 人であったが，1980

---

[355]　1976 年民営職業斡旋事業行為規則 8 条ならびに付則 3 および 4 では，民営職業斡旋
　　　事業者に，求人者・派遣先から受け取ったあらゆる申込書に関する記録（求人・派遣
　　　サービス申込日，求人者・派遣先の名前および住所，就労期間，報酬およびその他の条
　　　件等）の保管を義務づけていた。

[356]　John M. Taylor, HC Deb 18 February 1997, vol 290, col 481W.

[357]　Michael Forsyth, HC Deb 4 February 1994, vol 236, cols 1002W-1003W; HC Deb 7
　　　February 1994, vol 237, col 74W.

第 2 部　民営職業斡旋事業法制の履行確保

年度には 19 人と大幅に減少し[358]，許可制の廃止された 1995 年にはわずか 15 人
であったとされている[359]。

　1982 年から 1993 年までの係官による監督件数は，年間 3,600～6,300 件で
あった[360]。係官による監督は，求職者・派遣就労者の申告や民営職業斡旋事業
者に対する別の民営職業斡旋事業者による苦情を契機として行われる傾向に
あった[361]。1976 年から 1979 年 7 月までの間に[362]，24 件の刑事訴追があり，その
うち 23 件の有罪が確定し，計 3,125 ポンド（日本円で約 53 万円）の罰金が民営
職業斡旋事業者に科せられた[363]。23 件のうち 20 件が，許可なく民営職業斡旋
事業を行っていた者に対する刑事訴追であった[364]。

　民営職業斡旋事業者基準室による民営職業斡旋事業法および同法に基づいて
制定された規則の履行確保は，民営職業斡旋事業者基準室が許可申請の不許可
または許可の取消権限を行使できることから，実際にその権限が行使されるこ
とは稀であったが，厳しく行われていたという指摘もある[365]。また，後述する
民営職業斡旋事業者基準監督機関（民営職業斡旋事業者基準室の後継機構）は，
2004 年[366]から 2020 年までの約 15 年間で訴追件数が 40 件に満たないのに対
し[367]，民営職業斡旋事業者基準室による訴追件数は 1976 年から 1979 年までの

---

(358)　James Lester, HC Deb 4 November 1980, vol 991, col 506W.

(359)　有田・前掲注(21) 416 頁。

(360)　1982 年までは監督件数が記録されていなかったと指摘されている（Forsyth（n 357）
　　　vol 236 col 1003W）。

(361)　Lord Henley, HL Deb 4 July 1994 vol 556, col 1077.

(362)　民営職業斡旋事業法 8 条（1975 年雇用保護法付則 18 により削除。）において，民営
　　　職業斡旋事業者基準室による権限行使等を内容とする年次報告を国務大臣に提出するこ
　　　とが義務づけられていたが，この報告書は一般公開されていないため（Lord
　　　Mottistone, HL Deb 8 June 1973, vol 343, cols 334-335），本書において，民営職業斡旋
　　　事業者基準室による権限行使のデータは断片的なものとなっている。

(363)　Lester（n 358）col 507W.

(364)　ibid.

(365)　Leighton（n 306）513; Patricia Leighton, 'Observing Employment Contracts' 13
　　　Industrial Law Journal 2（1984）86-106.

(366)　民営職業斡旋事業者基準監督機関による第一報告書において公表された件数が 2004
　　　年からであるため，本書においても 2004 年以降の件数を参照する。

(367)　2005 年から 2022 年にかけての *Employment Agency Standards（EAS）Inspectorate:
　　　Annual Report* をそれぞれ参照。

第1章　民営職業斡旋事業者基準監督機関による民営職業斡旋事業法制の履行確保

3 年間で 24 件と，比較的高いものであった。刑事訴追の大部分が無許可事業者に対するものであった。

　以上，民営職業斡旋事業者基準室の設置により，イギリスにおいてはじめて，民営職業斡旋事業法および同法に基づいて制定された規則の全国的な履行確保機構が整備された。もっとも，民営職業斡旋事業基準室による履行確保手段は，許可制の運用を中心としたものであり，民営職業斡旋事業者基準室の権限は，求職者・派遣就労者の権利救済にとって乏しいものであった。

2　民営職業斡旋事業者基準監督機関による労働者保護

⑴　民営職業斡旋事業者基準監督機関の設置過程

　許可制の廃止後，かつて民営職業斡旋事業者基準室により行使されていた権限のうち許可権限を除く権限をもつ民営職業斡旋事業者基準監督機関が，民営職業斡旋事業法および同法に基づいて制定された規則の履行確保機構として設置された。

⑵　権　　限

⒜　民営職業斡旋事業者基準監督機関の権限　　第一に，民営職業斡旋事業法 8A 条に基づいて国務大臣が任命した係官は，⒤ 民営職業斡旋事業またはそれに関係して用いられている，用いられていた，もしくは用いられようとしている施設，民営職業斡旋事業またはそれに関連して用いられているもしくは用いられていたと係官が考える合理的な理由のある施設，または民営職業斡旋事業に係る記録その他の書類[368]が保管されていると係官が考える合理的な理由のある施設，に立ち入る権限，⒤ⅰ 上記の施設および①民営職業斡旋事業法および同法に基づいて制定された規則により保管が義務づけられている記録その他の書類または②①に該当しない財務記録を調査する権限，⒤ⅲ 民営職業斡旋事業法および同法に基づいて制定された規則が遵守されているか否かを確かめるために，または民営職業斡旋事業法に基づく国務大臣の権限（禁止命令の

---

[368]　民営職業斡旋事業行為規則 29 条および付則 4，5，6 では，民営職業斡旋事業者に，求人・派遣サービス申込日，求人者・派遣先の名前および住所，就労期間，報酬およびその他の条件等の記録の保管を義務づけている。

第2部　民営職業斡旋事業法制の履行確保

交付申請）を行使するために，必要となる情報を提供するよう事業場施設内にいる者に求める権限が与えられている（9条）。財務記録の調査権限は，2008年雇用法16条2項（b）により新たに民営職業斡旋事業法に挿入された権限である。民営職業斡旋事業に係る事業場施設の立入調査において，求職者・派遣就労者に報酬が正しく支払われていないことが明らかになったとしても，係官が財務記録を調査できない限り，民営職業斡旋事業者による報酬の未払いが単なる間違えなのか，それとも故意の搾取なのかを判断することができないとして[369]，財務記録の調査権限が係官に与えられた。民営職業斡旋事業者基準監督機関の運営方針は，故意の搾取の取締まりに重点を置くことであるため[370]，財務記録の調査権限の導入は，故意か否かの判断を可能にし，故意に法令に違反する事業者に対する取締まりの強化に資するものになった。

　第二に，係官が，監督している事業場施設において保管されていない記録その他の書類または情報を調査または入手しようとする場合，書面の通知により，民営職業斡旋事業者にその提出を求めることができる（民営職業斡旋事業法9条1A項）。当該民営職業斡旋事業者が記録その他の書類または情報を提出しない場合で，かつ当該記録その他の書類または情報が，当該民営職業斡旋事業の管理遂行者または元管理遂行者により保管されていると係官が考える合理的な理由がある場合，書面の通知により，上記の管理遂行者または元管理遂行者に対して，記録その他の書類または情報を提出するよう求めることができる（9条1AA項）。財務記録を提出しない場合には，書面の通知により，それを保管する銀行に対してその提供を求めることができる（9条1AB項）。民営職業斡旋事業者により保管される記録等の調査は，民営職業斡旋事業者の協力に依拠するものであるため，その協力が得られない限り，係官は，権限行使の妨害として民営職業斡旋事業者を刑事訴追する以外に調査を進めることができない。そこで，民営職業斡旋事業者の協力が得られない場合においても，銀行といった第三者による記録の請求を可能とする権限が係官に与えられている。

　第三に，係官は，民営職業斡旋事業法に基づいて監督したまたは提供された記録その他の書類をコピーすることおよびコピーする目的でこれらを当該事業

---

[369]　DTI, *National Minimum Wage and Employment Agency Standards Enforcement*（Consultation Document, 2007）para 96.

[370]　ibid.

第1章　民営職業斡旋事業者基準監督機関による民営職業斡旋事業法制の履行確保

場から持ち出すことができる（9条1AD，1AE条）。事業場施設内における記録の調査では，非協力的な民営職業斡旋事業者の職員による妨害が指摘されていたことから[371]，係官に記録その他の書類を持ち出す権限が与えられた。立入調査権限，記録その他の書類または財務記録の調査権限，記録その他の書類をコピーする権限，コピーする目的でこれらを持ち出す権限の行使を妨害する者，および情報の提供，記録その他の書類または財務記録の提出に合理的な理由なく従わない者には，略式起訴において 1,000 ポンド（日本円で約 17 万円）以下の罰金が科せられる（9条3項）。

　第四に，2016 年移民法において，民営職業斡旋事業者基準監督機関をはじめとする履行確保機構（歳入税関庁（最低賃金履行確保チーム）およびギャングマスター及び労働者酷使取締局）に次の権限が導入された。すなわち，民営職業斡旋事業者基準監督機関は，民営職業斡旋事業法に基づく法違反がみられる民営職業斡旋事業者に対して，(i)民営職業斡旋事業者基準監督機関が生じていると考える法違反を特定し，(ii) その理由を述べ，(iii) 所定の書式において，違反事項の是正または法令遵守を約する LMEU を提出するよう求める通告を交付することができる（14条）。民営職業斡旋事業者基準監督機関から上記通告を受け取った民営職業斡旋事業者が，14 日以内（または民営職業斡旋事業者基準監督機関との合意がある場合にはその期間内）に LMEU を提出しないまたは提出した LMEU を遵守しない場合，民営職業斡旋事業者基準監督機関は，当該民営職業斡旋事業者に対して特定行為を禁止もしくは制限または特定行為の履行を求める LMEO を交付するよう裁判所に申請することができる（2016 年移民法18，19条）。LMEO 違反に対して，正式起訴では 2 年以下の禁錮刑もしくは罰金またはその両方が科せられ，略式起訴では禁錮刑（イングランド，ウェールズ，およびスコットランドでは 12 ヶ月以下，北アイルランドでは 6 ヶ月以下）もしくは罰金またはその両方が課せられる（27条）。LMEO は，民営職業斡旋事業者に対して，特定行為の禁止または特定行為の履行を求めることを可能にするものであり，求職者・派遣就労者の権利救済に資する権限である。

　(b) 国務大臣の権限　　許可制が廃止されたことにより，その代わりとして

---

[371]　Wynn（n 320）67.

第 2 部　民営職業斡旋事業法制の履行確保

禁止命令が規定された[372]。禁止命令は，民営職業斡旋事業を禁止する命令であり，現在は民営職業斡旋事業者基準監督機関の所管省庁であるビジネス産業省（Department for Business and Trade）の国務大臣が雇用審判所にその交付を申請することで雇用審判所により，民営職業斡旋事業者に交付される。雇用審判所は，違法行為がある等，理由がある場合に，民営職業斡旋事業者に対して，10 年を超えない期間で，民営職業斡旋事業を禁止することができる（3A 条）。禁止命令に反して民営職業斡旋事業を行う者は，正式起訴または略式起訴において罰金が科せられる（3B 条）。禁止命令違反に対する正式起訴は，2008 年雇用法 15 条による民営職業斡旋事業法改正により導入された。正式起訴における罰金が規定されるまで，禁止命令違反の罰則は，略式起訴において最高5,000 ポンド（日本円で約 85 万円）の罰金を科すにすぎず，禁止命令が交付されても，民営職業斡旋事業の継続により得られる高い収益ゆえに，禁止命令に従わずに事業を継続する事業者がいたことから，制裁が抑止力として働いていなかったと指摘されていた[373]。そこで，2008 年雇用法により，正式起訴による罰金額が上限のない制裁に改正されたことで，禁止命令違反が厳罰化された[374]。また，国務大臣は，民営職業斡旋事業者基準監督機関と同様，LMEU の提出を法違反事業者に求める通告を交付する権限，LMEO の交付を裁判所に申請する権限を有する。

(3) 民営職業斡旋事業者基準監督機関による履行確保活動

1995 年に民営職業斡旋事業者に対する許可制が廃止されて以降，民営職業斡旋事業者基準室の後継機関である民営職業斡旋事業者基準監督機関に，規制緩和アプローチが採用され続けていると指摘されている[375]。具体的には，許可制の廃止によって，民営職業斡旋事業者に対する制裁が弱まっているという指摘に加えて[376]，民営職業斡旋事業者基準監督機関による監督実施件数も減少し

---

(372)　Lord Henley (n 361) col 1077.

(373)　DTI (n 369) para 92.

(374)　2015 年 3 月 12 日以降は，2012 年司法扶助・量刑手続・処罰法（Legal Aid, Sentencing and Punishment of Offenders Act 2012）85 条によって，略式起訴による罰金の上限が撤廃されている。

(375)　Wynn (n 320) 67.

(376)　ibid 70.

第 1 章　民営職業斡旋事業者基準監督機関による民営職業斡旋事業法制の履行確保

ている。1994 年以前は，毎年 3,600〜6,300 件の監督が実施されていたが[377]，許可制の廃止後は 600〜2,100 件となっている[378]。民営職業斡旋事業者基準監督機関による監督の 70 ％は，求職者・派遣就労者の申告や民営職業斡旋事業者に対する別の民営職業斡旋事業者による苦情に対応するものである[379]。民営職業斡旋事業者数が約 30,000 であるのに対して，2020 年度の民営職業斡旋事業者基準監督機関係官数は 29 人であることから[380]，係官による監督は，申告の対応に依拠せざるを得ない状況である。

　民営職業斡旋事業者基準監督機関係官による事業場施設の立入調査は，事前予告なしに事業場施設を監督する労働安全衛生執行局（Health and Safety Executive）とは対照的に，事前に民営職業斡旋事業者に対して予告が行われている[381]。民営職業斡旋事業者に対して，民営職業斡旋事業法 9 条 1A 項に基づく権限（記録その他の書類の事前手配請求）を係官が行使するにあたり，事前の予告は不可避なものと言わざるを得ない。9 条 1A 項は，監督時に当該事業場施設内にいるが，記録その他の書類にアクセスできないまたは情報を提供する知識のないかもしれない者ではなく，民営職業斡旋事業の管理遂行者に，事前に，係官が請求する記録を手配させることを可能にする。そのため，9 条 1A 項に基づく権限行使により生ずる事前予告は，監督時に記録の手配不足を生じさせず，係官による再訪問の必要性を削減させるという利点があるという指摘もある[382]。

　労働党政権時（1997〜2010 年）における履行確保機構による監督および制裁手段の見直しは，民営職業斡旋事業者基準監督機関の履行確保活動にも影響を及ぼした。2004 年，大蔵省は，履行確保機構による取締まりの基準や成果を

---

[377]　Forsyth（n 357）col 1003W.

[378]　2005 年から 2022 年にかけての *Employment Agency Standards*（EAS）*Inspectorate: Annual Report* をそれぞれ参照。

[379]　TUC, *Hard Work, Hidden Lives: The Full Report of the Commission on Vulnerable Employment*（2008）138.

[380]　Interim DLME, *United Kingdom Labour Market Enforcement Strategy 2021/22*（2021）figure 1.1.

[381]　TUC（n 379）138.

[382]　鈴木隆『イギリス労使関係法改革の軌跡と展望 —— サッチャリズムからニューレイバーへ』（旬報者，2017 年）367 頁。

第2部　民営職業斡旋事業法制の履行確保

弱めることなく，より効率的な履行確保活動を展開させることによって，企業にかかる負担を減少させる方法の検討をフィリップ・ハンプトン（Philip Hampton）に諮問した[383]。2006年にハンプトンにより発表された報告書において，もっとも必要なところに資源を集中させるために，履行確保活動の実施においてリスクアセスメントを用いること，理由のない監督が実施されてはならないこと，企業に不必要な情報および重複した情報の提供を求めてはならないこと，継続的な法違反企業を迅速に特定し，適切かつ有意義な制裁が与えられること，履行確保のための係官は適当な人数でなければならず，現職の係官による任務の遂行が可能な場合には新しい係官を配置してはならないこと等，履行確保活動において履行確保機構およびその係官が遵守すべき原則（以下，「ハンプトン原則」とする。）が設定された[384]。その後，ハンプトン原則に沿った履行確保活動が行われているかの調査が履行確保機構に対して実施され，民営職業斡旋事業者基準監督機関には2008年にその調査（以下，「2008年調査」とする。）が実施された。2008年調査の結果，民営職業斡旋事業者基準監督機関は企業の法令遵守を促すために，明白かつ簡潔な助言の提供に履行確保活動の重点を置くべきであること，他の履行確保機構と法違反企業の情報を共有すべきであること，リスクアセスメントに基づいて監督が実施されるべきであること等が勧告された[385]。その後，民営職業斡旋事業者基準監督機関は，ハンプトン原則および2008年調査により生じた勧告に沿って，リスクアセスメントに基づい

---

(383)　大蔵省がハンプトンに諮問した経緯としては，経済成長を目的とした通称企業の負担軽減が挙げられている。すなわち，経済成長にとって中小企業の創設・継続が重要であること，中小企業は大企業と比較すると，行政機関からの取締りにより生ずる負担が大きいことを背景として，政府は，履行確保機構による監督および制裁手段の見直しに着手した（Philip Hampton, *Reducing Administrative Burdens: effective inspection and enforcement*（2005）para 2.6）。

(384)　Ibid box 2.2. また，2006年11月には，ハンプトン原則に即した履行確保機構による制裁のあり方が，リチャードB. マクロリー（Richard B. Macrory）に諮問されており，その報告書において，監督官または係官は，履行確保政策を公表すること，使用者に制裁を適用し決定する方法を明らかにすること，適切な場所に権限を行使すべきであること等が勧告された（Richard B. Macrory, *Regulatory Justice Making Sanctions Effective: Final Report*（2006）10）。

(385)　BIS, *Employment Agency Standards inspectorate: A Hampton Implementation Review Report*（2009）.

第 1 章　民営職業斡旋事業者基準監督機関による民営職業斡旋事業法制の履行確保

た監督[386]や他の履行確保機構との連携[387]を図っている。

　民営職業斡旋事業者基準監督機関の履行確保活動において，係官は，監督により民営職業斡旋事業者に法違反がみられる場合に，まず是正措置を講じるよう求める警告文書（warning letters）を交付する。警告文書を交付された民営職業斡旋事業者は，その交付後 14 日以内に，違反事項を是正するために講じる措置を書面で明らかにすることが求められる[388]。この警告文書に従わない場合には，禁止命令や刑事訴追といった履行確保手段が検討されることになるが，警告文書の不遵守それ自体に対する罰則はなく，警告文書は民営職業斡旋事業者に法令遵守を求める助言・説得的機能を果たすものと考えられる。そのため，警告文書は，2008 年調査により生じた勧告（とりわけ，民営職業斡旋事業者基準監督機関は企業の法令遵守を促すために，明白かつ簡潔な助言の提供に履行確保活動の重点を置くべきであること）に即した手段である。実際に，2003〜2007 年までの警告文書の交付件数は，約 510〜660 件であったのに対し，2008 年調査後の 2010 年には，1,000 件近くの警告文書が交付されていた[389]。2003〜2007 年までの監督実施件数は約 1,480〜1,640 件，2008〜2010 年までの監督実施件数は約 1,340〜2,100 件であり[390]，2003〜2007 年と 2008〜2010 年の間で，監督実施件数に大幅な増加がない中，警告文書の交付件数のみが増加していたことから，警告文書の交付は 2008 年調査により生じた勧告に則した手段となったといえる。その後，2011〜2016 年にかけては，係官による監督実施件数（約 600〜1,200 件）とともに，警告文書の交付件数も減少しており，2014 年には 133 件の警告文書しか交付されなかった[391]。この間の減少は，労働党政権

---

[386]　BIS, *Employment Agency Standards（EAS）Inspectorate: Annual Report 2009-2010*（2010）para 27.

[387]　2009 年には，歳入税関庁（最低賃金履行確保チーム）と民営職業斡旋事業者基準監督機関により，それぞれが有する情報を共有するために会合が開かれた（ibid para 23）。

[388]　BEIS, *Employment Agency Standards Inspectorate（EAS）: Enforcement Policy Statement*（2017）8.

[389]　2005 年から 2013 年にかけての *Employment Agency Standards（EAS）Inspectorate: Annual Report* をそれぞれ参照。

[390]　ibid.

[391]　BIS, *Employment Agency Standards Inspectorate: Annual Report 2015-2016*（2016）Annex A.

第2部　民営職業斡旋事業法制の履行確保

時に創造された「過剰」な規制を取り除くことによる取締まり全般の企業の負担軽減という保守自民連立政権の政策に起因する。保守自民連立政府は，民営職業斡旋事業者の取締まりにおいて，最低賃金さえも支払われていないようなもっとも脆弱な者のみを保護することを目的として，民営職業斡旋事業者基準監督機関から人的資源を歳入税関庁（最低賃金履行確保チーム）へと移しており[392]，民営職業斡旋事業者基準監督機関による履行確保活動の減少につながった。2017年以降は，監督実施件数（約1,400〜2,200件）の増加とともに，警告文書の交付件数（約260〜420件）もわずかに増加した[393]。もっとも，2017年以降の警告文書の交付件数は，2003〜2010年にかけての件数に満たない。

　警告文書のほかに，民営職業斡旋事業者基準監督機関または国務大臣による民営職業斡旋事業法および同法に基づいて制定された規則の履行確保手段として，禁止命令の交付申請，刑事訴追，および民営職業斡旋事業者名の公表[394]がある。しかし，実際の履行確保活動において，禁止命令や刑事訴追が生じることはわずかである。2020年度，禁止命令は1件も交付されておらず[395]，これまでに禁止命令が交付されており，かつ現在もその禁止命令が有効とされているものは4件に過ぎない[396]。刑事訴追件数も年間数件にとどまっている[397]。

　以上，民営職業斡旋事業者の許可制の廃止後，民営職業斡旋事業法および同

---

[392]　BIS, *Reforming the regulatory framework for the recruitment sector* (Government Response, 2013) para 13.8.

[393]　2018年から2022年にかけての *Employment Agency Standards* (EAS) *Inspectorate: Annual Report* をそれぞれ参照。

[394]　民営職業斡旋事業者基準監督機関は，禁止命令が交付されたまたは刑事訴追され有罪が確定した民営職業斡旋事業者の事業者名を公表することができる（BEIS (n 13) 28）。

[395]　BEIS, *Employment Agency Standards* (EAS) *Inspectorate: Annual Report 2020-2021* (2022).

[396]　DBT 'People Prohibited from running an employment agency or business' (24 June 2024) 〈https://www.gov.uk/government/publications/list-of-people-banned-from-running-an-employment-agency-or-business/employment-agency-standards-inspectorates-eas-people-prohibited-from-running-an-employment-agency-or-business〉 accessed 31 July 2024.

[397]　2005年から2022年にかけての *Employment Agency Standards* (EAS) *Inspectorate: Annual Report* をそれぞれ参照。

第1章　民営職業斡旋事業者基準監督機関による民営職業斡旋事業法制の履行確保

法に基づいて制定された規則の履行確保機構として，民営職業斡旋事業者基準監督機関が設置された。民営職業斡旋事業者基準監督機関は，民営職業斡旋事業者基準室と比較して，2008 年雇用法および 2016 年移民法によりその権限が増加した。雇用法による財務記録の調査権限，銀行等，第三者に対する記録請求権限，および記録その他の書類の事業場施設からの持ち出し権限の導入によって，悪質な法違反事業者の刑事訴追において必要となる証拠の収集能力を高めることを民営職業斡旋事業者基準監督機関に可能にしたが，実際には刑事訴追に至ることがきわめてまれであることから，この制裁の増強が意味をなしているか疑義が生じている[398]。民営職業斡旋事業者基準監督機関の監督実施件数は，その前身の民営職業斡旋事業者基準室と比較して継続的に低いままであり，また，係官数の著しい増加もみられていないのが現状である。もっとも，民営職業斡旋事業者基準監督機関による法の履行確保手段として，2016 年移民法により新たに導入された LMEO の交付申請権限は，交付件数は少ないものの[399]，求職者・派遣就労者の権利救済として意義のあるものである。

◈　第3節　小　括

イギリスでは，民営職業斡旋事業法が制定されたことにより，許可制の導入とともに民営職業斡旋事業者に対する全国的な法制度が整備された。民営職業斡旋事業法および同法に基づいて制定された規則は，民営職業斡旋事業者，求人者・派遣先，および求職者・派遣就労者の間の契約形式にかかわらず，一定の義務を民営職業斡旋事業者に課している。また，派遣労働者規則は，派遣就労者のうち派遣労働者と派遣先労働者間の均等待遇原則を定めることで，派遣労働者の基本的労働・雇用条件の改善に資するものとなった。

しかし，上記法令による民営職業斡旋事業者に対する法規制の整備後も，イギリスでは，民営職業斡旋事業に際して仲介者を挟むことができることから，

---

[398]　Wynn（n 320）68.

[399]　民営職業斡旋事業者基準監督機関の申請による LMEO の交付件数は，2017 年度 0 件，2018 年度 0 件，2019 年度 3 件であった（Interim DLME, *United Kingdom Labour Market Enforcement Strategy 2020/21*（2021）table A.9）。

第 2 部　民営職業斡旋事業法制の履行確保

求職者・派遣就労者に不利益を生じさせている。仲介者が民営職業斡旋事業者である場合には，民営職業斡旋事業法および同法に基づいて制定された規則，ならびに派遣労働者規則により規制が設けられているが，仲介者が民営職業斡旋事業者ではないケースが増加していると指摘されている[400]。これは，とりわけ労働者派遣事業者の代わりに，派遣就労者と雇用契約を締結するアンブレラ会社（umbrella company）が派遣手続過程に介入するケースである。アンブレラ会社の実態は，派遣就労者に対する報酬支払いの委託を労働者派遣事業者から受けるものであり，アンブレラ会社は派遣就労者の派遣先を探すものではないため，民営職業斡旋事業法および同法に基づいて制定された規則の適用を受けない。アンブレラ会社は，労働者派遣事業者から受け取った派遣就労者の報酬から合法的に手数料を控除して，控除後の報酬を派遣就労者に支払うことを可能にするという問題を生じさせている。アンブレラ会社は，現在のところ，民営職業斡旋事業者基準監督機関の管轄から外れているが，アンブレラ会社を含む仲介者を民営職業斡旋事業者基準監督機関の管轄とすべきであるとする指摘もある[401]。また，民営職業斡旋事業者基準監督機関は，民営職業斡旋事業法制の履行確保機構であるが，派遣労働者規則とギャングマスター（許可制度）法をその管轄としていない。とりわけ，派遣労働者規則は，民営職業斡旋事業者基準監督機関だけでなく他のいずれの履行確保機構によっても管轄されていないため，派遣労働者規則の履行確保手段は個別労働者による雇用審判所への提訴に限定されている。2017 年には，政府の諮問機関により，民営職業斡旋事業者基準監督機関が派遣労働者規則を管轄すべきであることが勧告されたが[402]，政府はその勧告を受諾しなかったため，派遣労働者規則は現在も履行確保機構の管轄外となっている。

　上記のように，民営職業斡旋事業者基準監督機関の管轄対象および管轄法令に生じている問題から，それらの拡大の必要性が指摘されているが，これに加えて，民営職業斡旋事業者基準監督機関による法の履行確保手段それ自体にも問題がある。これは，民営職業斡旋事業者基準監督機関が，求職者・派遣就労

---

[400]　Taylor (n 11) 58.

[401]　ibid.

[402]　ibid 59; DLME, *United Kingdom Labour Market Enforcement Strategy 2018/19* (2018) rec 36.

第1章　民営職業斡旋事業者基準監督機関による民営職業斡旋事業法制の履行確保

者の権利を直接的に救済する権限を有していない点にある。まず、法違反の民営職業斡旋事業者に対する民営職業斡旋事業者基準監督機関の権限は、警告文書の交付を中心としているが、警告文書は、法違反の民営職業斡旋事業者に対して、違反事項を是正するために講じる措置を書面で明らかにすることを求めるにすぎず、法違反の是正を命ずるものでも、法的強制力をもつものでもない。次に、法的強制力のある手段として許可制の廃止に伴って導入された禁止命令は、実際の履行確保活動において交付されることはわずかであり、また、法違反の抑止として機能する刑事訴追も毎年数件しかない。そして、2008年雇用法により、正式起訴による厳罰化が、民営職業斡旋事業者基準監督機関による法の履行確保手段として新たに導入されたが、刑事訴追件数はわずかであるという実態から、罰金額の増額が民営職業斡旋事業者の取締まりに寄与しているとはいいがたい[403]。さらに、2016年移民法により、LMEU の提出通告の交付権限および LMEO の交付申請権限が導入されたが、LMEU の提出通告は、法違反の民営職業斡旋事業者に対して違反事項の是正または法令遵守を約する LMEU の提出を求めるに過ぎない。LMEO は、民営職業斡旋事業者基準監督機関または国務大臣の申請に基づいて、裁判所のみが交付できるものであり、民営職業斡旋事業者基準監督機関自体が交付できるものではない。

　かつて労働者の権利救済に資する権限として、金銭的制裁、改善通告や停止通告を交付する権限が、民営職業斡旋事業者基準監督機関それ自体に付与されることが検討されていたとされるが[404]、実施には至っておらず、現在のところ、民営職業斡旋事業者基準監督機関自体は求職者・派遣就労者の権利を直接的に救済する権限を有していない。もっとも、LMEO は、民営職業斡旋事業者に対して、罰則を背景として、特定行為の禁止または特定行為の履行を求めるものであるため、民営職業斡旋事業者基準監督機関による求職者・派遣就労者の権利救済に資する権限となるものであるといえる。

　2004年以降、民営職業斡旋事業者のうち、特定の産業部門における民営職業斡旋事業者は、民営職業斡旋事業法および同法に基づいて制定された規則の適用から外れ、民営職業斡旋事業者基準監督機関の管轄外となった。これらの

---

[403]　Wynn（n 320）68.

[404]　BIS, *Employment Agency Standards: Annual Report for 2008/09*（2009）para 33.

第2部　民営職業斡旋事業法制の履行確保

民営職業斡旋事業者は，ギャングマスター（許可制度）法の適用を受け，ギャングマスター及び労働者酷使取締局の前身であるギャングマスター許可局（Gangmasters Licensing Authority）の管轄となった。ギャングマスター（許可制度）法では，特定の産業部門における民営職業斡旋事業者に限定して許可制が再導入される等，民営職業斡旋事業法制のうち，ギャングマスター（許可制度）法および同法に基づいて制定された規則・ルールの履行確保手段が強化されている。そこで，次章では，ギャングマスター（許可制度）法の制定過程，目的，および内容，ならびにその履行確保機構の権限の変遷，履行確保機構による履行確保活動の内容を整理する。

第2章 ギャングマスター及び労働者酷使取締局による民営職業斡旋事業法制の履行確保

　イギリスにおいて，民営職業斡旋事業者の中でも，農業，採貝漁業，および農作物または貝・魚類の加工梱包業に労働者を供給する事業者は，2004年ギャングマスター（許可制度）法上，「ギャングマスター（gangmaster）」として区別されており，これは民営職業斡旋事業者基準監督機関ではなくギャングマスター及び労働者酷使取締局の管轄となる。ギャングマスター（許可制度）法の制定およびギャングマスター及び労働者酷使取締局の設置は，2004年に生じたモーカム湾事件をひとつの契機とする。モーカム湾事件は，イギリスに入国資格および就労資格なく入国した中国人移民労働者23人が，イングランド北東に位置するモーカム湾において漁を行っていた際に，満ち潮により溺死した事件である。モーカム湾事件の調査において，当該労働者は，自国においては子どもの養育費および教育費を稼ぐことができず，イギリスで働くしか選択肢のない状況下ゆえに，劣悪な労働環境での労働を強いられていたことが明らかになった[405]。同事件によって，農業および食品加工業における上記のような事態に関する認識が社会で広がり，政府はこれを取り締まるための法整備を強いられたとされている[406]。

　その後，ギャングマスター及び労働者酷使取締局は，2015年現代奴隷法（Modern Slavery Act 2015：以下，「現代奴隷法」とする。）および2016年移民法により，その管轄法令と権限が修正された。現代奴隷法は，これまで刑法や移民法によりそれぞれ定められていた「奴隷（slavery）」，「隷属（servitude）」，「強制労働（forced or compulsory labour）」，および「人身売買（human trafficking）」に対する罰則規定を体系化して統合する法律である。

　現代奴隷法の制定時は，この履行確保は，これまでも奴隷，隷属，強制労

---

[405]　Kendra Strauss, 'Unfree Again: Social Reproduction, Flexible Labour Markets and the Resurgence of Gang Labour in the UK' 45 *Antipode* 1 (2013) 180.

[406]　Mick Wilkinson, Gary Craig, and Alian Gaus, *An Evaluation of the Gangmasters Licensing Authority: A report for Oxfam* (2009) 10.

119

第 2 部　民営職業斡旋事業法制の履行確保

働，および人身売買を取り締まっていた警察および入国管理係官によって行われていたが，ギャングマスター及び労働者酷使取締局の前身であるギャングマスター許可局は，その設置当時から，許可を得ることなく，または許可基準（最低賃金以上の支払い，法定労働時間以内の労働等）を充足できないような，無許可ギャングマスターを監督していたこと，そのような無許可ギャングマスターに対しては，刑事手続上の権限（例えば，逮捕，令状による立入調査権限）を行使していたこと，警察とは異なり「職場」という特別な状況下において取締まりを行っていたことから，ギャングマスター許可局が，現代奴隷の取締まりの有効性を高めることが指摘され，権限，管轄産業，財源，所管省庁，他の履行確保機構との連携の点から，ギャングマスター許可局のあり方を再検討すべきであることが政府に勧告されていた[407]。これを受諾した政府は，2016 年移民法の法案審議過程において，ギャングマスター許可局のあり方を再検討し，その結果，2016 年移民法において，ギャングマスター許可局（正式にはその後継機関であるギャングマスター及び労働者酷使取締局）にも警察や英国犯罪対策庁（National Crime Agency）[408]に与えられている現代奴隷法上の権限が与えられた。

　移民の削減を目的として入国管理体制を見直す保守党政府は，現代奴隷法の制定前から，「労働搾取（labour exploitation）」[409]の問題を，「不法（illegal）」移民労働者の問題として政策を展開していたと指摘されている[410]。入国管理と労働関連法制の履行確保が結び付けられることは，強制送還を恐れる労働者の保護を弱めるものになると指摘される[411]。もっとも，現代奴隷法および 2016 年移民法には，労働関連法制の履行確保および労働者の保護に資する新たな権限を

---

[407]　Joint Committee on the Draft Modern Slavery Bill, *Draft Modern Slavery Bill: Report Session 2013-14*（HL paper 166, HC 1019, 2014）paras 189 and 195.

[408]　英国犯罪対策庁は，重大な組織的な犯罪を取り締まる警察組織のひとつである。

[409]　「労働搾取」は，最低賃金未満の支払い，法定労働時間以上の労働時間から，無休または無休に近い賃金，休憩なしまたはわずかな休憩だけの長時間労働，劣悪な労働環境に至るまで，幅広い意味をもつ。

[410]　Judy Fudge, 'Why Labour Lawyers Should Care About the Modern Slavery Act 2015' 29 *King's Law Journal* 3（2018）377-406.

[411]　A. C. L. Davies, 'The Immigration Act 2016' 45 *Industrial Law Journal* 3（2016）441-442.

120

ギャングマスター及び労働者酷使取締局に付与したという意義もある。

以下では，まず，ギャングマスター（許可制度）法，現代奴隷法，および2016年移民法の制定過程，目的，および内容をそれぞれ整理する。

◆ 第1節　ギャングマスター及び労働者酷使取締局の管轄法令の歴史的変遷

1　2004年ギャングマスター（許可制度）法

(1) 制定過程および目的

農業，漁業等，季節的に労働力の需要に変動のある季節産業では，需要に応じた労働力の供給が求められており，その供給に応えるのが「ギャングマスター」であったとされている[412]。この「ギャング」は，犯罪組織や秘密犯罪組織という意味を持つものではなく，単に労働者グループを意味するに過ぎず，「ギャングマスター」は，その他の民営職業斡旋事業者と大きく異なるものではない[413]。

1995年に民営職業斡旋事業者の許可制が廃止されたことにより，とりわけ農業および食品加工業等において，民営職業斡旋事業者を通じた労働搾取が広がっていたとされる[414]。労働組合に加えて，労働者を搾取する事業者の事業と自己の事業との区別化を求める民営職業斡旋事業者により，許可制の導入とギャングマスターの取締まりが要請されていた[415]。モーカム湾事件後，2004年7月に，政府は，ギャングマスター（許可制度）法を制定した。ギャングマスター（許可制度）法は，特定の産業における労働者供給それ自体を禁止することを目的としておらず，同法は，許可制および無許可ギャングマスターに対する罰則を設けることで，法定要件に従った労働者供給事業を行うこと，当該事

---

[412]　Richard Body, HC Deb 21 May 1997, vol 294, col 677.

[413]　House of Commons, *The Gangmasters（Licensing）Bill Research Paper 04/17*（2004）9.

[414]　Wilkinson and others（n 406）9.

[415]　ibid. 2003年には下院議員から「ギャングマスター許可及び登録法（The Licensing and Regulation of Gangmasters Bill 2002/03）」が提出されていた（W. Green, *Current Law Statutes*（Sweet & Maxwell, 2004））。

第 2 部　民営職業斡旋事業法制の履行確保

業の透明性を確保することを目的とする[416]。

(2) 内　容

(a) 対象　ギャングマスター（許可制度）法は，全産業を対象としておら
ず，農業[417]，採貝漁業[418]，および農作物または貝・魚類の加工梱包業にその対象
が限定されており（3条），これらの産業に従事させるために労働者を他者に供
給する事業者を取り締まる法律である。ギャングマスター（許可制度）法の制
定当時，上記の産業部門では，約 3,000 のギャングマスターが少なくとも
60,000 人の労働者を雇い入れて，これらを他者に供給していたことから，労働
者供給事業が広がっており，かつ悪質な事業者による労働搾取が最たる産業で
あるとしてギャングマスター（許可制度）法の対象とされた[419]。

(b) 定義　ギャングマスター（許可制度）法上，「ギャングマスター」は，
ギャングマスター（許可制度）法が適用される産業に従事させるために，「労
働者（worker）」を他者(B)に供給する者(A)を意味する（4条2項）。A と B 間
に別の供給元(D)が存在する場合，A および D の双方が4条2項に規定する
ギャングマスターにあたる（4条3項）。

ギャングマスター（許可制度）法上の「労働者（worker）」は，ギャングマス
ター（許可制度）法が適用される産業に従事する者を意味する（26条1項）。
ギャングマスター（許可制度）法が適用される産業に従事している限り，自国
民であれ移民（在留・就労資格の有無を問わない。）であれ，ギャングマスター
（許可制度）法上の労働者とされる（26条2項）。ギャングマスター（許可制度）
法上の労働者は，1996 年雇用権利法上の「労働者」に限定されない。いかな
る就労形態，国籍であっても，搾取の被害者であることには変わりなく，あら
ゆる者を包摂するために，ギャングマスター（許可制度）法では労働者を上記
のように広く定義したとされる[420]。

---

[416]　Green（n 415）.

[417]　酪農，商業目的の製造，牧草地・果樹園・野菜園・養樹場としての土地の利用を含
む（3条3項）。

[418]　甲殻類および軟体動物を含む（3条4項）。

[419]　Jim Sheridan, HC Deb 21 May 2004, vol 421, col 1211.

[420]　ibid.

第 2 章　ギャングマスター及び労働者酷使取締局による民営職業斡旋事業法制の履行確保

（c）**許可制**　　ギャングマスターは，ギャングマスター及び労働者酷使取締局から許可を取得しなければならないとする許可制がギャングマスター（許可制度）法において定められている（7 条）。許可するか否かの判断基準は，国務大臣（現在，内務大臣）の承認（approval）を得て，ギャングマスター及び労働者酷使取締局により制定されるルールにおいて定められている（8 条）。8 条に基づいて制定された 2009 年ギャングマスター（許可基準）ルール（The Gangmasters（Licensing Conditions）Rules 2009：以下，「ギャングマスター（許可基準）ルール」とする。）付則第 2 部では，事業開始後 20 日以内にギャングマスター及び労働者酷使取締局への事業活動の通知（5 条），ギャングマスター及び労働者酷使取締局による事業場監督の実施の受諾（6 条），労働者に対する有料職業紹介の禁止（7 条），有料サービス（職業訓練等，職業斡旋サービス以外のサービス）の利用または物資の貸出もしくは購入を条件として職業斡旋を行うとするギャングマスターと労働者間の契約の禁止（8 条），ギャングマスターと労働者間の契約の終了または当該ギャングマスター以外の者による当該労働者の雇入れを理由とする当該労働者に対する不利益取扱いの禁止（9 条），争議行為中の職場への労働者供給の禁止（10 条）等をギャングマスターに義務付けており，これらの遵守が許可を付与する条件とされている（ギャングマスター（許可基準）ルール 4 条）。許可を申請したが不許可とされた者または許可を取り消された者は，2006 年ギャングマスター（不服申立て）規則（The Gangmasters（Appeals）Regulations 2006）に基づいて不服申立てを行うことができる。許可の有効期限は 12 ヶ月であるため，継続して事業を行う場合には許可の更新申請が求められる。許可の更新には，更新料が課せられる。新規申請の場合には，申請料に加えて，許可の付与を判断するために実施される調査にかかる調査料も課せられる。

（d）**罰則**　　ギャングマスターとして許可なく事業を行う者は，略式起訴では禁錮刑（イングランドおよびウェールズでは 6 ヶ月以下，スコットランドまたは北アイルランドでは 12 ヶ月以下）もしくは罰金またはその両方が科せられる（ギャングマスター（許可制度）法 12 条 3 項）。正式起訴では 10 年以下の禁錮刑もしくは罰金またはその両方が科せられる（12 条 4 項）。労働者供給を目的として無許可ギャングマスターと契約する者は，略式起訴において禁錮刑（イングランドおよびウェールズでは 51 週以下，スコットランドまたは北アイルランドで

第2部 民営職業斡旋事業法制の履行確保

は6ヶ月以下）もしくは罰金またはその両方が科せられる（13条4項）。

(e) 履行確保 ギャングマスター（許可制度）法7条では許可制，15条では係官の任命，16条および17条では係官の権限が規定されている。履行確保機構およびその権限の具体的な内容は次節において後述する。

以上，民営職業斡旋事業法の許可制が廃止された後，ギャングマスター（許可制度）法の制定により，一部の産業部門において，許可制が再開された。これに加えて，ギャングマスター（許可制度）法において，許可当局および履行確保機構の設置ならびに履行確保機構の権限が規定された。この履行確保機構の権限は，ギャングマスター（許可制度）法だけでなく，以下の現代奴隷法および2016年移民法においても規定されている。

2 2015年現代奴隷法

(1) 制定過程および目的

ILOによると，2021年時点において世界中で5,000万人（150人に1人）が，現代奴隷の被害者であると見積もられており[421]，世界的にこれらを取り締まる法制化が進められている。ILOでは，強制労働の使用を廃止することを目的として，1930年にILO第29号条約（強制労働条約）（Forced Labour Convention, 1930（No. 29））が採択された。その後，強制労働条約（第29号）を，人身売買等，現代の問題に対応できるようにすることを目的として，2014年に強制労働条約議定書（Protocol of 2014 to the Forced Labour Convention, 1930）が採択された。イギリスは，ILO第29号条約を1931年6月に，強制労働条約議定書を2016年1月に批准した。

また，EUレベルでは，ヨーロッパ人権条約（European Convention on Human Rights）4条において，奴隷，隷属，および強制労働の禁止を定めている。欧州人権裁判所（European Court of Human Rights）では，ヨーロッパ人権条約4条に定める用語，すなわち「奴隷」，「隷属」，および「強制労働」の解

---

[421] ILO, *Global Estimates of Modern Slavery: Forced Labour and Forced Marriage* (2022) Executive summary.

釈を示す判決が出されている。

イギリスは，ヨーロッパ人権条約および欧州人権裁判所の判決に拘束される[422]。イギリスにおいて，現代奴隷法制定の起源は，深刻な人権侵害にあたる不正取引に焦点をあてた欧州人権裁判所における一連の判決および犯罪者を処罰し，被害者を保護するために，イギリス法を改正すべきとするNGOsからのプレッシャーにあったとされている[423]。

現代奴隷法は，奴隷，隷属，強制労働，および人身売買を犯罪行為と規定し，「独立反奴隷制調査官（Independent Anti-slavery Commissioner）」という新たな役職を導入することで，犯罪者にその犯罪に適した厳しい処罰を与えること，被害者の保護を強化することを目的とする。

以下では，ギャングマスター及び労働者酷使取締局の権限および労働者の保護に関連する現代奴隷法の内容のみを整理する。

(2) 内 容

(a) **犯罪行為**　現代奴隷法は，人を奴隷状態もしくは隷属状態に置く場合，または人に強制的に労働させる場合，それは犯罪行為となる（1条）と規定する。また，人が「搾取（exploitation）」（3条）されることを認識しつつ，その者の入国，出国，または国内の移動を手配するまたは促す場合，それは犯罪行為となる（2条）と規定する。これらは，奴隷，隷属，強制労働，または人身売買の被害者がそれに同意しているか否かを問わない（1条5項，2条2項）。2条（人身売買）に基づく犯罪行為に着手する目的で，なんらかの犯罪行為に着手する者は，本条に基づく犯罪行為に着手することになる（4条）。これは，2条に基づく犯罪行為の幇助，教唆，助言，または誘致によって着手された犯罪行為を意味する（4条）。1条または2条に基づく犯罪行為に着手する者は，正式起訴では終身の禁錮，略式起訴では12ヶ月以下の禁錮もしくは罰金またはその両方が科せられる（5条1項）。4条に基づく犯罪行為が，誘拐また

---

[422] イギリスは，EU離脱後も，ヨーロッパ人権条約に拘束され，また欧州人権裁判所の管轄に服する。

[423] David Nersessian and Dessislava Pachamanova, 'Human Trafficking in the Global Supply Chain: Using Machine Learning to Understand Corporate Disclosures Under the UK Modern Slavery Act' 35 *Harvard Human Rights Journal* (2022) 9.

第2部　民営職業斡旋事業法制の履行確保

は不法監禁によって行われる場合，正式起訴において終身の禁錮が科せられる（5条3項）。5条3項が適用されない限り，4条に基づく犯罪行為に着手した者は，正式起訴では10年以下の禁錮，略式起訴では12ヶ月以下の禁錮もしくは罰金またはその両方が科せられる（5条2項）。

(b) 奴隷及び人身売買防止・危機命令　「奴隷及び人身売買防止命令（slavery and trafficking prevention orders）」および「奴隷及び人身売買危機命令（slavery and trafficking risk orders）」は，命令所定の行為を禁止する命令である（現代奴隷法17条1項）。裁判所は，「奴隷又は人身売買の犯罪行為（slavery or human trafficking offence）」[424]に対して有罪判決を受けている者，心神喪失を理由として「奴隷又は人身売買の犯罪行為」に対する罪に問われなかった者に対して，その者が「奴隷又は人身売買の犯罪行為」に（今後も）着手するおそれがあり，かつ「奴隷又は人身売買の犯罪行為」により生じる身体的または精神的苦痛から被害者を保護するために必要不可欠だと考える場合に，奴隷及び人身売買防止命令を交付することができる（14条1項，2項）。また，治安判事裁判所（magistrate's court）は，警察署長，入国管理係官，英国犯罪対策庁長，ギャングマスター及び労働者酷使取締局による申請に基づいて，「奴隷又は人身売買の犯罪行為」に対して有罪判決を受けている者，心神喪失を理由として「奴隷又は人身売買の犯罪行為」に対する罪に問われなかった者，または「奴隷又は人身売買の犯罪行為」に対する警告を受けた者等（16条2項）に対して，その者が「奴隷又は人身売買の犯罪行為」に（今後も）着手するおそれがあり，かつ「奴隷又は人身売買の犯罪行為」により生じる身体的または精神的苦痛から被害者を保護するために必要不可欠だと考える場合に，奴隷及び人身売買防止命令を交付することができる（15条2項，3項）。奴隷及び人身売買防止命令は，すでに「奴隷又は人身売買の犯罪行為」に着手している者に対して，その行為の着手を止めることを目的とする[425]。

---

[424]　「奴隷又は人身売買の犯罪行為」は，現代奴隷法1条（奴隷，隷属，及び強制労働），2条（人身売買），または4条（2条（人身売買）に基づく犯罪行為の幇助，教唆，助言，又は誘致）に加えて，2003年性犯罪法（Sexual Offences Act 2003）57，58，59，59A条（性的搾取の不正取引）等，現代奴隷法付則1に列挙された犯罪行為を意味する。

[425]　Home Office, *Guidance on Slavery and Trafficking Prevention Orders and Slavery and Trafficking Risk Orders under Part 2 of the Modern Slavery Act 2015* (2017) para 2.3.2.

第2章　ギャングマスター及び労働者酷使取締局による民営職業斡旋事業法制の履行確保

これに対して，奴隷及び人身売買危機命令は，「奴隷又は人身売買の犯罪行為」に現に着手していない者に交付される。治安判事裁判所は，警察署長，入国管理係官，英国犯罪対策庁長，ギャングマスター及び労働者酷使取締局による申請に基づいて，「奴隷又は人身売買の犯罪行為」に着手するおそれがあり，かつ「奴隷又は人身売買の犯罪行為」により生じる身体的または精神的苦痛から被害者を保護するために必要不可欠だと考える場合に，奴隷及び人身売買危機命令を交付することができる（23条2項）。合理的な理由なく，奴隷及び人身売買防止命令または奴隷及び人身売買危機命令に違反する者は，正式起訴では5年以下の禁錮刑，略式起訴では6ヶ月以下の禁錮刑もしくは罰金またはその両方が科せられる（30条1～3項）。

(c) **独立反奴隷制調査官**　　現代奴隷法では，独立反奴隷制調査官が新設された（40条）。これは，奴隷および人身売買の抑止，発見，調査，および刑事訴追，ならびに被害者の特定に係る優れた取組み（good practice）を示すために（41条1項），裁判所または審判所を除く国家機関に，権限の行使に関する勧告や情報・教育・訓練の提供を行うことを職務としており（41条3項），個別事案に対して権限を行使するものではない（44条1項）。

(d) **刑事司法における被害者救済**[426]　　現代奴隷法1条（奴隷，隷属，及び強制労働），2条（人身売買），または4条（2条（人身売買）に基づく犯罪行為の幇助，教唆，助言または誘致）に基づく犯罪行為に対して有罪判決を受けており，かつ当該犯罪行為に着手した者に対して犯罪収益の没収命令（confiscation order）が交付されている場合，裁判所（刑事法院，治安判事裁判所）は，奴隷及び人身売買賠償命令（slavery and trafficking reparation order）を交付することができる（8条1項）。奴隷及び人身売買賠償命令は，1条，2条，または4条に基づく犯罪行為の被害者に対して，当該犯罪行為の結果生じた危害に対する賠償金を支払うよう命ずるものである（9条1項）。奴隷及び人身売買賠償命令により命じられる賠償金額は没収命令において支払いが命じられている金額を超えてはならない（9条4項）。また，裁判所は，奴隷及び人身売買賠償命令を

---

[426]　イギリスでは，刑事司法における被害者救済が可能であり，すでに1826年刑事法（Criminal Law Act 1826）から，犯罪の結果として損失を被った者に対して，裁判所は損害賠償を裁定することが可能であったとされている（フィリップ S. ジェームズ著（矢頭敏也訳）『イギリス法(上) 序論・公法』（三省堂，1985年）264-265頁）。

第2部　民営職業斡旋事業法制の履行確保

作成するか否かの決定において，犯罪加害者である賠償金支払者の資力を考慮しなければならない（8条5項）。裁判所が，罰金と併せて，奴隷及び人身売買賠償命令による賠償金の支払いを命じる際，犯罪加害者が罰金および賠償金の両方を支払う資力のない場合には，裁判所は，奴隷及び人身売買賠償命令による被害者への賠償金の支払いを優先させなければならない（8条6項）。裁判所は，8条1項を満たす限り，あらゆる事案において奴隷及び人身売買賠償命令を交付する権限を行使するか否かを検討しなければならず，もし，命令を交付しない場合には理由を示さなければない（8条7項）。

　以上，「奴隷」，「隷属」，「強制労働」，および「人身売買」を犯罪行為と規定する現代奴隷法では，その犯罪行為に対する刑罰が定められた。現代奴隷法では，「現代奴隷監督機関・監督官」といった，現代奴隷法の履行確保に特化した履行確保機構は設置されていない。刑事訴訟において有罪となれば，裁判所は，被害者に対して賠償金の支払いを命ずることが可能であり，被害者による民事訴訟なくして被害者救済が可能である。もっとも，これらは裁判所による権限であり，行政機関による権限ではない。行政機関による現代奴隷法の履行確保権限として，「奴隷及び人身売買防止命令」，「奴隷及び人身売買危機命令」を交付するよう裁判所に申請する権限があり，ギャングマスター及び労働者酷使取締局にもこれらの権限が付与されている。ギャングマスター及び労働者酷使取締局に上記の権限が付与されたのは，2016年移民法においてである。

3　2016年移民法

(1) 制定過程および目的

　労働党政権時（1997〜2010年），1990年代の継続的な経済成長による人材不足を背景とした，移民の積極的な受け入れ政策によって[427]，移民数は労働党政

---

[427]　イギリスにおける移民労働者の受け入れ政策の歴史的変遷は，独立行政法人労働政策研究・研修機構「諸外国における高度人材を中心とした外国人労働者受入れ政策—— デンマーク，フランス，ドイツ，イギリス，EU，アメリカ，韓国，シンガポール比較調査」〔樋口英夫執筆部分〕（2013年）135-163頁を参照。

権時の 13 年間で倍増していた[428]。移民数の増加は，公的サービスを圧迫していたと指摘されている[429]。保守党政府は，入国管理を強化すること，すなわち国外からの熟練労働者を受け入れる国内の需要を削減すること（自国民労働者の職業訓練の強化）および海外からの低賃金労働者（cheap labour）の国内での搾取を厳しく取り締まること（法の履行確保の強化）が必要であると指摘した[430]。法の履行確保の強化は，移民労働者に加えて，移民労働者の削減に伴う自国民労働者の搾取への対処を含むものである。2016 年移民法では，後者（法の履行確保の強化）を目的として[431]，以下の内容が規定された。

(2) 内 容

2016 年移民法の制定以前に制定されている移民に関連する主たる法律として，1971 年移民法（Immigration Act 1971），2002 年国籍・移民・亡命法（Nationality, Immigration and Asylum Act 2002），2006 年移民・亡命・国籍法（Immigration, Asylum and Nationality Act 2006），2014 年 移 民 法（Immigration Act 2014）がある。2016 年移民法では，第 1 部第 1 章を除く大部分が，上記法令に修正を加えるまたは新たな規定を挿入するものとなっている。例えば，移民労働者の「不法」就労（illegal working）に対する刑事罰（第 1 部第 2 章），「不法」移民への住宅・金融サービスの提供者に対する刑事罰（第 2 部），入国管理係官の権限強化（第 3 部，第 6 部）を規定する。2016 年移民法第 1 部第 1 章は，ギャングマスター（許可制度）法を修正したり，ギャングマスターの義務を新

---

[428] 1997 年では約 30 万人であったのに対して 2010 年では約 60 万人へと倍増している（Georgina Sturge, *Migration statistics*（House of Commons Library, 2022）6）。

[429] David Cameron, 'PM speech on immigration'（21 May 2015）⟨https://www.gov.uk/government/speeches/pm-speech-on-immigration⟩ accessed 31 July 2024.

[430] これらに加えて，移民労働者の「不法」滞在や「不法」就労に対する取り組みの必要性および EU 域内の自由移動ルールの再検討の交渉を EU に行う必要性も指摘する（ibid）。

[431] 前者（自国民労働者の職業訓練の強化）を目的として，イギリスでは職場訓練を通じた実務能力の習得，座学による理論の学習，基礎的技能（安全衛生や雇用上の権利等の学習を含む。）の習得を目的とする職業訓練施策の拡充等が実施されている。職業訓練制度の変遷は，独立行政法人労働政策研究・研修機構『諸外国における教育訓練制度 —— アメリカ，イギリス，ドイツ，フランス』〔樋口英夫執筆部分〕（2017 年）29-53 頁を参照。

第 2 部　民営職業斡旋事業法制の履行確保

たに規定したりすることを主たる目的とするものではなく，ギャングマスター及び労働者酷使取締局に新たな権限を付与することを目的とするものであるため（2016 年移民法 10～13 条），その内容は次節において後述する。

　本節では，ギャングマスター（許可制度）法，現代奴隷法，および 2016 年移民法の制定過程，目的，および内容を整理した。ギャングマスター（許可制度）法では，その履行確保機構としてギャングマスター許可局（現在のギャングマスター及び労働者酷使取締局）が設置され，それらの権限が規定されている。現代奴隷法および 2016 年移民法では，ギャングマスター及び労働者酷使取締局に新たな権限を与えている。そこで，次に，ギャングマスター（許可制度）法を管轄する履行確保機構の権限の変遷，履行確保機構による履行確保活動の内容を整理する。

◆　第 2 節　2004 年ギャングマスター（許可制度）法の履行確保機構の歴史的変遷

1　ギャングマスター許可局による労働者保護

⑴　設　置　過　程

　2005 年 4 月 1 日に，ギャングマスター（許可制度）法の履行確保機構として，ギャングマスター及び労働者酷使取締局の前身であるギャングマスター許可局が設置された。ギャングマスター許可局の管轄する産業部門が，環境食糧農業地域省（Department for Environment, Food & Rural Affairs）に関連する産業部門であったことから，ギャングマスター許可局の設置当初は環境食糧農業地域省がその所管省庁であった。2011 年から 2014 年にかけて，労働党政権時につくられた「過剰」な規制を取り除くことによって，企業の負担を軽減することを目的として，「レッドテープチャレンジ（Red Tape Challenge）」[432] が，保

---

(432)　レッドテープチャレンジでは，改良，存続，または廃止されるべき規制に関する意見を企業，国民等からインターネット上で募集し，これを参考に規制枠組みの改良が実施された（Cabinet Office, 'Red Tape Challenge' (7 April 2011) ⟨https://www.gov.uk/government/news/red-tape-challenge⟩ accessed 15 November 2023）。

130

守自民連立政府により実施された。これによって，法令遵守企業に対する規制を軽減させるために，ギャングマスター許可局の履行確保活動は，人身売買，マネーローンダリング，脱税等の犯罪行為に着手する企業に焦点をあてることとなった[433]。その結果，英国犯罪対策庁等，内務省内の機構と連携を図ることになったため，2014年にギャングマスター許可局の所管省庁は，環境食糧農業地域省から内務省へと移管した[434]。

(2) 権　限

ギャングマスター（許可制度）法15条に基づいて国務大臣により，ギャングマスター許可局係官として，6条（無許可営業の禁止）および13条（労働者供給を目的とした無許可ギャングマスターとの契約の禁止）に反すると思われる状況に権限を行使する履行確保係官（enforcement officers）と許可取得事業者による許可条件の遵守を確かめる遵守係官（compliance officers）がギャングマスター許可局により任命される。履行確保係官は無許可ギャングマスターの取締まりを，遵守係官は許可取得事業者の取締まりを行う係官である。以下，履行確保係官および遵守係官を合わせて「ギャングマスター許可局係官」（2016年移民法の制定以降は，「ギャングマスター及び労働者酷使取締局係官」）とする。

ギャングマスター許可局係官は，その職務を遂行するために，(i)ギャングマスター（許可制度）法により，ギャングマスターに保管が義務づけられている記録[435]の提供を求める権限，記録が保管されている事業場施設からそれを持

---

[433]　Gangmasters and Labour Abuse Authority (GLAA), 'Minister Confirms Outcome of Red Tape Challenge: Continued need for the GLA to enforce protection of workers' rights' (24 May 2012) 〈https://www.gla.gov.uk/whats-new/press-release-archive/24512-minister-confirms-outcome-of-red-tape-challenge-continued-need-for-the-gla-to-enforce-protection-of-workers-rights/〉 accessed 15 November 2023.

[434]　GLAA, 'GLA moves to Home Office' (9 April 2014) 〈https://www.gla.gov.uk/whats-new/press-release-archive/9414-gla-moves-to-home-office〉 accessed 15 November 2023.

[435]　ギャングマスター（許可基準）ルール付則22条では，許可取得事業者に，許可取得事業者と労働者間で合意に至った労働者供給期間，労働者の氏名・住所，許可取得事業者と労働者間で適用されるあらゆる条件，およびその条件変更を記録する書面，労働者の訓練，経験，または資格の詳細，労働者の供給先の氏名，許可取得事業者と労働者間の契約終了日等の記録の保管を義務づけている。

第2部　民営職業斡旋事業法制の履行確保

ち出す権限，およびそのコピーをとる権限，(ii) 記録の説明を求める権限，(iii) 追加の情報を求める権限，(iv)(i)〜(iii) により係官に与えられた権限を行使するために「関連施設」に立ち入る権限を有する（16条1項）。関連施設は，①ギャングマスターまたは②ギャングマスターによって労働者もしくはサービスを供給される者が事業を行う施設，および①または②が当該事業に関連して用いる施設を意味する（16条5項，6項）。

ギャングマスター許可局係官のうち履行確保係官は[436]，無許可ギャングマスターに対して，6条（無許可営業の禁止）違反の有無を確かめるために，令状により関連施設に立入調査を行うことができる。これは，関連施設に立ち入ることに合理的な理由があると治安判事が考える場合で，かつ(i) 当該施設への立入りが拒否されているもしくは拒否が予想されており，令状を申請する旨の通知が当該施設の占有者に交付されている，(ii) 立入りの申込みもしくは通知の付与が立入りの目的を果たさない，(iii) 緊急性がある，または (iv) 当該施設の占有者がいないもしくは一時的に占有者が不在であると治安判事が考える場合に行使することができる（17条1項）。令状により関連施設に立ち入る履行確保係官は，必要であると考える人および機材を持ち込み，6条違反の有無を確かめるために必要であると考える監督および調査を実施し，あらゆる帳簿，書面，データ，記録，または当該施設の製品を入手し，6条違反の有無を確かめるために必要な限りそれらを保管することができる（17条2項）。

ギャングマスター許可局係官の権限行使を故意に妨害する者またはギャングマスター許可局係官の要求に合理的な理由なく従わない者，ギャングマスター許可局係官により要求された情報を提供する際に虚偽の情報を提供する者は，略式起訴において，禁錮刑（イングランドおよびウェールズでは51週以下，スコットランドおよび北アイルランドでは6ヶ月以下）もしくは罰金またはその両方が科せられる（18条3項）。

また，ギャングマスター許可局は，ギャングマスターによる申請に対して，事業許可を与える権限を有する（1条，7条）。ギャングマスター許可局は，前述した許可条件を用いて，許可を付与するか否かを判断する。国務大臣の承認

---

[436]　ギャングマスター許可局係官のうち履行確保係官にのみ与えられている権限はあるが，遵守係官にのみ与えられている権限はない。

を得た上で，ギャングマスター許可局は許可の申請形式やその内容，申請に関連する手続等を規定するルールを作成する権限を有する（8条）。ギャングマスター許可局は，書面の通知により許可取得事業者が同意した場合に許可の内容を修正，または許可条件もしくはギャングマスター（許可制度）法が許可取得事業者により遵守されていない場合に，許可の内容を修正もしくは許可それ自体を取り消す権限を有する（9条）。

　以上のギャングマスター許可局の権限は，ギャングマスター及び労働者酷使取締局に引き継がれている。

⑶ ギャングマスター許可局による履行確保活動

　ギャングマスター許可局は，2006 年 4 月から許可申請の受付を開始しており，最初の 2 年間，ギャングマスター許可局の運営は「許可制の普及拡大」にその重点を置き，その後，2008 年度にはその重点が「遵守と履行確保」に移行したとされている[437]。許可取得事業者数は 2009 年度まで右肩上がりで増加していたが，2010 年度以降は現在も含めて減少傾向にある[438]。また，2009 年度まで許可の取消しが行われたケースは数件しかなかったのに対して，2010 年度以降は毎年，十数から数十件以上の許可が取り消されている[439]。許可の取消件数の増加という厳しい許可制度の運用に支持がある一方で，許可が申請された段階でそれを不許可としなかったことに対する非難も生じていた[440]。

　実際の履行確保活動では，前述した権限がギャングマスター許可局係官に行使される前に，ギャングマスター許可局係官により，法違反事項の是正を求める履行確保通告（enforcement notices）の交付または警告（warnings）が行われる。また，ギャングマスター（許可制度）法では，無許可ギャングマスターに対する罰則（12条），許可なく事業を行うギャングマスターと労働者の供給に係る契約を締結する者に対する罰則（13条），係官への妨害に対する罰則（18条）が設けられている。「遵守と履行確保」にギャングマスター許可局の運営

---

[437]　Wilkinson and others（n 406）7.

[438]　DLME, *United Kingdom Labour Market Enforcement Strategy 2019/20*（2019）figure 11.

[439]　ibid.

[440]　Wilkinson and others（n 406）16-17.

第2部　民営職業斡旋事業法制の履行確保

の重点が移行した 2008 年度以降は，刑事訴追件数が増加し，2012 年度には 1
年間で 25 件以上に達した[441]。2008 年度から 2017 年度にかけて生じた刑事訴追
は，ほぼ全て[442]12 条または 13 条違反，すなわち無許可ギャングマスターまた
は労働者供給を目的とした無許可ギャングマスターとの契約者に対してなされ
たものである[443]。刑事訴追の状況に対しては，無許可ギャングマスターに対す
る制裁が厳しい一方で，許可取得事業者による法違反に対する取締まりが弱く
不合理であるとする指摘もある[444]。

2　ギャングマスター及び労働者酷使取締局による労働者保護

⑴　ギャングマスター許可局からギャングマスター及び労働者酷使取締局へ
###　　の移行

　ギャングマスター許可局は，2016 年移民法による権限強化とともに，ギャ
ングマスター及び労働者酷使取締局に置き換えられた。2016 年移民法の制定
以前から，ギャングマスター許可局の改良の必要性が指摘されていた。現代奴
隷法案の草案を検討するために設置された，上院と下院からなる現代奴隷法案
草案に関する合同委員会（Joint Committee on the Draft Modern Slavery Bill）で
は，労働搾取が蔓延する産業部門における許可制の運用および実際に労働搾取
を行う使用者に対する取締りの権限をもつギャングマスター許可局が，強制労
働や人身売買の取締まりにおいて有効な活動を可能にすると評価されてい
た[445]。もっとも，ギャングマスター許可局自身からは，強制労働や人身売買を
取り締まる履行確保機構としてのその限界が指摘された[446]。それは，(i)ギャン
グマスター許可局の許可取得事業者が人身売買の被害者を使用していても，
ギャングマスター許可局が行使できる権限は許可の取消しに限られており，人
身売買に対する措置を講じられないこと，(ii)ギャングマスター許可局の管轄

---

[441]　DLME (n 438) 43.
[442]　2009 年度には，18 条違反，すなわち係官の権限行使の妨害に対する訴追が 1 件ある。
[443]　DLME (n 438) 43.
[444]　Wilkinson and others (n 406) 19.
[445]　Joint Committee on the Draft Modern Slavery Bill (n 407) para 189.
[446]　ibid para 190.

134

第2章　ギャングマスター及び労働者酷使取締局による民営職業斡旋事業法制の履行確保

産業が限定されており，管轄産業外の強制労働や人身売買に対処できていないことである[447]。これらを背景として，2014 年 4 月，現代奴隷法案草案に関する合同委員会は，権限，管轄産業，財源，所管省庁，他の履行確保機構との連携の点から，ギャングマスター許可局の再検討を政府に勧告した[448]。政府は，この勧告を受諾し[449]，現代奴隷法 55 条（2016 年移民法付則 3 により削除。）において，現代奴隷法の可決後 12 ヶ月以内にギャングマスター許可局の役割に関する文書を発表し，同文書により取り扱われる問題に係る意見聴取（consultation)[450] を実施する法的義務を国務大臣に課した。

　2015 年，内務省とビジネスイノベーション技能省が共同で，2016 年移民法の法案審議過程で提案されていた，歳入税関庁（最低賃金履行確保チーム），民営職業斡旋事業者基準監督機関，およびギャングマスター及び労働者酷使取締局の連絡機構の新設概略を示す意見聴取文書（Consultation Paper）を発表した[451]。この文書内でギャングマスター許可局の役割に関する再検討および意見聴取を実施することにより，現代奴隷法 55 条の義務を果たした。意見聴取では，ギャングマスター（許可制度）法が適用される産業以外の部門における労働搾取を取り締まるために，ギャングマスター許可局の役割が拡大されるべきであること[452]，法違反事業者の刑事訴追の機会を逃さないためにおよび実刑に相当する重大な労働搾取を明らかにするために，ギャングマスター許可局は調査権限を強化されるべきであること[453] 等が指摘された。

　保守党政府は，上記の意見聴取の結果を受けて，ギャングマスター許可制の

---

[447]　ibid.

[448]　ibid para 195.

[449]　HM Government, *The Government Response to the Report from the Joint Committee on the Draft Modern Slavery Bill Session 2013-14 HL Paper 166/HC 1019: Draft Modern Slavery Bill* (Cm 8889, 2014) 23.

[450]　イギリスの政策決定過程において，予定されている政策や法律に対する専門家，利害関係団体，一般大衆からの意見を照会する制度である（明渡将「英国の政治・行政制度と政治的任用者(5)」自治研究 81 巻 9 号（2005 年）104 頁）。

[451]　BEIS and Home Office, *Tackling Exploitation in the Labour Market* (Consultation Paper, 2015).

[452]　BEIS and Home Office, *Tackling Exploitation in the Labour Market* (Government Response, 2016) paras 43-47.

[453]　ibid paras 52-70; BEIS and Home Office (n 451) para 113.

第 2 部　民営職業斡旋事業法制の履行確保

適用対象産業を拡大するのではなく，より柔軟に労働部門全域の労働搾取への対応を可能にするために，特定の産業部門において許可制を運用し，無許可ギャングマスターを取り締まることを目的とするギャングマスター許可局から，その従来の運用に加えて，労働部門全域における労働搾取を阻止，発見，および調査することを目的とするギャングマスター及び労働者酷使取締局へと構造を変化させる必要性があるとする見解を示した[454]。その後，ギャングマスター許可局の構造を変化させる提案は，移民法案の上院通過中に政府修正として導入された[455]。その結果，2016 年移民法によって，ギャングマスター許可局は，以下の権限の導入とともに，特定の産業部門を管轄する履行確保機構から，労働部門全域を管轄する履行確保機構としてギャングマスター及び労働者酷使取締局へと置き換えられた。ただし，保守党政府は，労働搾取の被害者を移民労働者と考えた上で，悪質な企業が移民労働者を搾取することにより法令遵守企業に不当な競争を強いることになっていると指摘しており[456]，以下のような権限拡大による規制強化は，このような不当な競争を是正することを念頭に置いている。

(2) 権限の拡大

(a) 他の法令の履行確保　　2016 年移民法付則 2 では，国務大臣は，ギャングマスター及び労働者酷使取締局係官が，全国最低賃金法，民営職業斡旋事業法の履行確保のために当該法令に定める権限を行使できるように，ギャングマスター及び労働者酷使取締局と取り決めることができると規定する。また，ギャングマスター及び労働者酷使取締局は，2016 年移民法により，奴隷及び人身売買防止命令と奴隷及び人身売買危機命令の交付を，治安判事裁判所に申請する権限が与えられた（現代奴隷法 15 条，23 条）。前述したように，奴隷及び人身売買防止命令は，命令所定の行為を禁止する命令であり（17 条 1 項），すでに「奴隷又は人身売買の犯罪行為」に着手している者に対して，その行為の着手を止めることを目的とする[457]。これに対して，奴隷及び人身売買危機命

---

(454)　BEIS and Home Office（n 452）para 106.

(455)　Lord Rosser, HL Deb 18 January 2016, vol 768, cols 572-573.

(456)　BEIS and Home Office（n 451）ministerial forewords.

(457)　Home Office（n 425）para 2.3.2.

令は,「奴隷又は人身売買の犯罪行為」に現に着手していない者が,「奴隷又は人身売買の犯罪行為」に着手するおそれがあり,かつ「奴隷又は人身売買の犯罪行為」により生じる身体的または精神的苦痛から被害者を保護するために必要不可欠だと考える場合に,奴隷及び人身売買危機命令を交付することができる（23条2項）ものである。2016年移民法付則2は,現代奴隷法の法案審議過程におけるギャングマスター許可局の指摘,すなわちギャングマスター許可局が監督した事業場において,強制労働や人身売買の被害者がいたとしても,ギャングマスター許可局は許可の取消し以外にこれらに対処する権限がないという問題に対応するものである。

　(b) **1984年警察及び刑事証拠法上の権限**　　ギャングマスター及び労働者酷使取締局係官は,「労働者酷使防止官（labour abuse prevention officers）」として,警察官による犯罪行為の調査およびその調査に必要な権限を定める1984年警察及び刑事証拠法（Police and Criminal Evidence Act 1984：以下,「警察及び刑事証拠法」とする。）所定の権限（逮捕権限,差押権限,捜査令状請求権限等）を行使することができる（警察及び刑事証拠法114B条）。「労働者酷使防止官」は,民営職業斡旋事業法,全国最低賃金法,ギャングマスター（許可制度）法[458],現代奴隷法第1部（奴隷,隷属,強制労働,人身売買）または第2部（奴隷及び人身売買防止命令,奴隷及び人身売買危機命令）,国務大臣によって制定された規則の履行確保のために行動する者で,かつ「労働市場における犯罪行為（labour market offence）」を調査するために国務大臣により権限を与えられたギャングマスター及び労働者酷使取締局係官である（警察及び刑事証拠法114B条1項,3項,4項）。「労働市場における犯罪行為」は,法違反に対する刑事罰が定められている行為を意味しており,(i) 民営職業斡旋事業法上の犯罪行為（9条4項 (b)[459] を除く）,(ii) 全国最低賃金法上の犯罪行為,(iii) ギャングマスター（許可制度）法上の犯罪行為,(iv) 現代奴隷法1条（奴隷,隷属,及び強制労働）上の犯罪行為,(v) 現代奴隷法2条（人身売買）または4条（2条に基づ

---

[458]　ギャングマスター（許可制度）法の定める係官のうち,履行確保係官として行動する者を指す。

[459]　民営職業斡旋事業法9条4項は,9条1項に基づいて民営職業斡旋事業基準監督機関係官が調査した情報の公開を,一部を除いて禁止する。9条4項(b)は,この違反者に対して,略式起訴において罰金を科すものである。

第2部　民営職業斡旋事業法制の履行確保

く犯罪行為の幇助，教唆，助言，又は誘致）上の犯罪行為，（vi）現代奴隷法30条1項または2項（奴隷人身売買防止命令，奴隷人身売買危機命令）上の犯罪行為，（vii）2016年移民法27条（LMEO）上の犯罪行為，（viii）国務大臣により制定される規則所定の他の犯罪行為，（ix）（i）～（viii）に規定する犯罪行為の未遂もしくは企図，（x）（i）～（viii）に規定する犯罪行為に関連する2007年重大犯罪法（Serious Crime Act 2007）第2部（共犯）上の犯罪行為，（xi）（i）～（viii）に規定する犯罪行為に着手するよう他者を扇動する行為，（xii）（i）～（viii）に規定する犯罪行為の幇助，教唆，助言，誘致を意味する（2016年移民法3条3項）。労働者濫用防止官は，歳入税関庁（最低賃金履行確保チーム），民営職業斡旋事業者基準監督機関，およびギャングマスター及び労働者酷使取締局の各係官が通常行使する権限を行使することができない。例えば，歳入税関庁（最低賃金履行確保チーム），民営職業斡旋事業者基準監督機関，およびギャングマスター及び労働者酷使取締局係官の権限である記録または書面を調査するために事業場に立ち入る権限は，労働者酷使防止官にはなく（全国最低賃金法14条A1項，民営職業斡旋事業法9条A1項，ギャングマスター（許可制度）法16条A1項），労働者酷使防止官が事業場に立ち入る際にはその都度，裁判所に令状を請求することになる。内務省とビジネスエネルギー産業戦略省の共同文書では，労働関連法制の不遵守の性質が，個別労働者に対する個別的な違反から，「労働市場において生ずる搾取（labour market exploitation）」[460]に等しい組織的・職業的・継続的に構造化された活動へと移行していることが指摘されており[461]，より厳しい罰則が必要とされていた。労働者酷使防止官の新設および刑事手続権限の付与は，この問題に対応するものである。

　(c) 他の機構からの援助要請　　ギャングマスター及び労働者酷使取締局は，援助（assistance）がギャングマスター及び労働者酷使取締局の権限の行使を促すと考える場合に，警察署長，英国犯罪対策庁長，入国管理係官に援助を求めることができる（ギャングマスター（許可制度）法22A条1項，2項）。また，警察署長および入国管理係官もギャングマスター及び労働者酷使取締局に

---

[460]　単なる故意以上の法違反，すなわち大きな犯意をもって，労働者およびその家族に対する暴力の脅威によって就労を強制したり，または報酬を違法に控除したりすることを意味する（BEIS and Home Office（n 451）para 50）。

[461]　ibid.

第2章　ギャングマスター及び労働者酷使取締局による民営職業斡旋事業法制の履行確保

援助を求めることができる（22A条3項，4項）。援助を要請する際には，援助の内容を記載し，かつその援助がどのように権限の行使を促すかを説明しなければならない（22A条5項）。要請を受けた者は，相当期間内に書面において諾否の回答をしなければならない（22A条6項）。この権限に対しては，入国管理当局とギャングマスター及び労働者酷使取締局とを密接に関連づけようとする規定であり，これらの機構が連携をとると，強制送還を恐れる労働者の保護を弱めるものになるとする指摘もある[462]。

(d) **LMEU及びLMEO**　2015年に実施された意見聴取後，ギャングマスター許可局の権限拡大とともに，移民法の上院通過中に政府修正として法案に導入された。履行確保機構（歳入税関庁（最低賃金履行確保チーム），民営職業斡旋事業者基準監督機関，およびギャングマスター及び労働者酷使取締局）の既存の権限，例えば重大な犯罪行為に対する刑事訴追，是正措置を講じるよう求める通告の交付では，故意に法違反を繰り返す使用者の制裁として働かないケースがあるとして，これらの違反に有効な権限の導入が提案されており[463]，LMEUおよびLMEOが導入された。このうちLMEOは，特定行為の禁止もしくは特定行為の履行を命ずるものであり，労働者の権利救済に資する権限である。

(3) ギャングマスター及び労働者酷使取締局による履行確保活動

ギャングマスター及び労働者酷使取締局係官数は，設置当初の2005年には約20名であったが，その後，毎年増加し，2010年には約90名となった[464]。もっとも，2011年度以降はレッドテープチャレンジの影響を受けたことにより，60名近くまで一時的に減少した[465]。2016年移民法が制定されて以降は再び増加の傾向が見られており，2020年度では約130名となっている[466]。ギャングマスター及び労働者酷使取締局係官の約130名のうち労働者酷使防止官は約36名となっており[467]，これは，少なくとも係官の4分の1以上が，ギャングマ

---

[462]　Davies (n 411) 434.

[463]　BEIS and Home Office (n 451) paras 89-91.

[464]　DLME (n 438) figure 10.

[465]　ibid.

[466]　ibid.

[467]　Interim DLME, *United Kingdom Labour Market Enforcement Annual Report 2018/19* (2020) 23.

第 2 部　民営職業斡旋事業法制の履行確保

スター及び労働者酷使取締局の管轄産業，すなわち許可を要する産業以外を調査することができることを意味している。実際に，ギャングマスター及び労働者酷使取締局により実施されている調査の半分以上（計194件のうち110件）が，ギャングマスター（許可制度）法が適用される産業以外に対する調査，すなわちギャングマスター（許可制度）法ではなく，全国最低賃金法，民営職業斡旋事業法，現代奴隷法，および2016年移民法の履行確保を目的とした調査となっている[468]。このような状況が，ギャングマスター及び労働者酷使取締局の本来の職務である，ギャングマスター（許可制度）法が適用される産業に対する許可制の運用を，その職務の周辺へと追い出すことにつなげているという指摘がある[469]。そして，その結果，ギャングマスター及び労働者酷使取締局の焦点および職務の誤った印象を与える恐れがあり，ギャングマスター及び労働者酷使取締局の許可制を通じた保護を求める利害関係者（自己の事業と労働搾取事業者のそれとの区別化を求める事業者や許可取得事業者から労働者の供給を受ける者）および労働者に混乱を生じさせることになると指摘されている[470]。

　許可取得数は，許可の申請を受け入れ始めた2006年度から2009年度までは右肩上がりで増加していたが，2010年以降は減少傾向に転じている[471]。これは，第一に，2013年以降，イングランド，ウェールズ，スコットランドにおいて林業では許可を要請されなくなったこと，第二に，ギャングマスター及び労働者酷使取締局の許可制により対象とされている民営職業斡旋事業者の合併数が増加していることを理由とする[472]。許可取得件数がピークであった2009年度の約1,500件と比較して[473]，2019年度では約1,000件に減少している[474]。ギャングマスター及び労働者酷使取締局の財源は，許可の申請料または更新料により充当されていることから，申請または更新件数の下落の結果，許可制の運用にかかる費用（190万ポンド）の半分しか満たせておらず，残りは税金により

---

[468]　Interim DLME（n 277）124.

[469]　DLME（n 438）50.

[470]　ibid 50.

[471]　ibid figure 11.

[472]　ibid 41-42.

[473]　ibid figure 11.

[474]　Interim DLME（n 277）table A.5.

第2章　ギャングマスター及び労働者酷使取締局による民営職業幹旋事業法制の履行確保

賄われており，申請料または更新料の再検討の必要性が指摘されている[475]。

_____

[475]　DLME（n 438）41-42.

第3章 検討

◈ 第1節 民営職業斡旋事業法制の履行確保機構に係る特徴

1 民営職業斡旋事業者基準監督機関とギャングマスター及び労働者酷使取締局による履行確保

　イギリスでは，民営職業斡旋事業法制の履行確保機構が，民営職業斡旋事業者基準監督機関とギャングマスター及び労働者酷使取締局の2つに分かれていることに特徴がある。民営職業斡旋事業者基準監督機関は，主として，求職者・派遣就労者による相談を契機として，事業場施設の立入調査を行う。民営職業斡旋事業者に法違反がみられる場合には，まず，是正措置を講じるよう求める警告文書を交付し，この警告文書に従わない場合には，次に，民営職業斡旋事業を禁止する禁止命令の交付申請や刑事訴追が可能である。もっとも，実際の履行確保活動において，禁止命令や刑事訴追が生じることはわずかである。2020年度の民営職業斡旋事業者基準監督機関係官数は29人，財源は152.5万ポンド（日本円で約2.6億円）となっている[476]。

　ギャングマスター及び労働者酷使取締局は，農業，採貝漁業，および農作物または貝・魚類の加工梱包業に労働者を供給する民営職業斡旋事業者に対する許可制を運用している。ギャングマスター及び労働者酷使取締局係官は，ギャングマスター（許可制度）法に加えて，全国最低賃金法，民営職業斡旋事業法，現代奴隷法も管轄することができる（2016年移民法付則2）。2020年度のギャングマスター及び労働者酷使取締局係官数は119人，財源は720万ポンド

---

[476]　Interim DLME（n 380）figure 1.1.

第 2 部　民営職業斡旋事業法制の履行確保

（日本円で約 12 億円）となっている[477]。

　民営職業斡旋事業者基準監督機関とギャングマスター及び労働者酷使取締局の間には，主として以下の相違がある。第一に，ギャングマスター及び労働者酷使取締局は，農業，採貝漁業，および農作物または貝・魚類の加工梱包業に労働者を供給する民営職業斡旋事業に係る許可権限が付与されているのに対して，民営職業斡旋事業者基準監督機関には，民営職業斡旋事業者による事業に対する許可権限が付与されてない。許可権限の代わりとして，民営職業斡旋事業者基準監督機関には，民営職業斡旋事業を禁止する禁止命令制度が規定されている。

　第二に，ギャングマスター及び労働者酷使取締局は，民営職業斡旋事業者基準監督機関とは異なり，ギャングマスター（許可制度）法という民営職業斡旋事業法制に加えて，現代奴隷法等の他の法令も管轄することができる。政府は，民営職業斡旋事業者の大多数（majority）が法令遵守の意義を理解し，故意に法令に反する民営職業斡旋事業者は少数（minority）であると認識していたため[478]，当初，ギャングマスター（許可制度）法の制定およびギャングマスター許可局の設置は，前者（法令を遵守する使用者）に過度の負担を強いることなく（＝民営職業斡旋事業法および 2003 年民営職業斡旋事業行為規則ならびに民営職業斡旋事業者基準監督機関の監督下における規制緩和を維持させたまま），労働市場の柔軟性の阻害要因となる後者（故意に法令に違反する使用者）を取り除こうとするものであった。その後，「労働搾取」の問題を移民問題としてとらえる保守党政府が，現代奴隷法と 2016 年移民法を制定したことより，ギャングマスター及び労働者酷使取締局が，民営職業斡旋事業法制であるギャングマスター（許可制度）法に加えて，入国管理と結びつけられた現代奴隷法も管轄する機構となるに至っている。

　以上のように，民営職業斡旋事業法制が，2004 年以降，産業ごとに，民営職業斡旋事業法とギャングマスター（許可制度）法に分けられた結果，その履行確保機構も民営職業斡旋事業者基準監督機関とギャングマスター及び労働者酷使取締局に分かれた。もっとも，現在，これらの履行確保機構の再統合が，

---

[477]　ibid.

[478]　DTI, *Success at Work: Consultation on measures to protect vulnerable agency workers* (2007) 32.

第 3 章 検 討

その他の履行確保機構との統合とともに議論されている。

2 民営職業斡旋事業者基準監督機関とギャングマスター及び 労働者酷使取締局の権限

民営職業斡旋事業者基準監督機関には，民営職業斡旋事業に用いられる事業場施設への立入調査権限，警告文書の交付権限，禁止命令の交付権限，LMEUおよびLMEOに係る権限がある。また，ギャングマスター及び労働者酷使取締局には，許可権限，事業場施設への立入調査権限，履行確保通告または警告の交付権限，1984年警察及び刑事証拠法上の権限，LMEUおよびLMEOに係る権限がある。もっとも，民営職業斡旋事業者基準監督機関およびギャングマスター及び労働者酷使取締局には，最低賃金の履行確保機構である歳入税関庁（最低賃金履行確保チーム）に付与されているような民事制裁・民事救済権限が付与されていない。そのため，民営職業斡旋事業者基準監督機関およびギャングマスター及び労働者酷使取締局は，報酬について，自己の権限を行使することができるが（図表2を参照），現行権限では労働者の未払報酬を直接的に救済することは難しい。

3 ギャングマスター及び労働者酷使取締局の人的・経済的資源

民営職業斡旋事業法制の履行確保機構のうち，ギャングマスター及び労働者酷使取締局は，その他の履行確保機構と比較すると，図表8のように，人的資源に大幅な増加がみられる。例えば，民営職業斡旋事業者基準監督機関は，その（前身の）設置当初，人的資源が41人であったのに対して[479]，2020年度では29人（うち監督官（inspector）[480]は11人[481]）と減少している[482]。もっとも，ギャングマスター及び労働者酷使取締局の人的資源が拡大しているが，これは，入国管理体制の見直しに関連づけられたもので，ギャングマスター及び労働者酷使取締局の主たる職務である許可制の運用としての資源とはなっていないという特徴がある。

---

[479]　Lester（n 358）col 506W.

第 2 部　民営職業斡旋事業法制の履行確保

図表 8　ギャングマスター及び労働者酷使取締局の人的資源の推移

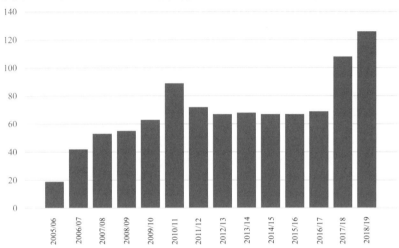

（出所）　DLME, *United Kingdom Labour Market Enforcement Strategy 2019/20*
(2019) figure10 を参考に作成。

　また，政府による人的資源の投入に加えて，ギャングマスター及び労働者酷使取締局は，その他の履行確保機構とは異なり，その経済的資源が許可の申請料または更新料により充当されていることに特徴がある。
　労働関連法制の財源不足が深刻化する中，ギャングマスター及び労働者酷使取締局以外の履行確保機構においても，当局によって使用者に課される制裁金等を履行確保機構の財源として還元すべきであるという指摘もある[483]。

---

(480)　民営職業斡旋事業者基準監督機関の人的資源は，年度によって「監督官（inspector）」や「職員（staff）」と異なる表記となっていることから，民営職業斡旋事業者基準監督機関の財源が不透明であることが指摘されている（Catherine Barnard, Amy Ludlow, and Sarah Fraser Butlin, 'Beyond Employment Tribunals: Enforcement of Employment Rights by EU-8 Migrant Workers' 47 *Industrial Law Journal* 2 (2018) 249）。
(481)　Interim DLME (n 467) 17.
(482)　Interim DLME (n 380) figure 1.1.
(483)　TUC, *TUC action plan to reform labour market enforcement* (2021) para 48.

第3章　検　討

◈ 第2節　民営職業斡旋事業法制の履行確保機構の果たす役割

1　民営職業斡旋事業法制の履行確保機構による履行確保の対象者

　2003年民営職業斡旋事業行為規則23条において，民営職業斡旋事業者は，別の民営職業斡旋事業者を介して，求職者・派遣労働者を紹介または派遣することができると規定されている。

　民営職業斡旋事業者基準監督機関の管轄法令である民営職業斡旋事業法および2003年民営職業斡旋事業行為規則は，民営職業斡旋事業者の義務を規定するものであり，民営職業斡旋事業者基準監督機関の監督・調査対象も，派遣先や仲介者ではなく，民営職業斡旋事業者に限定されている。ギャングマスター及び労働者酷使取締局もその対象はギャングマスター（農業，採貝漁業，および農作物または貝・魚類の加工梱包業に労働者を供給する民営職業斡旋事業者）に限定されている。そのため，派遣先および仲介者には民営職業斡旋事業者基準監督機関またはギャングマスター及び労働者酷使取締局の権限が及ばない。現行法下においては，派遣就労者が，仲介者の労働者であれば，仲介者が派遣就労者に対して最低賃金未満の賃金を支払っている場合には，歳入税関庁（最低賃金履行確保チーム）の管轄となるが，最低賃金以上の賃金を支払ってさえいれば，派遣就労者の報酬から（派遣）手数料を控除して，報酬を支払っていたとしても，（労働者派遣事業者であれば，有料職業紹介にあたり，民営職業斡旋事業者基準監督機関またはギャングマスター及び労働者酷使取締局による権限が及ぶのに対して）仲介者には，歳入税関庁（最低賃金履行確保チーム）および民営職業斡旋事業者基準監督機関の権限が及ばず，派遣就労者は引き下げられた報酬を受け取るほかない。

2　管　轄　法　令

　民営職業斡旋事業法制として，民営職業斡旋事業法，2003年民営職業斡旋事業行為規則，派遣労働者規則，およびギャングマスター（許可制度）法があ

147

第2部　民営職業斡旋事業法制の履行確保

るが，このうち派遣労働者規則は，いかなる履行確保機構によっても管轄されていない。

派遣労働者規則は，派遣就労者のうち，労働者（worker）に該当する派遣労働者と派遣先労働者間の均等待遇原則を定める。派遣労働者は，12週間継続して同一の派遣先で同一の役割を引き受けることにより，派遣先によって直接雇い入れられていれば適用される基本的労働・雇用条件が適用されることから，均等待遇原則は派遣労働者の就労条件を，派遣先労働者の基本的労働・雇用条件にまで引き上げるものとなる。しかし，派遣労働者規則は，いかなる履行確保機構によっても管轄されていないことから，労働者派遣事業者または派遣先が均等待遇原則に反している場合，派遣労働者は，自ら雇用審判所に訴えを提起するしか権利救済手段がない。

3　ギャングマスター(許可制度)法の適用範囲

ギャングマスター（許可制度）法は，全産業を対象としておらず，農業，採貝漁業，および農作物または貝・魚類の加工梱包業にその対象が限定されており（3条），これらの産業に従事させるために労働者を他者に供給する事業者を取り締まる法律である。ギャングマスター及び労働者酷使取締局による許可制では，許可の許否判断のために，ギャングマスター及び労働者酷使取締局により，民営職業斡旋事業者に対して監督・調査が行われるため，許可制は事前対策的な履行確保手段として機能するものとなる。

ギャングマスター（許可制度）法の適用を避けるために他の産業部門において，労働搾取を行う民営職業斡旋事業者がいること[484]，移民労働者を搾取する民営職業斡旋事業者に対して，民営職業斡旋事業者基準監督機関の活動を集中させれば，（現状でも財源が不足しているにもかかわらず）その他の民営職業斡旋事業者に対する調査または法令遵守のための周知活動を減少させることから[485]，ギャングマスター（許可制度）法の適用対象をいくつかの産業に拡大すべきという指摘はある。例えば，下院議員（労働党）ジム・シェリダン（Jim

---

[484]　ibid 433-434.
[485]　Wynn (n 320) 69.

148

第 3 章　検　討

Sheridan）は，2007 年に許可制の対象産業に建築業を追加する法案（Gangmasters Licensing Act 2004（Amendment）Bill）を提出し，TUC は 2008 年に，許可制の対象産業を拡大する必要があると指摘し[486]，労働市場エンフォースメント室長（Director of Labour Market Enforcement：以下，「DLME」とする。）[487] は，2018 年労働市場エンフォースメント戦略（labour market enforcement strategy：以下，「LME 戦略」とする。）[488] において[489]，許可制の対象産業の拡大を政府に勧告した。また，SEB の設置に関する意見聴取の見解においても，許可制の拡大が要請された[490]。

　2016 年移民法付則 3 では，ギャングマスター（許可制度）法 3 条 5 項に(b)を挿入することで，規則を制定することによって新たな産業部門にギャングマスター（許可制度）法を適用できる権限が国務大臣に与えられた。これにより，ギャングマスター（許可制度）法の適用対象を拡大させることが見込まれていたが[491]，現在もその対象はギャングマスター（許可制度）法の制定当時と変更がない。したがって，ギャングマスター（許可制度）法およびギャングマスター及び労働者酷使取締局の適用は，一部の産業部門における民営職業斡旋事業者に限定されている。

4　民営職業斡旋事業者基準監督機関およびギャングマスター及び労働者酷使取締局の履行確保手法

　履行確保機構による権限の行使は，大きく 2 つのアプローチに分かれている

---

(486)　TUC（n 379）154.

(487)　DLME は，労働関連法制の履行確保をより実効的なものにするために，歳入税関庁（最低賃金履行確保チーム），民営職業斡旋事業者基準監督機関，およびギャングマスター及び労働者酷使取締局の連絡機構として 2016 年移民法 1 条により設置された。

(488)　LME 戦略は，歳入税関庁（最低賃金履行確保チーム），民営職業斡旋事業者基準監督機関，およびギャングマスター及び労働者酷使取締局，ならびにこれらの所管省庁であるビジネス産業省および内務省に対する個別または全体の勧告文書としての機能を果たしている。

(489)　DLME（n 402）102.

(490)　BEIS（n 14）12.

(491)　Davies（n 411）433.

149

第2部　民営職業斡旋事業法制の履行確保

とされる[492]。ひとつは,「遵守アプローチ（compliance approach）」である。これは,使用者に対する法令遵守の説得または教育として作用する権限を中心として自己の権限を行使する手法を意味する。もうひとつは,「抑止アプローチ（deterrence approach）」である。これは,使用者に対して法違反の抑止力として作用する権限を中心として自己の権限を行使する手法を意味する。

　民営職業斡旋事業者基準監督機関の使命は,とりわけ脆弱な派遣労働者の権利を保障すること,および仕事を見つけるために民営職業斡旋事業者のサービスを利用するすべての者が公正に取り扱われることを保障するために,民営職業斡旋事業者,使用者,および求職者・派遣労働者と協力することであるとされている[493]。そのため,民営職業斡旋事業者基準監督機関係官は,使用者の遵守を促す警告文書の交付や電話指導といった教育的な権限行使（遵守アプローチ）を中心としている[494]。

　ギャングマスター及び労働者酷使取締局の権限行使は,無許可ギャングマスターによる法違反と許可取得事業者による法違反でそのアプローチが異なっている。無許可ギャングマスターによる法違反に対しては抑止アプローチを中心としているが,他方で,許可取得事業者に対しては遵守アプローチを中心としている[495]。また,現代奴隷の犯罪行為に対しては抑止アプローチを中心としている[496]。

　民営職業斡旋事業者に対する民営職業斡旋事業者基準監督機関の実際の権限行使は,法的拘束力のない警告文書を中心としており,禁止命令や刑事訴追が生ずることはほとんどない[497]。ギャングマスター及び労働者酷使取締局は,一部の法違反事業者（無許可事業者）または現代奴隷法違反事業者に対しては強行的な権限を行使しているが,その他の民営職業斡旋事業者については,説得・助言といった啓発活動を中心としている。

---

[492]　DLME（n 402）32.

[493]　BIS, *Employment Agency Standards Inspectorate: Enforcement Statement*（2016）para 1.

[494]　DLME（n 402）33.

[495]　ibid.

[496]　ibid.

[497]　DBT, *Employment Agency Standards（EAS）Inspectorate: Annual Report 2021-2022*（2023）.

第3章　検　討

　以上のように，民営職業斡旋事業者基準監督機関およびギャングマスター及び労働者酷使取締局が，民営職業斡旋事業法制の履行確保に果たす役割には，適用範囲および方法において限界があるというのが現状である。

第 3 部

差別禁止法の履行確保

◈ はじめに

イギリスでは，2024年現在，差別禁止法として，2010年平等法が制定されている。2010年平等法は，雇用だけでなく，サービス，不動産，教育，交通機関といった分野（以下，「非雇用分野」とする。）における差別行為を禁止している。2010年平等法において禁止される差別行為は，直接差別および間接差別だけでなく，ハラスメント等も含まれる。

2010年平等法の履行確保機構として，平等・人権委員会が設置されている。平等・人権委員会の設置および権限については，2006年平等法（Equality Act 2006）に規定されている。平等・人権委員会は，労働関連法制に係る他の履行確保機構と比較すると，①差別行為に係る審問・調査権限，②違法な差別行為を回避することを目的としたアクション・プランの提出を義務づける権限，③①および②の代わりに，違法な差別行為に着手しないと約する協定を使用者と締結する権限，ならびに違法な差別行為に係る訴えを裁判所に提起する権限等，差別行為の是正を要請する権限から差別行為を強制的に是正させる権限まで幅広い権限を有する。2010年平等法において，雇用に係る法規定では，違法な差別行為についてその責任を負うのは，実際の行為者だけでなく，その行為者の「使用者」も含まれる（2010年平等法109条）。したがって，平等・人権委員会の権限は，行為者である労働者の使用者にも及ぶ。

イギリスでは，移民流入を背景として，1960年代から，人種差別を禁止する法令およびその履行確保機構が制定・設置されていた。平等・人権委員会が上記のような幅広い権限を有しているのは，差別禁止法が初めて制定された1965年から現在に至るまでの約60年間において生じた国際的・政治的・社会的変遷を背景として履行確保機構による差別禁止法の履行確保手法が変遷してきたことによる。

差別行為からの救済は，金銭賠償だけではなく，差別のない状態にすることをも意味する。2010年平等法に係る平等・人権委員会の権限は，そのために機能できているのか。本部の目的は，SEBとの統合の必要性が指摘されてい

第3部　差別禁止法の履行確保

るが，現在のところ政府において検討が行われていない平等・人権委員会の管轄法令および権限の歴史的変遷を整理し，歳入税関庁（最低賃金履行確保チーム）とは若干異なるが，平等・人権委員会による民事救済権限が，差別禁止法の履行確保および労働者の保護にどのように作用しているかに係る特徴を明らかにすることにある。これにより，差別禁止法の履行確保機構における課題を明らかにしたい。

　以下では，第1章において，イギリスにおける差別禁止法の歴史的変遷を，第2章において，差別禁止法の履行確保機構の歴史的変遷をそれぞれ整理する。第3章では，イギリスにおける差別禁止法およびその履行確保機構の特徴，意義，課題をそれぞれ検討する。

156

第1章　差別禁止法の歴史的変遷

　イギリスでは，2010 年平等法が，年齢，障害，性転換（gender reassignment）[498]，婚姻・シビルパートナーシップ[499]，妊娠・出産，人種，宗教もしくは信条，性別，性的指向（sexual orientation）[500] という 9 つの保護特性（protected characteristics）（4 条）を理由とした差別を禁止している。そして，2010 年平等法の履行確保機構として，平等・人権委員会が設置されている。労働関連法制に係る他の履行確保機構と比較して，平等・人権委員会には，その権限として，調査において違法行為が明らかになった際に違法行為通告（unlawful act notice）を交付する権限，提訴権が付与されていることに特徴がある。違法行為通告は，その受領者に対して，違法行為を回避することを目的としたアクション・プランを作成・提出するよう求めるものである。また，違法行為通告において，平等・人権委員会は，違法行為を回避するために講じられるべき措置をその受領者に勧告することができる。さらに，平等・人権委員会は，裁判所にアクション・プランに従う命令を申請することができる。この命令に反する場合には，罰則が設けられている。2010 年平等法の履行確保手段として，金銭賠償ではなく，会社自体による会社のあり方を改善できる権限が，平等・人権委員会に与えられていることに特徴がある。このような権限は，2010 年

---

[498]　性転換の保護特性をもつ者とは，生物学的またはその他の性的属性を変更することによって，自己の性別を再指定することを目的とするプロセス（もしくはプロセスの一部）を得る予定である，そのプロセスを経ている，または過去にそのプロセスを経た者をいう（7 条）。2010 年平等法の注釈（Explanatory Notes）によると，人は，医学的・外科的治療なく，性転換という保護特性をもつ者として，同法の保護を受けることができる。

[499]　シビルパートナーシップは，2004 年シビルパートナーシップ法（Civil Partnership Act 2004）に基づいて登録されたシビルパートナーシップを意味する。2004 年シビルパートナーシップ法に基づくシビルパートナーシップ制度では，シビルパートナーズとして登録した異性・同性カップルに対して婚姻に準じた権利・責任を付与する。

[500]　性的指向の保護特性をもつ者とは，ゲイ，レズビアン，異性愛者，バイセクシュアルと定義される（2010 年平等法 12 条）。

157

第 3 部　差別禁止法の履行確保

平等法の履行確保手段としてはじめて導入された権限ではなく，2010 年平等法の制定前の差別禁止法においても類似した権限を当時の履行確保機構に付与していた。

2000 年代に入るまでに，性差別を禁止する 1970 年同一賃金法（Equal Pay Act 1970）および 1975 年性差別禁止法（Sex Discrimination Act 1975），人種差別を禁止する 1976 年人種関係法（Race Relations Act 1976），障害者差別を禁止する 1995 年障害者差別禁止法（Disability Discrimination Act 1995）がそれぞれ制定されていた。2000 年代に入ると，EU 指令を実施するために，雇用および職業訓練における性的指向，宗教もしくは信条，年齢を理由とする差別を禁止する 2003 年雇用平等（性的指向）規則（Employment Equality（Sexual Orientation）Regulations 2003）および 2003 年雇用平等（性的指向）（修正）規則（Employment Equality（Sexual Orientation）（Amendment）Regulations 2003），2003 年雇用平等（宗教または信条）規則（Employment Equality（Religion or Belief）Regulations 2003）および 2003 年雇用平等（宗教または信条）（修正）規則（Employment Equality（Religion or Belief）（Amendment）Regulations 2003），ならびに 2006 年雇用平等（年齢）規則（Employment Equality（Age）Regulations 2006）が制定された。

イギリスでは，第一に，差別禁止法として，複数の法律と規則が，体系的ではなく，問題が生じるその都度，当該問題処理のためにそれぞれ制定されていたことにより，制度体系が複雑化していた。また，第二に，EU 指令に基づいて制定された上記規則には，履行確保機構が設置されていなかった。このような状況は，履行確保機構の存否等，差別事由によって保護内容の差異を生じさせていたと指摘される[501]。これらを背景として，差別行為を禁止する既存の法律および規則を統合する 2010 年平等法が制定された[502]。そして，その履行確保機構として平等・人権委員会が設置された。

平等・人権委員会が設置されるまでは，差別禁止法の履行確保機構として，1975 年性差別禁止法について機会均等委員会（Equal Opportunities Commission）が，1976 年人種関係法について人種平等委員会（Commission for Racial

---

[501]　宮崎由佳「イギリス平等法制の到達点と課題」日本労働法学会誌 116 号（2010 年）124 頁。

[502]　浅倉・前掲注(21) 486 頁。

第 1 章　差別禁止法の歴史的変遷

Equality）が，1995 年障害差別禁止法について障害者権利委員会（Disability Rights Commission）が，それぞれ設置されていた。平等・人権委員会の権限は，機会均等委員会，人種平等委員会，および障害者権利委員会の 3 つの委員会の権限から影響を受けていることから，第 1 節では，1975 年性差別禁止法，1976 年人種関係法，および 1995 年障害差別禁止法の制定過程および内容を整理する。第 2 節では，現行の差別禁止法である 2010 年平等法およびその履行確保機構である平等・人権委員会の権限を規定する 2006 年平等法の制定過程および内容を整理する。

第 1 節　2010 年平等法以前の差別禁止法

1　1975 年性差別禁止法

(1) 制 定 過 程

イギリスにおいて，第二次世界大戦前，女性は，学校卒業から結婚するまでの期間のみ労働市場に参入するものと考えられていたが，第二次世界大戦後，女性の就業状況は大きく変化し，既婚・未婚にかかわらず，女性の就業人口が増加していた[503]。しかし，このような就業状況の変化にもかかわらず，職場での女性の処遇は，不平等かつ不公正であり，「女性」というだけで，未熟練男性労働者よりはるかに低い賃金で働かされ，職業訓練を受けられず，昇進の機会もなかったとされる[504]。1919 年性別による欠格条項（排除）法（Sex Disqualification（Removal）Act 1919）は，性別または婚姻を理由として，公職に就く資格や大学に入学する資格等を奪われないと規定したが，女性の賃金向上を目的とするものではなかった[505]。

世界的には，第一次世界大戦中における女性の労働市場への進出が，1919

---

[503]　Home Office, *Equality for Women*（Cmnd 5724, 1974）para 6.

[504]　ibid para 8.

[505]　第二次世界大戦前の性差別禁止運動については，Jenny Morris（n 38）esp. ch 3 and 9; Simon Deakin and Gillian S Morris, *Labour Law*（Hart Publishing, 6th edition, 2012）para 6.3 を参照。

159

第3部　差別禁止法の履行確保

年 ILO 憲章内における「同一価値労働男女同一報酬の原則」につながり，さらに，第二次世界大戦から戦後にかけての女性の労働市場への進出と，それに伴う女性の低賃金，男女の賃金格差問題が，1951 年 ILO100 号条約（同一価値労働男女同一報酬原則），1957 年 EC 設立に関するローマ条約（男女間の同一労働同一報酬原則）の採択の背景とされる[506]。

　イギリスでは，第二次世界大戦後，とりわけ 1970 年代に，1970 年同一賃金法と 1975 年性差別禁止法という性差別を禁止する法律の整備が進展した。これは，第一に，欧州経済共同体（EEC）への加盟のために（イギリスは，1973年に EEC に加盟した。），設立条約であるローマ条約の要請に基づいた法整備の必要性が背景にあったとされる[507]。第二に，1968 年にロンドン東部のダゲナムにあるフォード工場の女性縫製機械工が，男女同一賃金を求めて起こしたストライキが契機であったとされる[508]。

　まず，1970 年同一賃金法では，職務評価において，女性労働者の労働が，男性労働者の労働と「同一労働」もしくは「同等と評価される労働」と認められる場合にのみ，同一賃金が適用される（1 条）と規定された。同一労働もしくは同等と評価される労働と認められる場合，女性の雇用契約に自動的に「同一賃金条項（equal pay clause）」が挿入され，男性の契約条件と同じ条件が女性の契約条件となる（1 条）と規定された。男女間の労働が同一労働もしくは同等と評価される労働と認められるためには，その前提として，使用者が当該労働者の職務評価を行う必要がある。しかし，1970 年同一賃金法では，使用者に職務評価を行う義務も，労働者に職務評価の結果に不服申立てを行う権利も規定されていなかった。そのため，1970 年同一賃金法は，職務評価を行うべきとする ILO 第 90 号勧告（同一報酬勧告）（Equal Remuneration Recommendation, 1951（No. 90））を満たしていなかった[509]。

---

[506]　高島道枝「イギリス『同一賃金法』（Equal Pay Act）の研究（上）── その機能と問題点」季刊労働法 112 号（1979 年）168 頁。

[507]　Pond and Winyard (n 96) 27.

[508]　Brigid Francis-Devine and Daniel Ferguson, '50 years of the Equal Pay Act' (House of Commons Library, 28 May 2020) 〈https://commonslibrary.parliament.uk/50-years-of-the-equal-pay-act/〉 accessed 31 July 2024.

[509]　Deakin and Morris (n 505) para 6.3.

第 1 章　差別禁止法の歴史的変遷

　次に，1975 年性差別禁止法は，アメリカ法の影響を受けて形成された[510]。イギリスにおける最初の差別禁止法である 1965 年人種関係法（Race Relations Act 1965）および 1968 年人種関係法（Race Relations Act 1968）は，人種を理由とした直接差別を禁止するものであり，形式的平等を実現しようとするものであったが，1975 年性差別禁止法は，アメリカの差別的インパクト（間接差別）法理を採用して，直接差別だけでなく，間接差別も禁止するものとなった[511]。

　1970 年同一賃金法により賃金に関する性差別が，1975 年性差別禁止法により雇用分野における賃金以外の性差別が，それぞれ禁止された。なお，1970 年同一賃金法および 1975 年性差別禁止法における性差別は，男女差別を意味し，性的指向等を含まない。

　1970 年同一賃金法は，団体交渉を通じた自主的遵守を促すとともに，使用者にその遵守のための準備期間を与えるためにその施行が 5 年間遅れ[512]，1970 年同一賃金法は，1975 年性差別禁止法とともに，1975 年 12 月 29 日に同時に施行された。1970 年同一賃金法では，その履行確保機構の設置はないが，1975 年性差別禁止法において，1970 年同一賃金法も管轄法令とする履行確保機構が設置された。以下では，1975 年性差別禁止法を中心にその内容を整理する。

(2) 内　容

　1975 年性差別禁止法は，雇用だけでなく，非雇用分野における性差別を禁止しており，同法により禁止される差別行為（直接差別，間接差別，報復等）を第 1 部および第 4 部に規定している。雇用分野における性差別の禁止は第 2 部に，非雇用分野における性差別の禁止は第 3 部に，例外規定は第 5 部に，履行確保機構である機会均等委員会の設置およびその権限は第 6 部に，労使審判所（industrial tribunal）の審判権は第 7 部にそれぞれ規定されている。以下，第 1 部，第 2 部，第 4 部，および第 7 部を中心に，1975 年性差別禁止法の内容を

---

[510]　1975 年性差別禁止法へのアメリカ法の影響は，当時の内務大臣のアメリカ訪問を契機としていると指摘されている。アメリカ法の影響については，浅倉むつ子『男女雇用平等法論 —— イギリスと日本』（ドメス出版，1991 年）446 頁以下を参照。

[511]　同上。

[512]　Deakin and Morris（n 505）para 6.3.

161

第3部　差別禁止法の履行確保

整理し，機会均等委員会の設置・権限に関する第6部の内容は，第2章におい
て後述する。

(a) **1975年性差別禁止法により禁止される差別行為**　　1条および2条は，
性別を理由とした直接差別と間接差別を規定する。すなわち，女性であること
を理由として，女性を男性より不利に処遇（直接差別）する，または，男性に
適用される性別以外の条件を女性に等しく適用する場合であっても，(i) その
条件を満たす女性の割合が男性の割合よりはるかに少なく，(ii) その条件を満
たすことが性別に関連せず正当であると証明できない場合で，かつ (iii) その
条件を満たさないゆえに，女性に不利益を与えている場合は，女性に対して差
別（間接差別）するものとして禁止する（1条）。1条，第2部，および第3部
の条文は，妊娠もしくは出産に関連して女性に与えられる特別な処遇を除き，
男性に対する直接差別と間接差別にも等しく適用される（2条）。3条は，既婚
者であることを理由とした直接差別と間接差別の禁止を規定する。4条は，
1975年性差別禁止法もしくは1970年同一賃金法に基づく訴訟手続，同訴訟手
続に係る証拠もしくは情報の提供等を理由として，他者より不利に処遇する
（報復による）差別を禁止する。

(b) **雇用（employment）[513] 分野における（求職者および労働者に対する）性差別**
(i) 募集，(ii) 採用決定，(iii) 雇用条件において，女性に対して差別すること
は違法な差別行為となる（6条1項）。また，(イ) 昇進，異動，職業訓練，ま
たはその他福利厚生（benefits）において，女性（男性）に対して差別すること
は違法な差別行為となる（6条2項）。さらに，(ロ) 解雇することもしくはそ
の他の不利益を与えることによって，女性（男性）に対して差別することは違
法な差別行為となる（6条2項）。男性（女性）であることが，職務を遂行する
上で特に必要がある場合において，男女間で差別を行うことは，違法な差別行
為とはならない（7条）。また，1975年性差別禁止法は，使用者による労働者
もしくは求職者に対する女性であることを理由とした差別だけでなく，発注元
（principal）による「請負労働者（contract workers）」に対する女性であること
を理由とした差別も違法な差別行為として禁止する（9条）。請負労働者は，発

---

(513)　雇用は，雇用契約もしくは見習契約（contract of apprenticeship），または非代替的
　　　に仕事もしくは労働を提供する契約に基づく雇用を意味する（82条）。

162

注元によって雇用されていないが，発注元のために仕事を行う者を意味する。さらに，民営職業斡旋事業者による女性を理由とした差別も違法行為として禁止する（15条）。

(c) **差別的慣行・広告・指示・圧力**　「差別的慣行」とは，第2部（雇用分野における差別）もしくは第3部（非雇用分野における差別）によって違法とされる差別行為につながるまたはそれがすべての同一の性別にのみ適用されるわけでなくとも，違法な差別行為につながる可能性のある条件を意味する（37条1項）。このような差別的慣行を適用することは違法である（37条2項）第2部または第3部によって違法とされる差別行為をする意図を示すまたは示すと合理的に理解される可能性のある広告を掲載することは違法である（38条1項）。ウェイター，ポストマン，もしくはスチュワーデス等，性差別的な意味を含む語を用いる場合，その広告内において差別的意図のないことを示していない限り，差別を意図するものとみなされる（38条3項）。第2部または第3部によって違法とされる差別行為をするように指示すること，またはそのような行為を実行させるもしくは実行させようと試みることは，違法である（39条）。（イ）なんらかの利益を提供するか提供することを申し出ることにより，または（ロ）なんらかの不利益を前提として服従させるもしくは脅迫することによって，雇用その他の分野における差別により違法とされる行為をするよう人を誘導することは違法である（40条）。

37条〜40条違反の履行確保は，機会均等委員会による手段（差別停止通告（non-discrimination notice）の交付，提訴等）に限定されている（37条，72条）。

(d) **使用者責任または発注元責任**　使用者により雇用される人または発注元より仕事を請け負う人によってなされた行為は（そのような行為を防止する合理的な措置を講じていることを証明できる場合を除き），使用者または発注元の認識または承認を得て行われたか否かにかかわらず，その本人による行為と同じく，使用者または発注元によって行われたものとして取り扱われる（41条）。

(e) **機会均等委員会の設置・権限**　53条〜61条において，機会均等委員会の設置およびその権限が定められている。1968年人種関係法により設けられていた苦情処理手続の失敗を踏まえて，1975年性差別禁止法（および1976年人種関係法）の草案者は，会社を調査して差別をなくすためには，行政機関による権限の行使が必要であるとして機会均等委員会（および人種平等委員会）

第3部　差別禁止法の履行確保

の権限を構想していたとされる[514]。機会均等委員会およびその権限の具体的内容は第2章において後述するが，機会均等委員会は，これまでに設置されていた差別禁止法の履行確保機構である人種関係委員会（Race Relation Board）の権限とは異なり，調査の実施（57条）および差別をなくすための差別停止通告の交付（67条）等，新たな権限が付与された。

　(f) 労使審判所の審判権　　1965年・1968年人種関係法では，第2部において違法とされる差別行為（雇用分野における差別）についての法違反に対する提訴権が個人に与えられていなかったが，1975年性差別禁止法では，労使審判所への提訴権が与えられた（63条）。労使審判所は，救済として，申立人および被申立人の権利を明らかにする命令，当該申立てに係る差別行為が申立人に与える不利益を防止・軽減する目的で，所定期間内に被申立人が講ずべき措置の勧告を行うことができる（65条）。

2　1976年人種関係法

(1) 制 定 過 程

　コモン・ロー上，人種差別は，性差別と同様に，契約自由の問題であり，使用者は，人種を理由として採用を拒否したり，解雇したりすることができると考えられていた[515]。人種差別禁止法を整備する契機となったのは，大規模な移民のイギリスへの流入にある。1976年人種関係法の制定前，カリブ海地域およびインド亜大陸からの移民に広がっていた差別に反対する運動への労働党による対応として[516]，1965年人権関係法が制定されていた。1965年人権関係法は，ホテル，レストラン，劇場，映画館，公共交通機関等の公共の場における直接人種差別を禁止した（1条）。また，1965年人種関係法によって，差別禁止法の履行確保機構として，はじめて人種関係委員会が設置された（2条）。その後，1968年人種関係法（Race Relations Act 1968）により，直接人種差別禁止の対象が，公共の場から，雇用分野へと拡大された。

　1965年人種関係法では，肌の色，人種，出自を理由として差別されたとし

---

[514]　Bob Hepple, *Equality: The Legal Framework* (2014) 183.

[515]　*Allen v Flood* [1898] AC 1 172.

[516]　Hepple (n 514) 11.

第 1 章　差別禁止法の歴史的変遷

ても，法違反を理由として裁判を起こすことはできず，まずは，地方調停委員会（local conciliation committees）による調停を経なければならなかった（2条3項）。そして，調停によっても差別を是正できない場合にのみ，人種関係委員会が民事訴訟（当該個人に対する人種を理由とした差別に係る訴訟）を行うことができた（2条，3条）。差別行為があるというだけでなく，当該差別行為をする者によりその行為が繰り返されそうであるという場合においてのみ，裁判所は，そのような状況を是正するために差止命令（injunction）を出すことができた（3条1項）。1968年人種関係法では，法の対象を雇用に拡大するにあたり，人種関係委員会，地方調停委員会，または国務大臣に，雇用差別に関する申立てを行った場合，国務大臣はまず，その差別が行われている組織体において，その申立てを処理する適切な苦情処理機構があるか否かを判断し，それがあれば，当該機構に調査を命ずるものと規定されていた（付則2）。このような履行確保手段は，当時，労使関係において支配的であった集団的レッセフェールに調和するものであったと指摘されている[517]。TUC および CBI はともに，労使関係における人種差別について法的介入を完全に排除することを支持していた[518]。実際に，差別を対処するための最終手段となる人種関係委員会による民事訴訟はほとんど活用されなかったとされる[519]。

　1965・1968年人種関係法は，人種を理由とした直接差別を禁止するもので，間接差別を禁止していなかったこと，ならびに，会社内の苦情処理機構は会社により管理されていることから，差別に適切に対処できていなかったこと，会社内の苦情処理機構が機能しない場合にしか，人種関係委員会はその権限を行使できず，差別への対処は個人による申し立てに依拠していたこと等の問題が指摘されていた[520]。

　このような1965・1968年人種関係法の履行確保規定における欠点から，前述の1975年性差別禁止法では，既存の差別禁止法であった1965・1968年人種

---

[517]　ibid 12.

[518]　Bob Hepple, *Race, jobs and the law in Britain* (Penguin Books, 2nd, 1970) 170 and ch 8.

[519]　Hepple (n 514) 12.

[520]　Bob Hepple, 'Agency Enforcement of Workplace Equality' in Linda Dickens (ed), *Making Employment Rights Effective* (Oxford and Portland, Oregon, 2012) 51.

第 3 部　差別禁止法の履行確保

関係法に依拠せず，1975 年性差別禁止法の履行確保において異なるアプローチが採用された[521]。そして，1976 年人種関係法に先立って，既に制定されていた 1975 年性差別禁止法の履行確保アプローチを人種関係法の分野にも適用するために，労働党政府により，1976 年人種関係法が制定された。1976 年人種関係法は，1965・1968 年人種関係法により設置されていた人種関係委員会を，人種平等委員会に置き換えて，新たな権限を付与した。以下，1976 年人種関係法の内容を整理する。

(2) 内　容

　1976 年人種関係法は，雇用だけでなく，非雇用分野における人種差別を禁止するとともに，同法により禁止される差別行為（直接差別，間接差別，報復等）を第 1 部および第 4 部に規定している。雇用分野における人種差別の禁止は第 2 部に，非雇用分野における人種差別の禁止は第 3 部に，1976 年人種関係法の履行確保機構である人種平等委員会の設置・権限は第 7 部に，労使審判所の審判権は第 8 部にそれぞれ規定されている。以下，第 1 部，第 2 部，第 4 部，および第 8 部を中心に，1976 年人種関係法の内容を整理し，人種平等委員会の設置・権限に関する第 7 部の内容は，第 2 章において後述する。

　(a) 1976 年人種関係法により禁止される行為　　1 条は，「人種的な理由（racial grounds）」による直接差別と間接差別を規定する。すなわち，人種的な理由によって，人（A）を他者（B）より不利に処遇（直接差別）する，または，B に適用される人種以外の条件を A に等しく適用する場合であっても，(i) その条件を満たす A の該当する「人種グループ（racial group）」の割合が B の該当する人種グループの割合よりはるかに少なく，(ii) その条件を満たすことが，人種，国籍，出自に関連せず正当であると証明できない場合で，かつ (iii) その条件を満たさないゆえに，A に不利益を与えている場合は，A に対して差別（間接差別）するものとして禁止する（1 条 1 項）。また，人種的な理由から，A を B と隔離することは，A を B よりも不利に処遇するものとされ，禁止される（1 条 2 項）。人種的な理由とは，肌の色，人種，または出自を意味し，人種グループは，肌の色，人種，または出自により特徴づけられる人の集

---

[521]　Home Office, *Racial Discrimination*（White Paper, Cmnd 6234, 1975）para 48.

団を意味する（3条）。2条は，1976年人種関係法に基づく訴訟手続，同訴訟手続に係る証拠もしくは情報の提供等を理由として，差別者（A）が，その被差別者（B）を他者より不利に処遇する場合，AはBに対して（報復により）差別するものとして禁止する。

(b) **雇用分野における（求職者および労働者に対する）人種差別**　　(i) 募集，(ii) 採用において，特定の人種グループに対して差別することは違法な差別行為となる（4条1項）。また，（イ）雇用条件において，（ロ）昇進，異動，職業訓練，またはその他福利厚生において，差別することは違法な差別な差別行為となる（4条2項）。さらに，（ハ）解雇することもしくはその他の不利益を与えることによって，その労働者を差別することは違法な差別行為となる（4条2項）。もっとも，特定の人種グループであることが，職務を遂行する上で特に必要がある場合において，人種グループ間で差別を行うことは，違法な差別行為とはならない（5条）。

また，1976年人種関係法は，人種を理由とした使用者による労働者もしくは求職者に対する差別だけでなく，発注元による請負労働者に対する差別も違法な差別行為として禁止する（7条）。さらに，民営職業斡旋事業者による差別も違法な差別行為として禁止する（14条）。

(c) **差別的慣行・広告・指示・圧力**　　1975年性差別禁止法と同じく，1976年人種関係法は，28条〜31条において，差別的慣行・広告・指示・圧力を違法な差別行為と定める。28条〜31条違反の履行確保は，人種平等委員会による手段に限定されている（1976年人種関係法28条3項，63条）。

(d) **使用者責任または発注元責任**　　使用者により雇用される人または発注元により仕事を請け負う人によってなされた行為は（そのような行為を防止する合理的な措置を講じていることを証明できる場合を除き），使用者または発注元の認識または承認を得て行われたか否かにかかわらず，その本人によるものと同じく，使用者または発注元によって行われたものとして取り扱われる（32条）。

(e) **人種平等委員会の設置と権限**　　43条〜69条において，人種平等委員会の設置およびその権限が定められている。人種平等委員会およびその権限の具体的内容は第2章において後述するが，人種平等委員会は，機会均等委員会と同じく，調査の実施（48条）および差別をなくすための差別停止通告の交付（58条）等の権限が付与された。

第3部　差別禁止法の履行確保

（f）労使審判所の審判権　1975年性差別禁止法と同じく，1976年人種関係法では，第2部において違法とされる差別行為（雇用分野における差別）についての法違反に対する労使審判所への提訴権が個人に与えられている（54条）。

3　1995年障害者差別禁止法

(1) 制 定 過 程

イギリスでは，1944年障害者（雇用）法（Disable Persons（Employment）Act 1944）と1945年障害者（雇用）法（北アイルランド）（Disable Persons（Employment）Act（Northern Ireland）1945）おいて，使用者にその雇用する者の3％まで障害者を雇用することを義務づける割当雇用制度が導入されていた。しかし，障害者の側から，①過度な保護介入（paternalism）に対する批判があり，障害者の平等権保障および自立支援が要請されていたこと，②割当雇用制度には強制力がなく，また障害者自身による利用率の低さゆえに，同制度が機能していなかったこと，③アメリカにおける障害者の差別禁止を定める1990年障害のあるアメリカ人法（Americans with Disabilities Act of 1990）の制定に刺激を受けて，イギリスにおいても同様の法律を制定させるために16人ほどの議員立法案が提出されていたことを背景として[522]，保守党政府は，「障害者差別禁止法案」を提出した。法案審議過程において，同法案における20人未満の労働者を雇用する使用者の適用除外や履行確保機構の未設置等に批判が生じたが[523]，この点を変更することなく，保守党政府は1995年障害者差別禁止法を制定した。

1995年障害者差別禁止法では，1944年障害者（雇用）法において規定されていた割当雇用制度を廃止して，その代わりに，求職者および労働者に対する障害者であることを理由とする差別を禁止した。その後，労働党政権時，1999年障害者権利委員会法（Disability Rights Commission Act 1999）により，1995年障害者差別禁止法の履行確保機構として，障害者権利委員会が設置された。

---

[522]　Hepple（n 514）13.

[523]　1995年障害者差別禁止法の法案審議過程，割当雇用制度の具体的な内容は，鈴木隆「イギリス1995年障害者差別禁止法の成立と障害者雇用（一）・（二）」島大法学40巻4号（1997年）39-85頁，41巻2号（1997年）49-82頁を参照。

第1章　差別禁止法の歴史的変遷

障害者権利委員会は，機会均等委員会および人種平等委員会の権限にならって設置された。

(2) 内　容

1995年障害者差別禁止法[524]は，雇用だけでなく，非雇用分野における障害者差別も禁止している。障害および障害者を第1部において定義し，雇用分野における障害者差別の禁止およびその履行確保手段は第2部に，非雇用分野における障害者差別の禁止は第3～5部に，国務大臣の諮問機関の設置およびその権限は第6部にそれぞれ規定されている。以下，第1部，第2部，および第6部を中心に，1995年障害者差別禁止法の内容を整理する。

(a)　「**障害**」**の定義**　　1条1項は，人が，「通常の日常活動（normal day-to-day activities）」を遂行する能力に，実質的かつ「長期的に」不利な影響を及ぼす身体的もしくは精神的損傷（impairment）をもつ場合，その者は「障害」をもつと規定する。「障害者」は，障害をもつ人を意味する（1条2項）。通常の日常活動とは，歩行，運動技能，言語力・聴力・視力，記憶力・集中力・学習能力・理解力，危険察知能力等，付則1に規定されているものを意味する。長期的に不利な影響は，(i) 損傷の影響が少なくとも12ヶ月継続している，(ii) 少なくとも12ヶ月継続する見込みがある，もしくは (iii) その損傷が固定または永続している状態である場合を意味する（付則1）[525]。1995年障害者差別禁止法第1部（障害），第2部（雇用分野における障害者差別），および第3部（非雇用分野における障害者差別）は，過去に障害をもっていた人にも，今現在の障害をもっている人に適用されるのと等しく適用される（2条1項）。

---

[524]　1995年障害者差別禁止法は，EU雇用指令を実施するために制定された2003年障害者差別禁止法（修正）規則（Disability Discrimination Act 1995（Amendment）Regulations 2003）により改正された。例えば，同規則は，1995年障害者差別禁止法5条1項の差別の定義を再定義（3A条）し，さらに差別行為の一形態として新たにハラスメントを定義した（3B条）。2003年障害者差別禁止法（修正）規則による1995年障害者差別禁止法の改正内容は，鈴木隆「イギリス雇用差別禁止法の再編（四）」島大法学48巻4号（2004年）117頁以下を参照。

[525]　1996年障害者差別（障害の定義）規則（The Disability Discrimination（Meaning of Disability）Regulations 1996）4条は，放火癖，盗癖，身体的・性的に他人を虐待する癖，露出症，窃視症は損傷に該当しないと規定する。

第3部　差別禁止法の履行確保

(b) 雇用分野における(求職者および労働者に対する)障害者差別　(i) 募集，(ii) 採用決定において，障害者に対して差別することは違法な差別行為となる（4条1項）。(イ) 雇用条件において，(ロ) 昇進，異動，もしくは職業訓練，またはその他福利厚生において，差別することは違法な差別行為となる（4条2項）。さらに，(ハ) 解雇することもしくはその他の不利益を与えることによって，雇用する障害者を差別することは違法な差別行為となる（4条2項）。

　1995年障害者差別禁止法は，直接差別を違法行為として規定するにとどまり，1975年性差別禁止法および1976年人種関係法とは異なり，間接差別を違法行為として規定していない。ただし，1995年障害者差別禁止法は，使用者が，障害者の障害に関連する理由で，障害者を不利に処遇する場合で，かつ使用者が，当該処遇が正当であることを証明できない場合を，関連差別として禁止する（5条1項）。

　また，障害者に関して使用者に課された合理的調整義務（6条）を遵守できない場合で，かつその義務の不遵守が正当であることを証明できない場合も，使用者は障害者に対して差別するものとする（5条2項）。

　さらに，1995年障害者差別禁止法は，障害を理由とした使用者による労働者もしくは求職者に対する差別だけでなく，発注元による請負労働者に対する差別も違法な差別行為として禁止する（12条）。加えて，使用者により雇用される人によってなされた行為は（そのような行為を防止する合理的な措置を講じていることを証明できる場合を除き），使用者の認識または承認を得て行われたか否かにかかわらず，その本人によるものと同じく，使用者によって行われたものとして取り扱われる（58条）。

(c) 使用者の合理的調整義務（duty of employer to make adjustment）　1995年障害者差別禁止法では，1975年性差別禁止法や1976年人種関係法とは異なり，障害者に対する使用者の合理的調整義務が規定されている。障害者に対する差別是正のためには，性差別や人種差別に係る法律のように不利益な取り扱いを禁止するだけでは足りず，身体的・精神的障害による制限を克服するための合理的な措置が必要であるとして，使用者の合理的調整義務が導入された(526)。使用者の合理的調整義務とは，(i) 使用者によって設けられた仕組みもし

---

(526)　Lord Mackay of Ardbrecknish, HL Deb 22 May 1995, vol 564, col 885.

170

第1章 差別禁止法の歴史的変遷

くは（ii）使用者が占有する施設の物理的特徴が，障害者に，障害のない者と
比較して実質的に不利益を及ぼす場合，その影響をもつ仕組みもしくは特徴を
防ぐために，あらゆる状況において，合理的な措置を講ずる義務である（6条
1項）。（i）は，①雇用する者を決定する仕組み，②雇用，昇進，異動，訓練，
その他福利厚生についてのみ適用される（6条2項）。6条1項を遵守するため
に，障害者に関して使用者が講ずることのできる例として，施設の調整，障害
者の労働時間の変更，障害者の配置転換等が挙げられている（6条3項）。ま
た，6条1項を遵守するために，使用者が講ずる具体的な措置が合理的か否か
を判断する際に，考慮に入れるべき要素として，とりわけ，（イ）その措置を
講ずることが当該不利益な影響を防ぐ程度，（ロ）使用者がその措置を講ずる
ことが実行可能である程度，（ハ）その措置を講ずることによって被る経済的
その他の負担とその措置を講ずることが使用者の活動に支障を来す程度，（ニ）
使用者の財務状況，（ホ）その措置を講ずることに関して使用者の利用できる
資金その他の援助が挙げられている（6条4項）。

　(d) **差別的広告・指示・圧力**　　1995年障害者差別禁止法は，16B条および
16C条において，差別的広告・指示・圧力を違法な差別行為と定める。16B条
および16C条違反の履行確保は，障害者権利委員会による手段に限定されて
いる（17B条）。

　(e) **労使審判所の裁判権**　　1995年障害者差別禁止法は，1975年性差別禁止
法および1976年人種関係法と同じく，第2部（雇用分野における差別）におい
て違法とされている差別行為についての法違反に対する労使審判所への提訴権
を個人に与えている（8条）。1999年障害者権利委員会法において，障害者権
利委員会の設置と権限が規定されるまでは，1995年障害者差別禁止法の履行
確保手段は，個人による提訴に限定されていた。

　(f) **全国障害審議会**　　1995年障害者差別禁止法50条において，「全国障害
者審議会（National Disability Council）」の設置・権限が規定された[527]。全国障害
者審議会は，1975年性差別禁止法および1976年人種関係法に基づいて設置さ
れた機会均等委員会や人種平等委員会とは異なり，1995年障害者差別禁止法

---

[527]　全国障害者審議会は，1999年障害者権利委員会法により障害者権利委員会が設置さ
　　　れた際に廃止された（1999年障害者権利委員会法1条）。

第3部 差別禁止法の履行確保

の履行確保権限のない機構である。全国障害者審議会は，自らもしくは国務大臣による要請を受けて，(i) 障害者に対する差別の解消に関する問題，(ii) 障害者に対する差別を軽減もしくは除去する見込みのある措置，(iii) 1995年障害者差別禁止法の施行に関係する問題について，国務大臣に助言を行う権限を有する（50条）。

　以上のように，2006年平等法が制定されるまで，性別，人種，および障害を理由とした差別を禁止する法律は，それぞれ別個に制定されていた。1965年人種関係法においてはじめて，人種差別を禁止する法律の履行確保機構として人種関係委員会が設置され，その後，1975年性差別禁止法および1976年人種関係法において，現行の履行確保機構の原型となる履行確保機構が設置された。また，1995年障害者差別禁止法の制定時には履行確保機構が設置されなかったが，1999年，労働党政権時に履行確保機構が設置された。もっとも，イギリスにおける差別禁止法は，その対象が，人種，性別，および障害に限定されており，年齢，宗教もしくは信条，および性的指向は対象外であったこと，また，履行確保機構が分立しており，かつその権限等が不整合であったことを背景として，差別禁止法の改正への国際的および国内的プレッシャーがあったとされる[528]。そこで，以下では，差別解消を目的として設けられた既存の委員会を廃止・統合する委員会として，平等・人権委員会を設置した2006年平等法および既存の各差別禁止法を統合した2010年平等法の制定過程および内容を整理する。

---

[528] Bob Hepple, Mary Coussey, and Tufyal Choudhury, *Equality: A New Framework: Report of the Independent Review of the Enforcement of UK Anti-Discrimination Legislation* (HART PUBLISHING, 2000) ch 1.

第1章　差別禁止法の歴史的変遷

◆ 第2節　現行の差別禁止法

1　2006年平等法

⑴ 制定過程

1997年総選挙前に，雇用分野における差別禁止法を研究していた労働法学者であるボブ・ヘップル（Bob Hepple）および貴族院議員であるレスター卿（Lord Lester of Herne Hill QC）率いる小グループは，既存の差別禁止法の問題点を指摘し，新たな法制度のあり方を提案する報告書[529]を作成し，総選挙後に，内務大臣等に対して，差別禁止法の再検討を提案した[530]。同報告書では，単一の平等法が制定されるべきであること，既存の委員会を統合して1つの委員会を設置すべきであること等，計53の勧告が作成され[531]，その内容が労働党政府により支持されていたとヘップルは指摘していたが[532]，2002年10月になるまで，法改正の具体的な動きは生じなかった。

2000年代に入り，EU雇用指令の国内実施のために，性的指向，宗教もしくは信条，年齢を理由とする差別を違法とする規則の制定が求められた。差別理由に応じて法律がそれぞれ制定されるようになったために[533]，差別禁止法の制度体系が複雑化していた。そして，性的指向，宗教もしくは信条，年齢を理由とした差別を新たに禁止する中で，それぞれに新たな履行確保機構を設置することは制度をより複雑にすると指摘されていた[534]。

政府機関と，人種平等委員会，機会均等委員会，障害者権利委員会等との議

---

[529]　ibid.

[530]　Hepple（n 514）3-4.

[531]　Hepple, Coussey, and Choudhury（n 528）.

[532]　Hepple（n 514）4.

[533]　EU指令を実施するために制定された国内法である，2003年雇用平等（性的指向）規則および2003年雇用平等（性的指向）（修正）規則，2003年雇用平等（宗教または信条）規則および2003年雇用平等（宗教または信条）（修正）規則，ならびに2006年雇用平等（年齢）規則の内容は，鈴木隆「イギリス雇用差別禁止法の再編（一）〜（六）」島大法学48巻1〜4号（2004年），49巻4号（2006年），50巻3・4号（2007年）を参照。

[534]　Hepple, Coussey, and Choudhury（n 528）para 2.88.

第3部　差別禁止法の履行確保

論においても，委員会の統合を支持しており[535]，委員会の統合が，差別，とりわけ差別理由が複合している差別（multiple discrimination：以下，「複合差別」とする。）に対する効果的な手段を提供できると指摘していた[536]。そこで，政府は，2002年10月，単一の平等委員会を設置することの実現可能性を問うために意見聴取を行った。意見聴取では，各差別禁止法に関する既存の委員会の統合の有効性や委員会の権限のあり方等が問われた[537]。その回答において，委員会の統合について多数の支持が得られた結果，2003年10月30日，政府は，差別禁止法についての単一の平等委員会（Commission for Equality and Human Rights）[538]を設置する旨を発表するとともに，2004年5月，労働党政府は，白書[539]において，単一の平等委員会の利点，役割，任務，および権限に関する政府の詳細な提案を示した。

　2006年平等法により，差別を解消するために設けられていた既存の委員会である，機会均等委員会，人種平等委員会，障害者権利委員会を廃止・統合する委員会として，平等・人権委員会が設置された。平等・人権委員会は，1970年同一賃金法，1975年性差別禁止法，1976年人種関係法，1995年障害者差別禁止法，2006年平等法第2部（非雇用分野における宗教もしくは信条を理由とした差別禁止），第3部に基づいて制定される規則（非雇用分野における性的指向を理由とする差別を禁止する規則），2003年雇用平等（性的指向）規則，2003年雇用平等（宗教もしくは信条）規則，および2006年雇用平等（年齢）規則を管轄法令とする。上記法律および規則は，2010年平等法により統合されたため，2010年以降，平等・人権委員会は，2010年平等法を管轄法令とする。上記法律および規則が，2006年平等法の制定時に統合されなかったのは，政府は，

---

[535]　もっとも，障害者権利委員会からは，委員会の統合が，女性または人種等，相対的に活動的なグループが，その他のグループの利益を圧倒することにより，既存の委員会の権限を弱めるのではないかという見解も生じていたとされる（Hepple (n 514) 179）。

[536]　DTI, *Equality and Diversity: Making it Happen-Consultation on future structures for equality institutions* (2002) part 5.

[537]　ibid.

[538]　2006年平等法は，Commission for Equality and Human Rights（CEHR）として単一の委員会を設置したが，委員会自身が，これをEquality and Human Rights Commissionに改名した（Hepple (n 514) 177 note 2）。

[539]　DTI, *Fairness for all: a new commission for equality and human rights* (White Paper, Cm 6185, 2004) para 1.1.

174

第1章　差別禁止法の歴史的変遷

単一の平等委員会が設置された後，その委員会により既存の制定法を再検討させるとしたためであったとされる[540]。

(2) 内　容

2006年平等法第1部（1～43条）ならびに付則1，2，および3は，平等・人権委員会の設置，任務，一般的権限，履行確保権限を規定する。

第2部（44～80条）は，非雇用分野における「宗教もしくは信条」を理由とした差別の禁止を規定した。第3部（81，82条）は，非雇用分野における「性的指向」を理由とした差別の禁止を規定する規則を国務大臣が制定できると規定した（規則内において罰則を定めることも可能である）。雇用または職業訓練の分野における性的指向および宗教もしくは信条を理由とする差別は，すでに2003年雇用平等（宗教または信条）規則と2003年雇用平等（性的指向）規則により違法とされている。第4部（83～90条）は，1975年性差別禁止法第3部（非雇用分野における差別）に新たな規定を挿入した。第5部（91～95条）および付則4は，既存の法律の廃止等を規定した。

2　2010年平等法

(1) 制 定 過 程

2005年2月，労働党政府は，総選挙マニフェストにおいて，「すべての人を平等に扱うよう促進し，差別に対処する平等委員会の設置」と「平等立法を現代化・簡易化する単一の平等法の制定」を公約した[541]。前者は，2006年平等法による平等・人権委員会の設置により果たされた。

2007年6月，後者（「平等立法を現代化・簡易化する単一の平等法の制定」）のために，平等法において禁止されるべき差別事由や差別形態等の提案およびその是非を問う意見聴取が実施された[542]。意見聴取の結果を受けて，政府は，2009年4月に下院に平等法案を提出した。複数の修正を経て，2010年4月8日に女王の裁可を受け，2010年平等法は2010年10月から施行された。

---

[540]　Hepple（n 514）5.

[541]　Labour Party, *Britain forward not back*（Labour Party manifesto, 2005）112.

第 3 部　差別禁止法の履行確保

(2) 内　容

2010 年平等法は，雇用だけでなく，非雇用分野における差別も禁止しており，全 16 部，全 218 条，28 付則から構成されている。また，2010 年平等法には，国会の承認を得たものではないが，同法の目的を説明し，法律に関する専門的な知識を持たない者にも理解を促すために，注釈（Explanatory Notes）が付されている。

2010 年平等法では，差別禁止事由や禁止行為等の一般的規定が第 2 部に，雇用分野における差別禁止が第 5 部に，非雇用分野における差別禁止が第 3 部，第 4 部，第 6 部，第 7 部に，2010 年平等法の履行確保手段が第 9 部にそれぞれ規定されている。以下，第 2 部，第 5 部，および第 9 部を中心に，2010 年平等法の内容を整理する。

(a) **差別禁止事由**　　2010 年平等法は，年齢，障害，性転換，婚姻・シビルパートナーシップ，妊娠・出産，人種，宗教もしくは信条，性別，性的指向という 9 つの保護特性を理由とした差別を禁止している（4 条）。

(b) **禁止行為・合理的調整義務**　　違法な差別行為として，直接差別（13 条），結合差別（combined discrimination）（14 条）[543]，間接差別（19 条），ハラスメント（26 条）[544]，報復（27 条）[545] を規定する。また，1995 年障害者差別禁止法において規定されていた，障害者に対する合理的調整義務（20 条 1 項）[546] を規定する。

(c) **雇用[547]分野における（労働者・求職者に対する）差別**　　使用者（A）は，

---

[542]　平等法に規定されるべき内容の提案を示した文書，Department for Communities and Local Government, *Discrimination Law Review: A Framework for Fairness: Proposals for a Single Equality Bill for Great Britain*（Consultation paper, 2007）と同時期に，長期にわたり継続されている差別の原因を明らかにし，実現可能な勧告を行う文書，Equalities Review, *Fairness and Freedom: The Final Report of the Equalities Review*（2007）も公表された。

[543]　結合差別とは，2 つの保護特性の結合を理由として，A が，これらの保護特性のいずれも有していない者を処遇するより不利に B を処遇する場合，A は B に対して差別するものとする（14 条 1 項）。B は，B に対する A の処遇が，個々の差別事由を理由とした直接差別であることを証明する必要はない（14 条 3 項）。結合差別は，2 つ以上の複数の保護特性を理由とする差別（交差差別）の一類型であり，2010 年平等法は 2 つの保護特性を理由とする直接差別のみを禁止する（交差差別については，浅倉・前掲注[21]550-553 頁を参照）。2023 年 11 月時点において，14 条は未施行のままである。

第1章　差別禁止法の歴史的変遷

他者（B）に対して，(i) 雇用する者を決定する目的のために A が設けた仕組みにおいて，(ii) A が B を雇用する条件において，(iii) B を雇用しないことによって，差別または報復的取り扱いをしてはならない（39条1項，3項）。使用者（A）は，A の労働者（B）に対して，（イ）B の雇用条件について，（ロ）昇進，異動，もしくは職業訓練またはその他福利厚生において，（ハ）B を解雇することによって，（ニ）B にその他の不利益を与えることによって，差別または報復的取扱いしてはならない（39条2項，4項）。使用者（A）は，雇用において，A の労働者もしくは求職者（B）に対してハラスメントを行ってはならない（40条）。また，2010年平等法は，使用者による労働者もしくは求職者に対する差別だけでなく，発注元による請負労働者に対する差別も禁止する（41条）。さらに，民営職業斡旋事業者による差別も禁止する（55条）。

　(d) **使用者責任**　2010年平等法は，雇用だけを対象としていないことから，違法な差別行為の責任主体は，基本的にはその行為者となるが，雇用分野においては，使用者の労働者（C）よってなされた2010平等法に反する行為は，使用者の認識または承認を得て行われたか否かにかかわらず，当該労働者の契約当事者である使用者によって行われたものとして取り扱われ，自己の雇用する労働者による違法な差別行為の責任を負う（109条1〜3項）。もっとも，

⒅　ハラスメントは，保護特性に関係して，人(A)が，望まれない行為（unwanted conduct）を行う場合で，かつその行為が，(i)他者(B)の尊厳を侵害するまたは (ii) B に脅威的，敵意的，屈辱的，もしくは攻撃的環境を作り出す目的もしくは効果を有する場合を意味する（26条）。ハラスメントの禁止は，2010年平等法が制定される前においても，性差別については1975年性差別禁止法の2005年改正（4A条）により，人種差別については1976年人種関係法の2003年改正（3A条）により規定されていた。

⒆　報復は，2010年平等法に基づく訴訟手続，同訴訟手続に係る証拠もしくは情報の提供等を理由として不利益を与える場合を意味する（27条）。

⒇　合理的調整義務は，(i)規定，基準，もしくは慣行が，非障害者と比較して，障害者に実質的な不利益を与える場合，その不利益を避けるために講じるべき合理的な措置をとること，(ii) 建物のデザインもしくは構造に起因する特徴，建物の出入口の特徴等の物理的特徴（physical feature）が，非障害者と比較して，障害者に実質的な不利益を与える場合，その不利益を避けるために講じるべき合理的な措置をとること，(iii) 補助がなければ，非障害者と比較して，障害者に実質的な不利益を与える場合，その補助を提供するために講ずべき合理的な措置をとること，から構成される（20条2〜5項）。

⒇　雇用は，雇用契約もしくは見習契約，または非代替的に仕事もしくはサービスを提供する契約に基づく雇用，政府機関等における雇用を意味する。

177

第 3 部　差別禁止法の履行確保

使用者が，自己の雇用する労働者による違法な差別行為を防止するために，合理的な措置を講じている場合には，使用者責任を問われない（109 条 4 項）。

　(e)　**雇用審判所・司法救済**　　2010 年平等法第 5 部違反に係る申立ては，雇用審判所が管轄権を有する（120 条）。雇用審判所は，当該申立てに係る事項について，申立人および被申立人の権利を明らかにする，被申立人が申立人に賠償金を支払う命令を行う，適切な勧告を行うことができる（124 条 2 項）。適切な勧告とは，当該申立てに係る事項において申立人に与える不利益な影響を取り除くまたは軽減する目的で，所定期間内に被申立人が所定の措置を講ずる勧告をいう（124 条 3 項）。

◆　第 3 節　小　括

　イギリスでは，アメリカ法および EU 法の影響を受けて，1970 年同一賃金法，1975 年性差別禁止法，1976 年人種関係法，1995 年障害者差別禁止法，2003 年雇用平等（宗教もしくは信条）規則，2003 年雇用平等（性的指向）規則，2006 年雇用平等（年齢）規則といった差別禁止法がそれぞれ制定された結果，制度体系が複雑化していた。そこで，2010 年平等法により包括的な差別禁止法が導入されるに至った。

　日本における雇用差別に関する法規制と比較すると，2010 年平等法には，主として，以下の特徴がある。第一に，2010 年平等法は，雇用分野において，募集・採用から退職に至るまで，年齢，障害，性転換，婚姻・シビルパートナーシップ，妊娠・出産，人種，宗教もしくは信条，性別，性的指向を理由とした差別を禁止する。第二に，2010 年平等法は，直接差別だけでなく，年齢，障害，性転換，人種，宗教もしくは信条，性別，性的指向に係る間接差別およびハラスメントも禁止する。第三に，ハラスメントは，人(A)が，望まれない行為をする場合で，かつその行為が，(i)他者(B)の尊厳を侵害するまたは (ii) B に脅威的，敵意的，屈辱的，もしくは攻撃的環境を作り出す目的もしくは効果を有する場合（26 条）と定義されており，実害を要件とするものではない。第四に，本書の執筆時点（2024 年 7 月）では施行されていないが，結合差別を違法な差別行為として禁止する。第五に，2010 年平等法の雇用に係る法規定

第 1 章　差別禁止法の歴史的変遷

において，違法な差別行為に責任を負うのは，実際に差別行為を行った本人だけでなく，使用者または発注元も含まれる（110 条）。第六に，雇用審判所による司法救済は，金銭的な救済を行うだけでなく，申立人および労働者の権利確認ならびに申立人に与える不利益な影響を解消または軽減する措置の勧告を行うことも可能である（124 条）。具体例としては，平等機会ポリシーを導入する勧告，ハラスメントポリシーがさらに有効に実施されるように求める勧告，平等機会およびハラスメントまたは苦情処理を取り扱う委員会を設置する勧告，従業員を再教育する勧告，従業員の異動・昇進に用いる選考基準を公表する勧告が注釈において挙げられている。

　以上のような特徴を有する 2010 年平等法について，同法の履行確保手段に主眼を置く本書において注目すべき点は，司法を通じた救済が，差別事案における当事者間の力の不均衡ならびに司法手続において生ずる時間的・経済的・精神的負担および複雑性から，個人の権利救済において必ずしも実効的な手段にはならないということにある[548]。行政を通じた救済として，2010 年平等法の制定に先駆けて，2006 年平等法により，平等・人権委員会の設置およびそれによる履行確保手段が規定されている。平等・人権委員会は，既存の委員会である，機会均等委員会，人種平等委員会，および障害者権利委員会を廃止・統合するとともに，履行確保機構が設置されていなかった，2003 年雇用平等（性的指向）規則，2003 年雇用平等（宗教もしくは信条）規則，および 2006 年雇用平等（年齢）規則を管轄する履行確保機構として設置された。次章では，差別禁止法に係る履行確保機構の歴史的変遷，権限，および履行確保活動の内容をそれぞれ整理する。

⒄548　同旨の指摘が，近年，下院特別委員会においてもなされている（House of Commons Women and Equalities Committee（n 19）para 12）。

第2章　差別禁止法の履行確保機構の歴史的変遷

　イギリスでは，2010年平等法の履行確保機構として，平等・人権委員会が
設置されている。平等・人権委員会は，2006年平等法によって設置され，
2007年10月1日よりその運用が開始された。

　平等・人権委員会が設置されるまでは，性別，人種，障害を理由とした差別
を禁止する各法律の履行確保機構として，機会均等委員会，人種平等委員会，
および障害者権利委員会がそれぞれ設置されていた。平等・人権委員会は，こ
の3つの委員会を統合するとともに，これまで履行確保機構が設置されていな
かった，2003年雇用平等（宗教もしくは信条）規則，2003年雇用平等（性的指
向）規則，および2006年雇用平等（年齢）規則を管轄する履行確保機構となっ
た。2010年以降，平等・人権委員会は，上記の法律および規則を統合すると
ともに，包括的に差別を禁止するために制定された2010年平等法の履行確保
機構となった。平等・人権委員会の権限は，上記3つの委員会の権限をモデル
とするとともに，さらなる権限が与えられている。

　近年，とりわけ2018年前後から，労働関連法制の履行確保に関する履行確
保機構（行政機関）のあり方が議論されている中，2010年平等法の履行確保に
関する平等・人権委員会のあり方を再検討すべきであるとする指摘が，とりわ
け下院に設置された特別委員会から生じている[549]。平等・人権委員会による
2010年平等法の履行確保における現行法上の課題を明らかにするために，本
章では，平等・人権委員会の権限およびその権限の行使状況を整理する。第1
節では，平等・人権委員会の設置およびその権限に影響を及ぼした機会均等委
員会，人種平等委員会，および障害者権利委員会の設置過程および権限を整理
する。

---

[549]　House of Commons Women and Equalities Committee（n 19）.

第3部　差別禁止法の履行確保

◆ 第1節　2010年平等法以前の差別禁止法の履行確保

1　各委員会の設置過程と構成

　1975年性差別禁止法によって機会均等委員会が，1976年人種関係法によって人種平等委員会が，1999年障害者権利委員会法によって障害者権利委員会が，それぞれ設置された。機会均等委員会は性別を理由とする差別行為を禁止する1970年同一賃金法および1975年性差別禁止法を，人種平等委員会は1976年人種関係法を，障害者権利委員会は1995年障害者差別禁止法を，それぞれ管轄する。

　上記の機会均等委員会，人種平等委員会，および障害者権利委員会が設置されるまでに，差別禁止法の履行確保機構として，人種を理由とした差別を禁止する1965・1968年人種関係法により人種関係委員会が設置されていた。しかし，人種関係委員会は，差別行為が生じた組織体における苦情処理機構によってはその問題を処理できない場合もしくはそのような苦情処理機構が存在しない場合にしか，その権限（申立てに係る調査，提訴等）を行使することができなかった。1965・1968年人種関係法におけるこれらの課題を考慮して，機会均等委員会の設置時には，人種関係委員会とは異なる履行確保手法がとられることとなった[550]。また，同時期，1965・1968年人種関係法に係る上記課題から，1965・1968年人種関係法の改正が検討されており，機会均等委員会における改良された履行確保手法と同様の手法をもつ人種平等委員会が設置された[551]。さらに，1995年障害者差別禁止法は全国障害審議会を設置したが，これは，機会均等委員会および人種平等委員会と異なり，履行確保権限を有していなかった。1995年障害者差別禁止法の履行確保機構がないことに対する批判が高まり[552]，1995年障害者差別禁止法にも，機会均等委員会や人種平等委員会の

---

[550]　Home Office (n 503) para 24.

[551]　ibid; Home Office (n 521) para 51.

[552]　Jo Roll, *Disability Rights Commission Bill* [HL] (House of Commons Library Research Paper 99/43, 1999) 7.

182

ような履行確保機構が設置されるべきであることが指摘された[553]。そこで，労働党政府は，1999年障害者権利委員会法を制定し，これにより障害者権利委員会が設置された。人種平等委員会および障害者権利委員会は，機会均等委員会をモデルにして設置されたため，これらの権限は類似している。

機会均等委員会と人種関係委員会はそれぞれ8～15人のメンバーによって，障害者権利委員会は10～15人のメンバーによって構成され，各委員会は，①差別を解消し，②（機会均等委員会は）男女間の機会の均等を，（人種平等委員会は）様々な人種グループ間の機会の均等および良好な関係性を，（障害者権利委員会[554]は）障害者の機会の均等を助長し，そして③それぞれの管轄法令の施行状況を注視し，国務大臣により要請される場合には各法令を改正する提案を国務大臣に行うことを任務とする（1975年性差別禁止法53条1項，1976年人種関係法43条1項，1999年障害者権利委員会法2条，付則1）。

2 各委員会の権限

以下では，機会均等委員会，人種平等委員会，および障害者権利委員会の主たる権限を総合的に整理する[555]。

---

[553] Department for Education & Employment, *Promoting Disabled People's Rights: Creating a Disability Rights Commission Fit for the 21st Century*（Cmnd 3977, 1998）paras 1.5-1.8.

[554] 障害者権利委員会は，①～③の義務に加えて，障害者の処遇に係る優れた取組み（good practice）を促進する観点から適切だと思われる措置を講ずる義務がある（1999年障害者権利委員会法2条1項(c)）。

[555] 本書で整理する権限のほかに，機会均等委員会には，1975年性差別禁止法53条1項の義務を果たすために必要もしくは適切であると思われるリサーチおよび教育活動の他者による実施について（経済的その他の）支援を行う権限（54条），男女間で異なる処遇をする法令を注視し，国務大臣の要請にしたがってその内容を報告する権限（55条）が，人種平等委員会には，1976年人種関係法43条1項の義務を果たすために必要もしくは適切であると思われるリサーチおよび教育活動の他者による実施について（経済的その他の）支援を行う権限（45条）等がある。また，機会均等委員会，人種平等委員会，および障害者権利委員会にはそれぞれ行為準則を作成する権限がある（1975年性差別禁止法56A条，1976年人種関係法47条，1995年障害者差別禁止法53A条）。

183

第3部　差別禁止法の履行確保

(1) 公 式 調 査

　機会均等委員会，人種平等委員会，障害者権利委員会はそれぞれ，公式調査（formal investigation）[556]を実施することが適切であると考える場合に，公式調査を実施することができ，また，国務大臣による要請がある場合には，これを実施しなければならない（1975年性差別禁止法57条，1976年人種関係法48条，1999年障害者権利委員会法3条）。公式調査を実施するためには，まず，各委員会（または公式調査を実施するよう国務大臣に要請された場合には，国務大臣）が調査事項（terms of reference）を作成しなければならない（1975年性差別禁止法58条2項，1976年人種関係法49条2項，1999年障害者権利委員会法付則3）。調査事項の対象（以下，「名宛人」とする。）が，特定の者に限定されていない場合には，調査の実施を一般に通知しなければならない（1975年性差別禁止法58条3項，1976年人種関係法49条3項，1999年障害者権利委員会法付則3）。名宛人が特定の者に限定されており，かつ名宛人が行っていると委員会が信じるに足る（believe）違法な差別行為を調査する場合，委員会は，公式調査を実施する名宛人に対して調査を行う旨の通知を行うとともに，名宛人にその内容に係る抗弁の機会を与えなければならない（1975年性差別禁止法58条3A項，1976年人種関係法49条4項，1999年障害者権利委員会法付則3）。

　また，機会均等委員会，人種平等委員会，障害者権利委員会はそれぞれ，名宛人が違法な差別行為を行ったもしくは行っている可能性があると考えていると記載した通知により，公式調査のためにあらゆる者（any person）から情報の提供を求めることができる（1975年性差別禁止法59条，1976年人種関係法50条，1999年障害者権利委員会付則3）。

　公式調査の結果を考慮して，機会均等委員会，人種平等委員会，障害者権利

---

[556]　2010年平等法の履行確保機構である平等・人権委員会には，「公式調査」と同一の権限である「調査」権限に加えて，「審問」権限がある。1975年性差別禁止法，1976年人種関係法，1999年障害者権利委員会法には，審問権限が規定されていなかったが，このような権限が行使されていたという指摘がある（Bob Hepple, 'Enforcing Equality Law: Two Steps Forward and Two Steps Backwards for Reflexive Regulation' 40 Industrial Law Journal 4 (2011) 328-329 and Hepple (n 514) 183）。当時の非公式の調査（現在でいう審問）では，強制手続にあたる差別停止通告を交付できない。差別停止通告は，「公式」調査によって明らかになった差別行為に対してのみ交付できる。そこで，非公式な調査とは区分するために，「公式調査」と規定されていると考えられる。

委員会はそれぞれ，（男女間，人種グループ間，障害者非障害者間の）機会の均等を促す目的で，例えば，雇用分野においてはその組織体内の制度等を変更することが必要もしくは適切であると考える場合に，その組織体に対してしかるべき勧告を行うことができ，また，国務大臣に対しては，法律の改正等の勧告を行うこともできる（1975年性差別禁止法60条，1976年人種関係法51条，1999年障害者権利委員会法付則3）。

(2) 差別停止通告

機会均等委員会，人種平等委員会，障害者権利委員会はそれぞれ，各管轄法令における違法な差別行為（差別的慣行・広告・指示・圧力を含む。）を行っていたもしくは行っていると考える場合に，違法な差別行為に着手しないよう求める差別停止通告を，それらを行っている者もしくは行っていた者（雇用分野においては使用者と行為者）に交付することができる（1975年性差別禁止法67条，1976年人種関係法58条，1995年障害者差別禁止法4条）。ただし，各委員会は，差別停止通告を交付することを知らせるとともに，その理由を明らかにしない限り，差別停止通告を交付することはできず，また，その通知から少なくとも28日間，抗弁の機会を与え，その抗弁内容を考慮しなければならない（1975年性差別禁止法67条，1976年人種関係法58条，1999年障害者権利委員会法付則3）。

差別停止通告を交付された者は，その通告を受け取ってから6週間以内であれば労使審判所に不服申立てを行うことができる（1975年性差別禁止法68条，1976年人種関係法59条，1999年障害者権利委員会法付則3）。

差別停止通告が交付されてから5年以内に違法な差別行為が是正されていない場合，機会均等委員会，人種平等委員会，障害者権利委員会はそれぞれ差止命令を行うよう裁判所に申請することができる（1975年性差別禁止法71条，1976年人種関係法62条，1999年障害者権利委員会法6条）。

(3) 差止命令の申請

機会均等委員会，人種平等委員会，障害者権利委員会はそれぞれ，「永続的差別（persistent discrimination）」に対して差止命令を行うよう裁判所に申請することができる（1975年性差別禁止法71条，1976年人種関係法62条，1999年障害者権利委員会法6条）。永続的差別とは，①差別停止通告が交付された日，ま

第3部　差別禁止法の履行確保

たは，②労使審判所によって，違法な差別行為があったと認定された日から5年間，違法な差別行為を行わないようにするための規制を加えない限り，違法な差別行為が継続すると各委員会が考える差別を意味する（1975年性差別禁止法71条，1976年人種関係法62条，1999年障害者権利委員会法6条）。

(4) 労使審判所の審判権

1975年性差別禁止法，1976年人種関係法，1995年障害者差別禁止法は，1965・1968年人種関係法とは異なり，上記法違反の一部（1975年性差別禁止法第2部，1976年人種関係法第2部，および1995年障害者差別禁止法第2部）に対する提訴権を個人に与えたが，差別的慣行・広告・指示・圧力という違法な差別行為に係る提訴権は個人には与えられていない。

この代わりに，機会均等委員会，人種平等委員会，および障害者権利委員会が，差別的慣行・広告・指示・圧力という違法行為に係る労使審判所への提訴権を有する（1975年性差別禁止法72条，1976年人種関係法63条，1995年障害者差別禁止法17B条）。機会均等委員会，人種平等委員会，および障害者権利委員会による申立ては，(a)当該違法行為が生じているか否かを認定するための申立てまたは(b)差止命令を申請するための申立てを意味する（1975年性差別禁止法72条，1976年人種関係法63条，1995年障害者差別禁止法17B条）。差止命令の申請は，差別的広告・指示・圧力という違法な差別行為を行っており，それらが規制されない限り，当該行為をさらに行う可能性があると，機会均等委員会，人種平等委員会，または障害者権利委員会が考える場合に行うことができる（1975年性差別禁止法72条，1976年人種関係法63条，1995年障害者差別禁止法17B条）。

差別的広告・指示・圧力という違法な差別行為に係る提訴権が，機会均等委員会および人種平等委員会に認められている理由としては，個人による労使審判所もしくは裁判所へのこの種の申立てでは，申立ての根拠となる，当該申立人における重大な不利益の証明が難しいことならびに同一の差別的広告・指示・圧力に係る多数の申立てが別個提起されることを回避できることが挙げられている[557]。

---

[557]　Home Office（n 503）para 104.

第2章　差別禁止法の履行確保機構の歴史的変遷

差別的広告・指示・圧力という違法な差別行為については，機会均等委員会，人種平等委員会，および障害者権利委員会に提訴権が付与されているが，他方で，個人に対する違法な差別行為については，機会均等委員会，人種平等委員会，および障害者権利委員会に提訴権が付与されていない。

委員会による提訴権に関して，機会均等委員会からは，差別は1人のみに影響を及ぼすものではなく，グループに影響を及ぼすものであることから，各個人による各申立てなくして差別を受けるグループ全体を救済するために，機会均等委員会に訴訟を行う権限を与えるべきであると考えていたという指摘がある[558]。また，人種平等委員会からは，訴訟を行う権限を行使できる範囲の拡大を明示的には推奨していないが，集団訴訟の提案を行っていたという指摘がある[559]。さらに，1999年障害者権利委員会法の法案審議過では，上院議員により，第三読会において，「障害者権利委員会は，違法な差別行為が生じていると考える場合に訴えを提起するもしくは訴えに介入する権限を有するものとする」[560]という修正案が提起されていた。もっとも，この修正案に対しては，障害者権利委員会には公式調査を実施し，差別停止通告を交付する権限が与えられるため，そのような権限は必要ないとする批判，代表訴訟権限の付与は障害者権利委員会に特有の提案ではなく，機会均等委員会および人種平等委員会の権限の再検討にも関わる提案であり，さらなる検討を要するとする指摘，個人にある提訴権が尊重されるべきであり，行政機関が恣意的に訴訟を行い，障害者に証拠を提出させるべきではないとする批判等があり[561]，最終的に，同修正案は撤回された[562]。

(5) 個別申立てに係る援助

労使審判所または裁判所への個人による申立てにおいて，当該申立人が，機会均等委員会，人種平等委員会，障害者権利委員会に支援を申請する場合，各

---

[558]　Baroness Blackstone, HL Deb 11 March 1999, vol 598, col 388.

[559]　ibid.

[560]　House of Lords, *Disability Rights Commission Bill* [*H.L.*] *-Amendments to be debated in the House of Lords*, (Session 1998-99) Amendment No.5.

[561]　HL Deb 4 February 1999, vol 596, cols 1632-1640, 1660-1661.

[562]　ibid col 1640.

187

第3部　差別禁止法の履行確保

委員会は，その申請を審議しなければならない（1975年性差別禁止法75条，1976年人種関係法66条，1999年障害者権利委員会法7条）。そして，審議の結果，(a)当該事案が法原則（principle）の問題を提起すること，(b)当該事案の複雑性もしくは被申立人と比較した時の申立人の立場を考慮して，支援なく当該事案を処理することは不合理であること，または(c)その他の特別な事情を理由として，支援を行うことが適切であると考える場合には，機会均等委員会，人種平等委員会，障害者権利委員会は，助言等の支援を行うことができる（1975年性差別禁止法75条，1976年人種関係法66条，1999年障害者権利委員会法7条）。

(6) 協　定

障害者権利委員会は，違法な差別行為に着手する者に対する公式調査の実施や差別停止通告の交付に代替して，違法な差別行為をしないこと，契約書に記載された措置を講ずることを約する協定（agreement）を違法な差別行為に着手する者と締結することができる（1999年障害者権利委員会法5条）。同協定が遵守されていない場合には，障害者権利委員会は裁判所に，協定を遵守する命令を行うよう申請することができる（1999年障害者権利委員会法6条）。

障害者権利委員会は，差別者と対立するのではなくむしろ協力することに主眼を置いていたため，公式調査の実施や差別停止通告の交付は，協定に従わない差別者に対してのみ用いるべきであり，基本的にはこれらの実施または交付は回避されるべきであると考えていたとされる[563]。

機会均等委員会および人種平等委員会において，協定を締結する権限は明文化されていなかったが，非公式でこの権限を行使していたとされる[564]。

3　各委員会による権限行使の状況

機会均等委員会，人種平等委員会，および障害者権利委員会はそれぞれ，公式調査を実施する権限と強制的な手続をとることのできる差別停止通告を交付

---

[563]　Baroness Blackstone, HL Deb 11 March 1999, vol 598, cols 406-407.

[564]　ibid.

第 2 章　差別禁止法の履行確保機構の歴史的変遷

する権限を有しているが，その権限行使は限定的であり，例えば，機会均等委
員会は，1977 年から 2005 年までに（雇用分野における）公式調査は 11 件のみ
であったとされる[565]。人種平等委員会は，機会均等委員会と比較して，（雇用分
野における）公式調査の実施件数が高かったとされるが[566]，1983 年以降は，年
間 1 件程度しか実施されていない[567]。

　公式調査の実施件数の低さの原因のひとつとして，公式調査の実施に係る判
断基準の解釈に関する判例が挙げられる[568]。1982 年の Hilligdon 事件[569] および
1984 年の Prestige 事件[570] において，人種平等委員会に対して，同委員会によ
る公式調査の実施が権限外の行為（ultra vires）であるとする申立てが行われ
た。Prestige 事件において，貴族院は，「1976 年人種関係法 49 条 4 項および
50 条 2 項(b)（人種平等委員会が，違法な差別行為があると「信じるに足る」とき）
の解釈において，人種平等委員会は，公式調査に先立って，名宛人が違法な差
別行為に着手しており，かつそう考える根拠がなければならないとした[571]。

　また，公式調査前であることを理由として，そのような根拠が希薄であると
しても，それを理由として「違法な差別行為があると信じるに足る」という要
件を満たすとはいえないとした[572]。Hilligdon 事件においても，貴族院は，公式
調査を実施するためには，名宛人による人種差別があるという「合理的な疑
い」がなければならないとした[573]。

　以上のように，平等・人権委員会が設置されるまで，機会均等委員会，人種
平等委員会，および障害者権利委員会が，差別禁止法の履行確保機構として権
限を行使していた。機会均等委員会，人種平等委員会，および障害者権利委員

---

[565]　Hepple（n 520）54.

[566]　ibid.

[567]　Christopher McCrudden, David J. Smith, and Colin Brown, *Racial Justice at Work*
　　　（POLICY STUDIES INSTITUTE, 1991）tables 3.2 and 4.2.

[568]　Hepple（n 520）53.

[569]　Hillingdon London Borough Council v Commission for Racial Equality［1982］AC
　　　779.

[570]　*Commission for Racial Equality v Prestige group plc*［1984］ICR 473.

[571]　ibid.

[572]　ibid.

[573]　*Hillingdon*（n 569）.

会には，個人に対する違法な差別行為についての提訴権は与えられていなかったが，差別的広告・指示・圧力という一部の違法な差別行為に対して，独自の権限として，各委員会自身が提訴権を有していた点に特徴がある。

第2節では，機会均等委員会，人種平等委員会，および障害者権利委員会の権限をモデルにして設置された平等・人権委員会の設置過程および権限を整理する。

◆ 第2節　現行の差別禁止法の履行確保

1　設置過程および構成

イギリスでは，EU雇用指令の国内実施のために，複数の法律と規則が制定されたことにより，差別禁止法の制度体系が複雑化していた。このような状況下で，各差別事由に係る履行確保機構をそれぞれ設置することはさらなる複雑性を招くとして，ヘップルおよびレスター卿率いる小グループによって，単一の履行確保機構の設置が要請されていた[574]。

2002年10月に行われた，単一の平等委員会の設置の実現可能性を問う意見聴取の結果，2003年10月30日，政府は，平等立法についての単一の平等委員会を設置する旨を発表した[575]。2004年5月に労働党政府により発表された白書では，差別禁止法全体を管轄する単一の委員会の設置により，複合差別に対する有効な手段を提供することが可能となり，情報・助言・支援を求める個人もしくは組織体にとって利用しやすく，また，ある事由による差別に措置を講ずる場合に，その他の事由による差別を改善する機会を提供できる等，単一の委員会を設置する利点が挙げられた[576]。また，単一の平等委員会の権限を検討するにあたり，既存の委員会，すなわち，機会均等委員会，人種平等委員会，

---

[574]　Hepple, Coussey, and Choudhury (n 528).

[575]　DIT (n 539) para 1.1.

[576]　ibid. もっとも，単一の委員会を設置することに対して，とりわけ障害者権利委員会からは，女性や人種等，相対的に力のあるグループが，その他相対的に力のないグループの利益を損なうことになるという批判が生じていたとされる (Hepple (n 514) 179)。

および障害者権利委員会の権限を基盤とするとして[577]，違法な差別行為に対する「合理的な疑い」がある場合に実施できる調査，違法な上記行為を停止させる差別停止通告の交付，永続的差別に係る差止命令の裁判所への申請等が提案された[578]。

2006年平等法により，差別禁止法の履行確保機構であった，機会均等委員会，人種平等委員会，および障害者権利委員会を廃止・統合する委員会として，平等・人権委員会が設置された。平等・人権委員会は，1970年同一賃金法，1975年性差別禁止法，1976年人種関係法，1995年障害者差別禁止法，2003年雇用平等（性的指向）規則，2003年雇用平等（宗教もしくは信条）規則，および2006年雇用平等（年齢）規則を管轄法令とする（後に2010年平等法がこれらの法律および規則を統合したことにより，平等・人権委員会の管轄法令は2010年平等法となった）。

平等・人権委員会は，10人以上15人未満のメンバーによって構成され，以下の①〜⑤の社会，すなわち①人々の能力が偏見もしくは差別によって制限されない，②各人の人権を尊重・保護する，③各人の尊厳と価値を尊重する，④社会参加の平等な機会がある，ならびに⑤多様性の理解と価値および平等・人権の尊重に基づく相互の尊重のある社会の展開を助長することを任務とする（2006年平等法3条，付則1）。また，平等・人権委員会は，平等および多様性ならびに人権の意義に関する理解を促進する，平等および多様性ならびに人権に係る優れた取り組みを助長する，機会均等を促進する，2010年平等法に基づく権利の認識と理解を促進する，2006年平等法を履行確保する，違法な差別行為を排除するために活動することを任務とする（2006年平等法8条，9条）。

2　権　限[579]

(1)　審　問

平等・人権委員会は，2006年平等法8条および9条に係る事項について審問（inquiries）を行うことができる（16条）。平等・人権委員会は審問を行う前

---

[577]　DTI (n 539) para 3.3.

[578]　ibid paras 4.23-4.39.

第3部　差別禁止法の履行確保

に，審問が実施される可能性のある者に，審問事項を公開しなければならない（付則 2）。例えば，2021 年 7 月には，平等・人権委員会のウェブサイト上で，医療・ソーシャルケア（看護，介護等）部門における人種不平等に係る審問の実施およびその審問事項の内容が公開された[580]。審問事項としては，労働・休憩時間，懲戒制度等の職場ポリシー，訓練・昇進の状況，職場における権利に係る周知の程度が挙げられている[581]。審問において，平等・人権委員会は，労働者，使用者，ならびに専門家，労働組合といった利害関係者等から情報を収集している。

　審問において，2010 年平等法に反する差別を行っている可能性があるという疑いが生じた場合，当該審問を継続するにあたり，その差別行為に関するさらなる審議を行うことはできず，それを行うためには 20 条に基づく調査（以下の(2)を参照）を実施しなければならない（16 条 2 項）。審問は，単に平等・人権委員会の設定したトピックに係る情報提供を求める聞き取り調査に過ぎない。ただし，審問中に得た情報もしくは証拠を，20 条に基づく調査において使用することは可能である（16 条 2 項）。

　平等・人権委員会は，審問において明らかになった結果について報告書を公表しなければならないが，審問に係る報告書では，特定の者が違法な差別行為に着手していることを記載することはできない（16 条 3 項）。また，平等・人権委員会は，審問の報告の一部として，または，審問において生じた問題に関して，勧告を作成することができる（付則 2）。例えば，2018 年 12 月 4 日から 2019 年 2 月 28 日にかけて，イングランド，スコットランド，およびウェールズにおける大学において，職員および学生における人種的ハラスメントに係る

---

(579)　本書で整理する権限のほかに，平等・人権委員会には，同委員会の義務を果たすために，情報の普及，教育もしくは訓練の提供，助言もしくは指針の提供を行う権限（13 条），2010 年平等法により対象とされる問題に係る行為準則を作成する権限（2006 年平等法 14 条），法的支援として，法的助言，法定代理人等の提供を行う権限（28 条）等がある。

(580)　Equality and Human Rights Commission (EHRC), 'Inquiry into racial inequality in health and social care workplaces' (9 June 2022) 〈https://www.equalityhumanrights.com/en/inquiries-and-investigations/inquiry-racial-inequality-health-and-social-care-workplaces〉 accessed 17 June 2023.

(581)　ibid.

審問（具体的には，人種的ハラスメントに係る経験の聞き取り）を 585 人の学生および 378 人の職員から行った[582]。同審問の結果として公表された報告書では，従業員の 2 分の 1 以上が人種を理由として無視されたことがあり，また従業員の 4 分の 1 以上が人種差別的な誹謗中傷を受けたことがあるといった事実の報告とともに，政府はハラスメントから従業員を保護する法的義務を使用者に課すべきであること，大学機関は学生および従業員がハラスメントを報告することができるようにすること，また実効的な救済策を提供すること等の勧告が行われた[583]。

(2) 調　査

平等・人権委員会は，(a)違法行為に着手しているか否か，(b)違法行為通告（以下の(3)を参照）を遵守しているか否か，または(c)協定（以下の(4)を参照）を遵守しているか否か，を調査することができる（20 条 1 項）。上記の(a)に基づく調査は，調査対象者である名宛人が差別を行った可能性があるという疑いのある場合にのみ実施することができる（20 条 2 項）。この疑いは，上記の審問の結果に基づくことができる（20 条 3 項）。

平等・人権委員会は，調査を実施する前に，調査対象者の氏名および平等・人権委員会が疑う違法な差別行為を記載した調査事項を作成し，それを当該調査対象者に交付しなければならない。そして，平等・人権委員会は，調査対象者に調査事項に関する抗弁の機会を提供し，その抗弁を考慮にいれなければならない（付則 2）。

また，調査対象者が違法行為に着手していた等の報告を作成する前に，平等・人権委員会は，報告草案を作成し，それを当該調査対象者に送り，少なくとも 28 日間の抗弁の機会を設けて，その抗弁を考慮しなければならない（20 条 4 項）。

(3) 違法行為通告

平等・人権委員会は，20 条 1 項(a)に基づく調査の対象者に対して，当該調

---

[582]　EHRC, *Tackling Racial Harassment: Universities Challenged*（2019）21.

[583]　ibid.

第 3 部　差別禁止法の履行確保

査対象者が違法な差別行為に着手していると確信する場合に違法行為通告を交付することができる（21条1項）。違法行為通告では，差別行為を特定し，そして，その行為が違法であるという根拠が記載されなければならない（21条2項）。違法行為通告において，平等・人権委員会は，通告の受領者に対して，違法な差別行為を回避することを目的とするアクション・プランを作成・提出するよう求めることができる（21条4項）。また，違法行為通告において，平等・人権委員会は，通告の受領者に対して，上記目的のために講じられるべき措置を勧告することができる（21条4項）。アクション・プランの草案を受け取った後，平等・人権委員会は，①それを承認する，または，②次の(i)〜(iii)を内容とする通告を交付しなければならない（22条3項）。すなわち，(i)その草案が不十分であることを記載し，(ii)所定期間内に，訂正草案を平等・人権委員会に提出するよう求め，そして，(iii)訂正草案の内容について勧告を行う通告である（22条3項）。22条3項は，訂正されたアクション・プランの草案にも適用される（22条4項）。アクション・プランは，平等・人権委員会が訂正を求めず，また裁判所にアクション・プランに拘束力をもたせるための命令を申請しない場合，アクション・プランの草案もしくは訂正案が提出された日から6週間経過することにより効力を発する（22条5項）。平等・人権委員会は，命令に指定された期日にアクション・プランの草案を提出する命令，命令に指定された期日までに，かつ命令に指定された方法で訂正案を作成し，平等・人権委員会に提出する命令，アクション・プランが効力を発した日より5年間，アクション・プランに従う命令を行うよう裁判所に申請することができる（22条6項）。裁判所により交付された命令に，合理的な理由なく反する場合には，略式起訴において罰金が科される（22条9項）。

　また，違法行為通告では，その受領者に対して，①受領者は6週間以内であれば，当該通告について裁判所もしくは雇用審判所に不服申立てを行うことができること，不服申立てにおいて，裁判所もしくは雇用審判所により当該通告の維持，取消，または変更等が行われること（21条5〜7項），②違法行為通告の遵守に関する調査が実施される可能性があること（20条1項(b)），および違法行為の差止命令が裁判所に申請される可能性があること（24条1項）を通知していなければならない（21条3項）。

　実際に，違法行為通告が行われた事例として，労働党に対するものがある。

第 2 章 差別禁止法の履行確保機構の歴史的変遷

2019 年 5 月 28 日には，平等・人権委員会は，労働党による反ユダヤ主義に係る国民からの問題提起に基づいて，労働党内において，党員もしくは入党希望者に対して，違法な差別を行った疑いがあるとして，労働党に対して，2010年平等法 20 条 1 項に基づく調査を実施した[584]。調査事項として，労働党内で違法な差別行為が行われていたか，反ユダヤ主義に労働党がどのような措置を講じていたか，労働党内の苦情処理機構が人種および宗教もしくは信条差別ならびに人種ハラスメントに対応できるか，労働党が苦情処理機構に適切な対応を行っていたかが挙げられた[585]。2020 年 10 月 29 日，平等・人権委員会は，労働党内の反ユダヤ主義に係る調査後，違法な差別行為が明らかになり，これらに責任を有する労働党に対して，違法行為通告を交付した[586]。その結果，労働党は，そのような違法な差別行為の継続・再発を防ぐためのアクション・プランの作成が義務づけられた。2010 年平等法は，違法行為の当事者だけでなく，その使用者にも当事者と同一の責任を負わせており（110 条），2020 年 10 月 19日の違法行為通告は労働党に対して交付されている。

(4) 協　定

平等・人権委員会は，違法行為に関して，20 条（調査）または 21 条（違法行為通告）に基づく手続を開始しない代わりに，違法な差別行為に着手していると平等・人権委員会が信じるに足る者（雇用分野において，2010 年平等法 110条により，実際の行為者（労働者）だけでなく，その行為者の使用者も含まれる。）との間で，(a)違法な差別行為に着手しないこと，(b)違法な差別行為を回避する目的の措置を講ずることを約する協定を締結することができる（23 条 1 項）。平等・人権委員会は，協定を締結する者が，違法な差別行為に着手していると考える場合にのみ協定を締結することができるが，協定を締結したことのみをもって，当該者が違法な差別行為を認めたものとはみなされない（23 条 2，3

---

[584]　EHRC, *Investigation into antisemitism in the Labour Party*（Report, 2020）5.

[585]　EHRC, 'Investigation into the Labour Party'（28 May 2019）〈https://www.equalityhumanrights.com/en/inquiries-and-investigations/investigation-labour-party〉accessed 17 June 2023.

[586]　EHRC, 'Equality watchdog concludes monitoring of Labour Party action plan'（15 February 2023）〈https://www.equalityhumanrights.com/en/our-work/news/equality-watchdog-concludes-monitoring-labour-party-action-plan〉accessed 17 June 2023.

第 3 部　差別禁止法の履行確保

項)。

(5) 司法審査その他の法的手続

　平等・人権委員会は，自己の職務に関係する問題について，司法審査 (judicial review)[587] その他の法的手続 (legal proceedings) を行うもしくは法的手続に介入することができる (30 条 1 項) と規定された。法的手続とは，①公的機関 (public authority) (1998 年人権法 (Human Rights Act 1998) 6 条 3 項) によって起こされた訴訟，②裁判所または審判所の判決に対する控訴を意味する (1998 年人権法 7 条 6 項)。

　平等・人権委員会のウェブサイトでは，違法な差別を受けた当事者本人ではなく，平等・人権委員会が申立てを行う可能性がある状況例として，当事者が複数人いる場合で，そのうちある 1 人によって申立てを行ったのではその全体像を示すことができない場合，申立てに係る内容が，平等・人権委員会の歴史，法的義務，または経験に鑑みて，平等・人権委員会による申立てが最適である場合等が列挙されている[588]。

　前述したように，これまでも，個人に対する違法な差別行為についての提訴権が，委員会に与えられるべきであるという指摘があったが[589]，委員会による提訴権は，差別的広告・指示・圧力という違法行為についてのみ，機会均等委員会，人種平等委員会，および障害者権利委員会に認められていた (1975 年性差別禁止法 72 条，1976 年人種関係法 63 条，1995 年障害者差別禁止法 17B 条)[590]。

　2006 年平等法の法案審議過程では，平等・人権委員会が，違法な差別を経験した個人に代わって，裁判所および雇用審判所において法的手続を行うことができるべきであると指摘されていた[591]。もっとも，平等・人権委員会の提訴権は代位訴訟や代表訴訟という形ではなく，機会均等委員会，人種平等委員

---

[587]　司法審査は，公的機関の決定，作為，または不作為によって影響を受けた者によって高等裁判所に提起する申立手続を意味する。

[588]　Equality and Human Rights Commission, 'Court action' ⟨https://www.equalityhumanrights.com/en/court-action⟩ accessed 10 June 2023.

[589]　Blackstone (n 558) col 388; House of Lords (n 560) Amendment No. 5.

[590]　1970 年同一賃金法では，国務大臣に，同一賃金条項違反に係る提訴権が与えられていた (2 条 2 項)。

[591]　DTI (n 539) para 4.42.

196

会，および障害者権利委員会といった既存の委員会に付与されていた権限と同じく，平等・人権委員会独自の提訴権となっている。平等・人権委員会による法的手続の件数は図表1のように少ないが，法案審議過程においても，平等・人権委員会による法的手続の意義を「過小評価すべきではない」[592]と指摘されていたように，違法な差別行為から労働者を保護するための平等・人権委員会のきわめて重要な権限である[593]。

3 平等・人権委員会による権限行使の状況

平等・人権委員会は，権限の行使において，①問題の規模（当該問題によって影響を受ける人数），②深刻度（もっとも脆弱な立場にいる者に影響するか否か等，人もしくはグループにおける当該問題の深刻度），③当該問題の持続性，④広がり（同一もしくは類似の問題が多数の組織体もしくは業種の人々に影響を与えているか否か）を考慮している。これらの考慮の結果，問題の規模が大きければ大きいほど，平等・人権委員会が権限を行使する可能性が高まると分析している[594]。

平等・人権委員会の権限行使の件数等の詳細は，平等・人権委員会による報告書によっては公表されていない。もっとも，2019年に下院特別委員会に共有された情報によれば，平等・人権委員会による権限行使の状況は，図表9の通りである。

平等・人権委員会の権限において注目すべきものとして，その他の労働関連法制の履行確保機構と比較して，平等・人権委員会には，審問，調査，協定，司法審査といった平等・人権委員会特有の法的権限が規定されている点にあ

---

[592]　Lord Dholakia, HL Deb 15 June 2005, vol 672, col 1295.

[593]　1975年性差別禁止法，1976年人種関係法，および1995年障害者差別禁止法では，機会均等委員会，人種平等委員会，および障害者権利委員会にのみ，差別的慣行・広告・指示・圧力に対する履行確保手段が与えられていた。2010年平等法付則26（パラグラフ13）の注釈によると，2010年平等法では，平等・人権委員会のほかに，個人にも提訴権があるとされている。

[594]　EHRC, 'How we decide whether to use our powers' (25 June 2021) 〈https://www.equalityhumanrights.com/our-work/our-legal-work/how-we-decide-when-to-use-our-legal-powers〉 accessed 15 November 2023.

197

第3部　差別禁止法の履行確保

図表 9　平等・人権委員会による権限行使件数

	2007/08	2009	2010	2011	2012	2013	2014	2015	2016	2017
審問	4	2	1	0	0	0	2	0	1	0
調査	3	0	0	0	0	0	1	0	0	0
協定	2	2	1	3	1	1	4	7	0	2
司法審査	1	1	1	1	0	0	0	1	0	14

出　所：House of Commons Women and Equalities Committee, *Enforcing the Equality Act: the law and the role of the Equality and Human Rights Commission,* (HC 1470, 2019) table 1 を参考に作成[595]。

る。もっとも，その他の労働関連法制の履行確保機構と比較すると，実際にこれらの権限が用いられることが少ないのが現状である。

このような平等・人権委員会の運用状況に対しては，平等・人権委員会は，差別者が平等・人権委員会の存在を脅威と感じるほどの活動を行うことができていないという指摘もある[596]。

---

[595]　House of Commons Women and Equalities Commission によるデータは，情報公開制度（Freedom Information）の利用により元人種平等委員会の係官（Razia Karim および Barbara Cohen）が得た情報を共有されたものである。

[596]　Women and Equalities Committee, *Oral evidence: Enforcing the Equality Act: the law and the role of the Equality and Human Rights Commission*（HC 1470, 2019）Q147.

第3章　検　討

◆ 第1節　イギリスにおける差別禁止法の履行確保機構に係る特徴

1　差別禁止法の履行確保機構の統合

　イギリスにおける差別禁止法は，イギリス国内の判例の蓄積だけではなく，アメリカ法およびEU法の影響を受けてその内容が醸成されており[597]，これを背景として，法律および規則が，その都度，制定されていることから，多様化および複雑化していた[598]。これらの制定法の多様化および複雑化を取り除くために，上記法律および規則を統合し，年齢，障害，性転換，婚姻・シビルパートナーシップ，妊娠・出産，人種，宗教もしくは信条，性別，性的指向を理由とした差別を禁止する包括的な差別禁止法として，2010年平等法が導入されるに至ったとされる[599]。

　差別禁止法の履行確保機構として，2006年平等法により平等・人権委員会が設置されるまでは，1965・1968年人種関係法を管轄法令とする人種関係委員会が，1970年同一賃金法および1975年性差別禁止法を管轄法令とする機会均等委員会が，1976年人種関係法を管轄法令とする人種平等委員会（1976年人種関係法および人種平等委員会の設置により，1965・1968年人種関係法および人種関係委員会は廃止された。）が，1995年障害者差別禁止法を管轄法令とする障害者権利委員会が履行確保機構としてそれぞれ設置されていた。2010年平等法により，上記法令すべてを管轄する履行確保機構として平等・人権委員会が設置された。2010年平等法により上記法律および規則が統合されて以降は，

---

[597]　Deakin and Morris（n 505）para 6.2.

[598]　Department for Communities and Local Government（n 542）27.

[599]　ibid 12.

199

平等・人権委員会の管轄法令は 2010 年平等法となっている。

包括的な履行確保機構の存在は，実効的な基盤を備えて設置されている限り[600]，個人および組織体双方にアクセスの容易性を提供するとともに，差別行為に係る問題に関する総合的な助言を提供することが可能となる。

2 各差別行為に係る問題に即した救済・是正手段

イギリスでは，1965 年から現在に至るまでの約 60 年間において，雇用分野における差別禁止法の履行確保手法が，以下のように変遷している点に特徴がある。

第一に，1965・1968 年人種関係法により人種関係委員会が設置されていた時代において，人種差別を含む労使間の紛争処理は，労使関係において支配的であった集団的レッセフェールに調和する手法（以下，「集団的規制（collective regulation）手法」とする。）が中心となっていたとされる[601]。行政機関による介入は，団体交渉の補完として考えられていたため，必要最小限に抑えられており，その権限の行使は，会社内の苦情処理機構や自主的団体交渉機構による処理が見込めない場合に限定されていた（1968 年人種関係法付則 2）。これに対して，差別に係る問題処理を労使に委ねることは，それがマジョリティの利益・意見を尊重するがゆえに，差別を受ける傾向にあるマイノリティの保護レベルを低下させるものになるとする批判が生じており，差別禁止法（およびその履行確保）は国家介入の領域であるという指摘がなされていた[602]。また，①会社内

---

[600] 2017 年から 2019 年にかけて下院の特別委員会により行われた差別禁止法の履行確保に関する平等・人権委員会のあり方の再検討においては，平等・人権委員会が，差別禁止法の履行確保機構としての役割を果たせておらず，2010 年平等法が遵守されていないことが指摘された。なぜなら，平等・人権委員会の権限行使の状況から，差別者が平等・人権委員会の存在を脅威と感じるほどの活動を行うことができておらず，その存在および権限が差別行為の抑止力として働いていないからである（House of Commons Women and Equalities Committee (n 19) para 29)。

[601] 以 下 の 履 行 確 保 手 法 は，Christopher McCrudden, 'Equality Legislation and Reflexive Regulation: a Response to the Discrimination Law Review's Consultation Paper' 36 *Industrial Law Journal* 3 (2007) 255-266 により整理された分類である。

[602] Folke Schmidt and others (ed), *Discrimination in Employment: A Study of Six Countries* (Almqvist & Wiksell International, 1978) 518.

第3章　検　討

の苦情処理機構への依拠では，当該苦情処理機構が会社により管理されていることから，差別に適切に対処できていなかったこと，②差別に係る問題を処理する手段が，労働者による申立てに依拠しており，人種関係委員会主導の権限が整備されていなかったこと等の問題点も指摘されていた[603]。

　第二に，上記の問題点を考慮に入れて[604]，1975年性差別禁止法，1976年人種関係法，および1999年障害者権利委員会法では，履行確保機構の権限の拡充が図られ，履行確保機構による調査の実施と法的手続を通じて法の履行を確保する手法（以下，「指揮・統制（command and control）手法」とする。）が中心となったとされる[605]。もっとも，1980年代初頭における公式調査の実施に係る判断基準の変更等により，事実上，指揮・統制手法が弱まり，個別労働者による裁判を中心として法の履行を確保する手法（以下，「個別的権利実現（individual rights）手法」とする。）へと移行したとされる[606]。

　第三に，会社内の仕組みに直接的な変更をもたらすということができないことを理由として，法の果たす役割が限定されていたことが，これまでの差別禁止法の失敗の要因であるとして，2006年平等法では，制定法により，法の履行確保のために，当該会社が自ら解決策を案出するよう促進し，それが機能しない場合には，履行確保機構の介入により法の履行を確保する手法（以下，「内省的規制（reflexive regulation）手法」とする。）が中心となったとされる[607]。

　以上のような履行確保手法は，各履行確保機構の権限および実際の権限行使の状況にも反映している。

　第一に，集団的規制手法を中心とした，1965・1968年人種関係法では，人種関係委員会には，労働者による申立てに先行して調査を行う権限や違法な差別行為を禁止する通告を交付する権限は与えられていなかった。人種関係委員会が労働者により差別行為に係る申立てが行われた場合には，まず，会社内において，当該申立てを処理する苦情処理機構があるか否かを判断し，そのような機構がある場合には，人種関係委員会は当該申立てに介入することができ

---

(603)　Hepple（n 520）51.

(604)　Home Office（n 521）para 48.

(605)　McCrudden（n 601）258.

(606)　ibid.

(607)　ibid 259-260.

第 3 部　差別禁止法の履行確保

ず，そのような機構がないもしくは当該機構では申立てを処理できない場合に
のみ，次に，人種関係委員会による調査や提訴といった権限の行使が認められ
ていた。

　第二に，指揮・統制手法を中心とした，1975 年性差別禁止法，1976 年人種
関係法，および 1999 年障害者権利委員会法においては，各委員会による会社
に対して調査を行う権限および調査の結果，違法な差別行為が明らかになった
場合に当該差別行為を禁止する差別停止通告の交付を行う権限等，履行確保機
構としての権限の拡充が図られた。

　第三に，内省的規制手法を中心とした，2006 年平等法では，平等・人権委
員会に，審問を行う権限，違法行為通告を交付する権限が与えられた。審問
は，調査とは異なり，差別を行っている可能性があると信じるに足る会社では
なく，そのような疑いのない会社にも広く実施することができる。審問の結
果，違法な差別行為が明らかになったとしても，（2006 年平等法 20 条に基づく
調査を要するため）その違法な差別行為自体に法的拘束力のあるような手段を
講じることはできないが，会社内の手続を是正させる方策等の勧告を行うこと
ができる（2006 年平等法付則 2）。また，違法行為通告は，これまでの委員会に
与えられていた差別停止通告とは異なり，違法行為通告が交付された者に対し
て，違法な差別行為を回避するためのアクション・プランを自ら作成・提出
し，およびそれを遵守するよう求めるものであり，当該差別に係る問題を処理
するために会社による関与が求められる。

　履行確保機構による権限の行使によっても，差別に係る問題を処理できない
場合，最終的には，個別労働者による裁判手続を要することになる。もっと
も，これまでの既存の各委員会と比較すると，平等・人権委員会には，個別労
働者による訴訟手続に至るまでに，審問や勧告といった説得的な権限から，会
社参加型の権限，さらに調査の実施や提訴権といった平等・人権委員会による
介入的な権限に至るまで，幅広い権限が導入されている。個別労働者に限定さ
れた問題，会社内のシステム全体において変化を要する問題等，問題に即した
是正・救済を可能にする権限が与えられている点に意義がある。

202

第 3 章 検 討

3 履行確保機構による提訴権

日本では，労働基準監督官，雇用環境・均等部（室），需給調整事業部（室）等による個別的労働関係法の履行確保において，労働者の権利救済に直接的に機能する権限（以下，「民事救済権限」とする。）は規定されていない。

これに対して，イギリスでは，平等・人権委員会による 2010 年平等法の履行確保および違法な差別行為の救済に係る権限として，司法審査その他の法的手続の開始という提訴権が平等・人権委員会に導入されている点に特徴がある。そこで，以下，イギリスにおいて，違法な差別行為の是正において，履行確保機構（行政機関）に提訴権が導入された理由の分析を行う。

イギリスにおける最初の差別禁止法である 1965・1968 年人種関係法においては，その履行確保機構として人種関係委員会が設置されていた。人種関係委員会は差別行為が生じた会社における自主的団体交渉機構もしくは苦情処理機構によってはその問題を処理できない場合もしくはこれらの機構が存在しない場合にのみ，自己の有する権限を行使することができたように，差別禁止法の制定当初は，差別の是正において優先されるべきものは，労使の自主的な解決であるとされていた[608]。

しかし，差別に係る問題処理を自主的団体交渉機構に委ねることは，自主的団体交渉機構がその構成員のマジョリティの利益・意見を尊重するがゆえに，差別を受ける傾向にあるマイノリティの保護レベルを低下させるものになるという批判が生じていた[609]。

また，会社内の苦情処理機構への依拠では，当該苦情処理機構が会社により管理されていることから，差別に適切に対処できていなかったとされる[610]。そこで，差別禁止法の履行確保は国家介入の領域となった。

差別禁止法の履行確保機構は，自主的団体交渉機構の代替となるわけであるから，履行確保機構による差別禁止法の履行確保には，自主的団体交渉機構による履行確保と少なくとも同等の執行力が必要となる。自主的団体交渉において，労働組合側の主張・要求が通らない場合には，ストライキ等の実力行使に

---

[608] Hepple（n 518）187.

[609] Schmidt and others（n 602）518.

[610] Hepple（n 520）51.

203

第 3 部　差別禁止法の履行確保

より，法的な制裁規定なくとも是正が可能となる。しかし，履行確保機構では，そのような実力行使ができない。そこで，履行確保機構による差別禁止法の履行確保にもストライキといった実力行使と同等の制裁が必要となる。それが，履行確保機構による提訴権として法的に規定されるに至ったと考えられる。

　機会均等委員会，人種平等委員会，および障害者権利委員会への提訴権の付与は，差別が 1 人ではなく（性別，人種，障害等の）グループに対して行われるものであり，グループ全体を救済する手段が必要であるとして要請されていた[611]。また，これらの履行確保機構に与えられた提訴権は，自主的団体交渉機構の補完として限定的に認められていたものであり，実際には，権限の行使はほとんどなかったとされている[612]。履行確保機構による提訴権には，労働組合という集団による労働者の保護，そして，労使間の自主的な解決というイギリス労使関係の特徴が色濃く反映されていた。

　また，2010 年平等法の履行確保機構である平等・人権委員会においても，それによる提訴が認められるのは，差別的広告・指示・圧力の履行確保に加えて，当事者が複数人いる場合で，そのうちある 1 人によって申立てを行ったのではその全体像を示すことができない場合，申立てに係る内容が，平等・人権委員会の歴史，法的義務，または経験に鑑みて，平等・人権委員会による申立てが最適である場合が列挙されており，個別救済を目的とはしていないようにみえる。

◆ 第 2 節　差別禁止法に係る現行履行確保手法の課題

　差別禁止法の履行確保手法は，集団的規制手法から，指揮・統制手法，個別的権利実現手法，内省的規制手法へと変遷している。現行法である 2010 年平等法の履行確保手法は，内省的規制手法を中心としている。もっとも，内省的規制手法が唯一の履行確保手法というわけではなく，とりわけ指揮・統制手法

---

[611]　Blackstone（n 558）col 388.
[612]　Hepple（n 514）12.

およびに個別的権利実現手法も存続している。過去の差別禁止法の履行確保手法における問題点を考慮し，履行確保手法を再検討した上で，現行法の履行確保手法に取り入れられているがゆえに，平等・人権委員会には，過去の差別禁止法の履行確保機構である人種平等委員会，機会均等委員会，および障害者権利委員会より幅広い権限が与えられている。

　平等・人権委員会が，差別に係る問題に即した救済・是正権限を有してはいるが，下院の特別委員会による報告内容および権限行使件数に鑑みて，実際には平等・人権委員会が差別に係る問題処理に有効に機能しているとは言いがたい。以下，なぜ，現行の差別禁止法およびその履行確保機構である平等・人権委員会が，差別に係る問題処理に有効に機能できていないのかについての若干の分析を行いたい。

　第一の要因は，差別禁止法の履行確保手法として，内省的規制手法を中心としていることにある。内省的規制手法は，法によって直接的に会社組織の規制を行うのではなく，会社組織内の仕組みによって，差別に係る問題を処理するというものである[613]。このような内省的規制手法に対しては，差別者と被差別者間のパワー関係を無視もしくは過小評価しているという批判がある[614]。差別者および被差別者間のパワーの不均衡を是正するためには，独立した履行確保機構の存在およびその法的権限の強化が必要となると指摘する[615]。内省的規制手法を中心としていることから，差別禁止法の履行確保機構である平等・人種平等委員会による審問や調査といった介入は，会社組織内の仕組みが機能しない場合に限定される。会社組織は，平等・人権委員会の存在を脅威とみなしていないため[616]，平等・人権委員会の存在・権限が抑止力として機能していない状況を生み出している。

　第二の要因は，2006年平等法および2010年平等法において採用された内省的規制手法の中身にある。差別禁止法の履行確保手法として内省的規制手法の採用に支持する者であっても，同手法が有効に機能するには，①組織体による自主的な規制・ルールの有効性を確保するための当該組織体による内部調査

---

(613)　McCrudden（n 601）260; Hepple（n 556）320.

(614)　Hepple（n 556）322.

(615)　ibid.

(616)　Women and Equalities Committee（n 19548）para 29.

第 3 部　差別禁止法の履行確保

(internal scrutiny)，②自主的な規制・ルールを構築するにあたり，労働者等の利害関係者の参加，および③自主的な規制・ルールが機能しない場合に，最終的に差別に係る問題を処理し，抑止効果のある制裁を課すことができる平等・人権委員会等の履行確保機構の設置が必要となると指摘されている[617]。そして，②と③がない限り，内省的規制手法は，単に組織体の決定を軽率に承認または正当化するだけのものになるとされる[618]。2006 年平等法および 2010 年平等法は，その履行確保手法として内省的規制手法を中心としているが，平等・人権委員会の権限行使が抑止力とみなされていない。また，公共部門および民間部門ともに，内部調査を実施する法的義務がない。さらに，自主的な規制・ルールの構築に利害関係者の参加を法的に義務づけていない。

　第三の要因は，保守党政府の差別禁止法に対する姿勢にある。現行法である 2006 年平等法および 2010 年平等法だけでなく，1965 年人種関係法，1968 年人種関係法，1975 年性差別禁止法，1976 年人種関係法は，労働党政権時に制定されたものであり，歴史的にみて，保守党政府が，差別禁止法を制定することはきわめてまれであった[619]。2010 年以降，（連立政権時も含めて）保守党政府は，労働党政権時に君主の裁可を得た 2010 年平等法の一部の条文を施行しておらず，また，複数の条文を廃止している[620]。保守党政府は，2010 年平等法の法案審議過程において，平等法の制定自体については支持していた。その上で，平等を促進するためには，使用者に制裁を課すことなく，企業による協力を求めなければ，平等法は，企業に不必要な負担を課すものになると指摘していた[621]。保守党政府は，平等・人権委員会の設置時（2007 年）と比較すると，2020 年において，その職員数を約 5 分の 2 に，また，経済的資源も約 4 分の 1

---

[617]　Hepple (n 556) 321.

[618]　ibid 323.

[619]　Robert Wintemute, 'Goodbye EU Anti-Discrimination Law? Hello Repeal of the Equality Act 2010' 27 *King's Law Journal* 3 (2016) 396.

[620]　イギリス差別禁止法は，EU 指令の国内法化等，EU 法の影響を受けて形成されたものである。そこで，イギリスの EU 離脱により EU 法の拘束を受けなくなることから，2010 年平等法の廃止の可能性も指摘されていたが（ibid 396-397），本書の執筆時点においては廃止の議論には至っていない。

[621]　Theresa May, HC Deb 11 May 2009, vol 492, cols 545-566.

に削減している[622]。

　内省的規制手法は，会社組織自ら，差別に係る問題処理策，平等の促進策を案出させることで，当該会社組織自ら当該問題と向き合い，組織内の仕組みに直接的な変更をもたらすことができるという点に意義がある。もっとも，当該会社組織による策定された規制・ルールの再検討，仕組みの作成・変更にあたり，被差別者や労働者といった利害関係者の参加，自主的規制・ルールが働かない場合に有効に機能できる履行確保機構の存在がなければ，内省的規制手法は単に会社組織の独裁的決定を促進するだけのものに過ぎない。

　したがって，雇用分野において，差別禁止法の履行確保手法として内省的規制手法を中心とする場合，すなわち使用者および会社組織による自主的な規制・ルールによって，差別に係る問題を処理しようとする場合，それが有効に機能を果たすためには，少なくとも上記3要件を備えていなければならないとされる[623]。

---

[622]　EHRC, *Annual Report and Accounts*（2008〜2020）; HM Government, *Tailored Review of The Equality and Human Rights Commission*（2018）27; and EHRC, *Annual Report and accounts 2020-21*（HC 527, 2021）20.

[623]　Hepple（n 556）321.

第 4 部

イギリス労働関連法制の
履行確保機構の統合

◆ はじめに

　イギリスでは，本書冒頭で示した図表1のように労働関連法制の履行確保機構が大きく7つに分かれている。現在，最低賃金の履行確保機構である歳入税関庁（最低賃金履行確保チーム），ならびに民営職業斡旋事業法の履行確保機構である民営職業斡旋事業者基準監督機関，およびギャングマスター（許可制度）法の履行確保機構であるギャングマスター及び労働者酷使取締局の統合が検討されている。また，この統合の検討は，三機構の管轄法令を超えたものの統合および各履行確保機構の権限の再検討も伴っている。

　2000年代初頭にはすでに，各法令に基づいて設置されている労働関連法制の履行確保機構を1つに統合すべきであるとする指摘があったとされる[624]。

　政府によって，履行確保機構の統合が，議論の俎上に載せられたのは2007年以降である[625]。2009年までは，法違反の申告または相談は，歳入税関庁（最低賃金履行確保チーム），民営職業斡旋事業者基準監督機関，ギャングマスター許可局，労働安全衛生執行局，平等・人権委員会といった各履行確保機構に設けられたヘルプライン（電話相談窓口）を通じてそれぞれ行われていた。労働者は申告または相談に際して，その内容に応じて適当な履行確保機構を自身で選定しなければならない等の問題が生じていたため[626]，政府は2009年に単一のヘルプラインを設置するに至った。

　次に，履行確保機構の統合議論は，2016年移民法の制定過程において生じた。移民の削減を目的として入国管理体制を見直す保守党政府は，「『不法』移民労働者および労働搾取に対処するためにより強力な労働市場規制（labour

---

[624]　市民相談サービス（Citizens Advice）は，2000年前後から履行確保機構の統合を求める運動を行っていた（Citizens Advice, *The Need for a Single Enforcement Body for Employment Rights*（2019））。

[625]　BERR, *Vulnerable Worker Enforcement Forum: Final Report and Government Conclusions*（2008）.

[626]　ibid ch 2.

market regulation)[627]を導入する」と公約した[628]。その結果，移民法の制定過程において，労働搾取の取締まりを強化するために履行確保機構の改良が提案された。2016 年移民法では，履行確保機構を統合するために必要となる時間および財源の問題から，統合ではなく，その代わりとして，歳入税関庁（最低賃金履行確保チーム），民営職業斡旋事業者基準監督機関，およびギャングマスター及び労働者酷使取締局の連絡機構が設置された[629]。この連絡機構は，移民法において規定されているが，法案審議過程において，使用者による法違反は，移民労働者だけでなく，未熟練労働者全体において生じていることが指摘されたことから[630]，連絡機構も移民労働者の問題に限定されていない。

　そして，履行確保機構のさらなる統合議論は，プラットフォームを介して企業や個人から仕事を請け負うクラウドワーカーの労働者（worker）該当性を争点とする法的紛争の増加に伴って生じた。これは，労働者該当性が明らかになり，労働者としての権利が保障されたとしても，使用者の法違反により労働者の権利が侵害される場合，自己の権利を実現することが容易ではないとして，労働関連法制の履行確保議論に至ったものである[631]。履行確保議論のうち，行政機関による履行確保議論として，これまでいずれの履行確保機構の管轄になっていない法令の包摂に加えて，歳入税関庁（最低賃金履行確保チーム），民営職業斡旋事業者基準監督機関，およびギャングマスター及び労働者酷使取締局を統合する履行確保機構の新設が構想されている[632]。また，この統合議論は，履行確保機構の権限の再検討を伴うものであり，履行確保機構に労働者の権利を救済できる権限の付与が検討されている。

　以下では，まず，歳入税関庁（最低賃金履行確保チーム），民営職業斡旋事業

---

(627)　2015 年当時の首相ディビッド・キャメロン（David Cameron）によるスピーチおよび保守党マニフェストに鑑みて，この「労働市場規制」は，国内労働市場における移民労働者の需要減少，自国民労働者の需要増加をその内容とする。

(628)　Conservative Party, *Strong Leadership a Clear Economic Plan a Brighter, More Secure Future*（Conservative Party Manifesto, 2015）31.

(629)　DLME（n 402）20.

(630)　MAC（Migration Advisory Committee）, *Migrants in low-skilled work: The growth of EU and non-EU labour in low-skilled jobs and its impact on the UK*（2014）para 6.93.

(631)　Taylor（n 11）ch 8.

(632)　HM Government, *Good Work Plan*（2018）42.

者基準監督機関，およびギャングマスター及び労働者酷使取締局の連絡機構の設置過程，職権，およびこの連絡機構が三機構に及ぼす影響を整理する。

第1章　DLME の新設

◆ 第1節　DLME の設置過程

1　移民問題助言委員会の報告

　労働党政権時（1997〜2010 年）における移民数の増加を背景として，保守自民連立政府およびその後の保守党政府は，移民数を削減する政策に焦点をあてた[633]。2004 年に，旧東欧諸国が新たに EU に加盟したことにより，旧東欧諸国からイギリスへの移民労働者が増加していた[634]。これらの労働者は，熟練した技能を要しない労働に従事する傾向にあった[635]。未熟練移民労働者の増加を背景として，2013 年に保守自民連立政府は，未熟練移民労働者の問題，その問題を生じさせている要因，その結果生じる経済的・社会的影響の調査を，移民問題助言委員会（Migration Advisory Committee）[636]に諮問した。

　移民問題助言委員会の報告書作成時に提供された情報によると，移民労働者に生じている問題として，移民労働者には，言葉の壁があり，また，移民労働者は，イギリス法に精通していないことから，自国民労働者と比べて搾取を受けやすく，労働を強いられやすいことが挙げられた[637]。また，移民問題助言委

---

[633]　Conservative Party, *Invitation to Join the Government of Britain*（Conservative Manifesto, 2010）21; Conservative Party（n 628）29.

[634]　Sturge（n 428）13。

[635]　Home Office and Department for Work Pensions, *The Economic and Fiscal Impact of Immigration: A Cross-Departmental Submission to the House of Lords Select Committee on Economic Affairs*（Cm 7237, 2007）para 4.3.4.

[636]　移民問題助言委員会は，2007 年に設置された非政府組織である。移民問題に関する助言を政府に行っている。

[637]　MAC（n 630）Forced Labour Monitoring Group response to MAC call for evidence.

215

第4部　イギリス労働関連法制の履行確保機構の統合

員会は，労働協約の適用率が，1980年70％であったのに対して，2014年には
その半分以下にまで低下していることから，労働関連法制の遵守および履行確
保は，移民労働者だけでなくイギリス人労働者の保護にとっても必要不可欠で
あり，これは，低賃金で移民労働者を搾取することによるイギリス人労働者の
雇用創出の減退を防ぐことを可能にすると指摘した[638]。さらに，移民問題助言
委員会は，労働組合による保護が減退している状況において，移民労働者を含
む脆弱な労働者を保護するためには，履行確保機構による保護が重要となると
して[639]，現行の労働関連法制の履行確保機構が搾取を軽減させる履行確保手段
を整えているのかという点から調査を実施した[640]。歳入税関庁（最低賃金履行確
保チーム），労働安全衛生執行局，民営職業斡旋事業者基準監督機関，ギャン
グマスター許可局の履行確保活動を調査した結果，①未熟練労働者の従事する
職種[641]全体において，労働関連法制の履行確保レベルが低いこと，すなわち法
違反の取締まりが行われていないこと，②履行確保機構の財源が不足している
こと，③履行確保機構が分立しており，またこれらの機構間で情報共有が法的
に禁止[642]されていることから，各履行確保機構で，それぞれの役割に混同を生
じさせる可能性があることを報告した[643]。そこで，移民問題助言委員会は，法
違反を取り締まるために，労働関連法制の履行確保機構にさらなる人的・経済
的資源の投入が必要である（①と②への対処）と報告した[644]。また，履行確保機
構間の情報共有を可能にするための解決策として，包括的な履行確保機構，少
なくとも既存の履行確保機構の連携を強化する措置を検討すべきである（③へ
の対処）と報告した[645]。

---

[638]　ibid chairman's foreword.

[639]　ibid paras 6.5-6.9.

[640]　ibid ch 6.

[641]　未熟練労働者の従事する職種として，事務職，介護職，販売職，運搬職，補助業務
　　　等が挙げられている（ibid table 2.2）。

[642]　民営職業斡旋事業者基準監督機関と歳入税関庁（最低賃金履行確保チーム）間は，
　　　2008年雇用法18条2項により，また歳入税関庁（最低賃金履行確保チーム），民営職
　　　業斡旋事業者基準監督機関，およびギャングマスター及び労働者酷使取締局間は，2016
　　　年移民法付則3により情報共有が可能となった。

[643]　MAC（n 630）paras 6.93-6.95.

[644]　ibid para 10.28.

[645]　ibid paras 10.27 and 10.28.

第 1 章　DLME の新設

　2015 年 5 月，総選挙直後における当時の首相ディビッド・キャメロン（David Cameron）によるスピーチでは，海外からの低賃金労働者に対する国内での労働搾取を厳しく取り締まるために，「現在，四機構（歳入税関庁（最低賃金履行確保チーム），民営職業斡旋事業者基準監督機関，ギャングマスター及び労働者酷使取締局，および労働安全衛生執行局）間で分けられている各法令（すべて）を管轄する履行確保当局（a new enforcement agency）」が新設されるべきであることが指摘された[646]。要するに，移民労働者，特に「不法」移民労働者の削減を目的とした保守党政府の政策は，自国民労働者と比較して脆弱な，すなわち「労働搾取」を受けやすいという，「不法」移民労働者の特性を鑑みて，労働搾取の取り締まりの政策につながった。もっとも，移民労働者，とりわけ「不法」移民労働者の問題を契機として，履行確保当局の新設議論に至ったが，移民問題助言委員会が指摘したように，労働関連法制の履行確保に存する問題が生じているのは移民労働者だけではないことから，2016 年移民法で新設された当局は移民労働者に限定されるものではない。

　2015 年 9 月 15 日，当時の内務大臣メイにより，DLME[647] の新設を含んだ移

---

[646]　Cameron（n 429）.

[647]　「労働市場エンフォースメント室長」は，全国最低賃金法，民営職業斡旋事業法，およびギャングマスター（許可制度）法の履行確保機構の連絡機構となるものであり，Labour Market Enforcement が「労働関連法制の履行確保」を意味するものであるといえる。ただし，DLME の設置は，旧来の労働法（labour law）による国家介入の正当化根拠である「労働者の保護」を目的としているというよりはむしろ，労働市場における公正な条件下での企業間競争の強化（市場の失敗の補正）を主たる目的としている。DLME の構想過程（ビジネスイノベーション技能省および内務省による意見聴取に付された文書）では，労働関連法制の不遵守の性質が，個別労働者に対する個別的な違反から，「労働市場において生ずる搾取」に等しい組織的・職業的・継続的に構造化された活動へと移行していると指摘されており，これらの労働搾取に対処することが，イギリス経済およびイギリス労働市場において必要不可欠であるとし，直接的に労働者の保護に言及していない。したがって，「Labour Market Enforcement」は，労働市場の機能調整的意味合いの強いものであるため，本書では，DLME の内容ではなく，その設置の趣旨・目的に則して，「労働市場エンフォースメント」と訳出する。意見聴取に付された文書および 2016 年移民法における術語（terminology）に注目して，2016 年移民法における労働搾取に対する取り組み（DLME の設置）が，労働搾取に脆弱な労働者を保護するという目的からではなく，労働搾取または犯罪行為に着手するものによる法令遵守企業に対する不当な価格引き下げに対処するという目的から行われたと指摘するものとして，Davies（n 411）440-441 を参照。

217

民法案が下院に提出された[648]。メイは、その法案審議過程において、既存の履行確保機構間の連携を勧告した2014年の移民問題助言委員会による報告書に言及した上で、履行確保活動に必要となる情報を整理・提供し、各履行確保機構の柔軟な資源配分を責務とする機構としてDLMEを設置するとした[649]。2015年当時の首相キャメロンによるスピーチでは、歳入税関庁（最低賃金履行確保チーム）、民営職業斡旋事業者基準監督機関、ギャングマスター及び労働者酷使取締局、および労働安全衛生執行局の管轄法令すべてを管轄する履行確保当局の新設が提案されていたが[650]、時間および財源の問題から、統合の代わりにギャングマスター及び労働者酷使取締局の権限拡大とDLMEという履行確保機構の連絡機構の新設を決定した[651]。同年10月、DLMEの設置に関する意見聴取が実施された。

2 意見聴取の実施

2015年10月に実施された意見聴取では、DLMEの管轄事項とその職権に関する意見が、使用者団体、慈善事業団体、一般企業、学者、労働組合等に対して照会された。以下、意見聴取の結果とそれに対する政府回答をそれぞれ整理する。

(1) 管 轄 事 項

2015年当時の首相キャメロンによるスピーチ時は、労働安全衛生執行局も統合の対象とする旨の発言が見られていたが[652]、意見聴取に付された文書では、歳入税関庁（最低賃金履行確保チーム）、民営職業斡旋事業者基準監督機関、およびギャングマスター及び労働者酷使取締局の監督対象およびこの三機構の各管轄法令の違反企業に重複の傾向がみられていたことから、まずはこの三機構

---

[648] Theresa May, HC Deb 17 September 2015, vol 599, col 1214.

[649] Theresa May, HC Deb 13 October 2015, vol 600, cols 197-198.

[650] Cameron（n 429）.

[651] DLME（n 402）20.

[652] Cameron（n 429）.

第 1 章　DLME の新設

を DLME の管轄とするとして意見聴取が実施された[653]。

　意見聴取に応じたものの約半数（48 ％）は，DLME が履行確保機構間の連絡機構になるとしてその設置を支持した一方で，10 ％は DLME が共通の運営方針を設定して財源を配分することにより，各履行確保機構の既存の運営方針を弱めることになるとしてその設置に反対した（30 ％は不明）[654]。また，①DLME の役割が，脆弱な労働者の保護という労働者全体を対象とする取り組みを，「不法」移民労働者の阻止という取り組みとして限定させてしまうおそれのあること，②DLME の管轄外となる履行確保機構が存在することが懸念点として挙げられた[655]。前者の懸念に対して，ビジネスエネルギー産業戦略省および内務省は，「不法」移民労働者に対処することが，DLME の焦点になることを意図「していない」と明言した[656]。後者の懸念に対して，政府は，管轄外となる履行確保機構も連携させる必要性があることを認識した上で，「第一歩として（as a first step）」，歳入税関庁（最低賃金履行確保チーム），民営職業斡旋事業者基準監督機関，およびギャングマスター及び労働者酷使取締局の三機構の連絡機構となる DLME を導入するとした[657]。

(2) 職　権

　意見聴取に付された文書において，DLME は，各履行確保機構から情報を収集し，それを処理分析し，さらにその情報を各履行確保機構に提供する情報ハブ（Intelligence Hub）となるものとしてその設置が提案されていた[658]。情報収集・提供先としては，歳入税関庁（最低賃金履行確保チーム），民営職業斡旋事業者基準監督機関，およびギャングマスター及び労働者酷使取締局に加えて，移民管理局（Immigration Enforcement）[659]，警察，英国犯罪対策庁，労働安全衛

---

[653]　BEIS and Home Office（n 451）forewords and ch 3.

[654]　BEIS and Home Office（n 452）paras 29-30.

[655]　ibid para 31.

[656]　ibid para 86.

[657]　ibid para 82.

[658]　BEIS and Home Office（n 451）para 71.

[659]　移民管理局は，入国管理当局のひとつであり，「不法」入国および「不法」滞在の防止，「不法」移民の追跡調査，移民法の遵守向上，に責任を有する内務省内の機構である。

219

第 4 部　イギリス労働関連法制の履行確保機構の統合

生執行局，地方当局等を含む。意見聴取に応じたものの 73 ％は，DLME の情報ハブとしての職権を支持したが，その支持者の中には，履行確保機構への移民労働者による申告を妨げる要因になるとして移民管理局との情報共有に懸念を示す者もいた[660]。DLME の焦点が，「不法」移民労働者の対処にないとしていたビジネスエネルギー産業戦略省および内務省とは対照的に，政府は，「不法」移民労働者の存在が明らかである場合には，その情報を共有するために，労働関連法制の履行確保機構と移民管理局が連携を図ることが適切であると考えていた[661]。

　最終的に，上記の意見聴取の結果を反映させて，全国最低賃金法，民営職業斡旋事業法，ギャングマスター（許可制度）法，現代奴隷法第 1 部（奴隷，隷属，強制労働，人身売買）および第 2 部（奴隷及び人身売買防止命令，奴隷及び人身売買危機命令），ならびに各関連規則を管轄法令として，以下を職務とする DLME が設置された。

◆　第 2 節　DLME の職務

1　LME 戦略および年報の作成・提出

(1) LME 戦略

　DLME は，年度初めまでに当該年度の LME 戦略を作成し，国務大臣（ビジネスエネルギー産業戦略大臣および内務大臣）に提出し，国務大臣から承認を得ることが義務付けられている（2016 年移民法 2 条 1 項）。LME 戦略は，前年度に生じた「労働市場における不遵守（non-compliance in the labour market）」の規模および性質[662]ならびに当該年度およびその後 2 年間におこりうる「労働市場における不遵守」の規模と性質の予測を示すものである（2 条 2 項(a)）。また，LME 戦略は，当該年度において，(i)どのように「労働市場エンフォース

---

[660]　BEIS and Home Office（n 452）paras 41-42.

[661]　ibid para 102.

[662]　例えば，最低賃金未満の賃金を受け取った労働者数や未払賃金の平均額，最低賃金未満の賃金を支払う産業部門が報告されている。

メント権限（labour market enforcement functions）」が行使されるべきか，(ii)
国務大臣および労働市場エンフォースメント権限を行使できる者または係官
（歳入税関庁（最低賃金履行確保チーム），民営職業斡旋事業者基準監督機関，およ
びギャングマスター及び労働者酷使取締局の各係官を意味する。）が，これらの権
限行使に関連して実施または促進すべき教育，訓練，および調査，(iii) 労働
市場エンフォースメント権限を行使できる者または係官の権限行使に必要とな
る情報または情報の説明，(iv) その情報が提供される様式および頻度の提案
を含む（2条2項(b)）。さらに，LME 戦略は，DLME が，8条（情報ハブに集
められた情報）に基づいて当該年度中に実施する活動を提案する（2条2項
(c)）。これらに加えて，DLME が適切であると考慮するその他の問題を取り
扱う（2条2項(d)）。2条2項(b)における提案は，(i)および(ii)における権限
の行使および活動に利用可能な人的経済的資源がどのように配分されるべきか
を設定しなければならない（2条3項）。労働市場エンフォースメント権限を行
使できる者は，当該年度中，その権限行使において LME 戦略を考慮しなけれ
ばならない（2条6項）。LME 戦略は，歳入税関庁（最低賃金履行確保チーム），
民営職業斡旋事業者基準監督機関，ギャングマスター及び労働者酷使取締局，
ならびにこれらの所管省庁であるビジネスエネルギー産業戦略省および内務省
に対する，個別のまたは全体の勧告文書としての機能を果たしている。

　「労働市場における不遵守」は，(i)「労働市場における犯罪行為」の着手，
(ii) 最低賃金以上の賃金を労働者に支払わなければならないと定める全国最低
賃金法1条の不遵守，(iii) 全国最低賃金法19条に基づいて最低賃金未満の賃
金を支払う使用者に対して交付された未払通告（notice of underpayment）によ
り課せられた制裁金の未払い，(iv) ギャングマスター（許可制度）法7条に基
づいて付与された許可条件の不遵守，(v) 制定法に基づいて国務大臣により制
定された規則に定められたその他の要件の不遵守を意味する（2016年移民法3
条1項）。

　「労働市場エンフォースメント権限」は，(i) 民営職業斡旋事業法3A条に基
づく国務大臣の権限（禁止命令の交付を雇用審判所に申請する権限），(ii) 民営職
業斡旋事業法8A条により任命された係官の権限（事業場施設の立入調査権限），
(iii) 全国最低賃金法13条に基づいて任命された係官の権限（事業場施設の立入
調査権限，未払通告の交付権限），(iv) ギャングマスター（許可制度）法1条2

第4部 イギリス労働関連法制の履行確保機構の統合

項(a)〜(c)に基づくギャングマスター及び労働者酷使取締局の権限（許可権限），(v)ギャングマスター（許可制度）法15条に基づいて任命されたギャングマスター及び労働者酷使取締局係官の権限（事業場施設の立入調査権限），(vi)現代奴隷法第2部に基づくギャングマスター及び労働者酷使取締局の権限（奴隷及び人身売買防止命令または奴隷及び人身売買危機命令の交付を治安判事裁判所に申請する権限），(vii) 現代奴隷法第1部（奴隷，隷属，強制労働，人身売買）または第2部の履行確保を目的とした労働者酷使防止官の権限（1984年警察及び刑事証拠法上の権限），(viii) 2016年移民法第1部第1章に基づく国務大臣または履行確保機構の権限（LMEU の提出を法違反者に求める通告を交付する権限，LMEO の交付を裁判所に申請する権限），(ix) LMEU または LMEO を遵守せず，そのことに関連して引き起こされる犯罪行為が，各履行確保機構（歳入税関庁（最低賃金履行確保チーム），民営職業斡旋事業者基準監督機関，およびギャングマスター及び労働者酷使取締局）の管轄法令上の犯罪行為である場合に各履行確保機構の係官が行使する調査権限[663]，(x)国務大臣によって制定された規則所定のその他の権限を意味する（2016年移民法3条2項）。

(2) 年 報

DLME は，各年度末以降に可能な限り迅速に，当該年度の報告書を国務大臣に提出しなければならない（4条1項）。年報において，DLME は，(i)当該年度中に行使された「労働市場エンフォースメント権限」および2016年移民法2条2項(b)（国務大臣および労働市場エンフォースメント権限を行使できる者または係官が，これらの権限行使に関連して実施または促進すべき教育，訓練，および調査）に基づいて実施された活動，(ii) 当該年度中の「労働市場における不遵守」の規模および性質に LME 戦略が及ぼした影響，(iii) 8条（情報ハブに

---

[663] 2016年移民法26条では，歳入税関庁（最低賃金履行確保チーム），民営職業斡旋事業者基準監督機関，ギャングマスター及び労働者酷使取締局の各係官は，LMEU または LMEO を遵守せず，そのことに関連して引き起こされる犯罪行為が，自己の管轄における犯罪行為である場合に権限を行使することができると定められている。歳入税関庁（最低賃金履行確保チーム），民営職業斡旋事業者基準監督機関，およびギャングマスター及び労働者酷使取締局は，LMEU および LMEO の利用状況を毎月共有している（BEIS, *UK Labour Market Enforcement Strategy 2019/20*（Government Response, 2020）20）。

集められた情報）に基づいて DLME が実施した活動を評価しなければならない
（4条2項）。

　DLME が設置されるまで，履行確保機構は各自が設定した運営方針に基づ
いて履行確保活動を実施していた。DLME の設置に関する意見聴取に付され
た文書では，柔軟かつ応答的な財源の配分のために，運営方針に三機構共通の
優先事項を設定すべきであることがすでに指摘されており[664]，履行確保機構に
対する勧告文書として機能する LME 戦略はこれに対応するものとなった。

2　履行確保機構間の情報提供の橋渡し（情報ハブ）

　DLME は，それ自体が権限を行使するものではなく，実際に権限を行使す
ることができるのは，歳入税関庁（最低賃金履行確保チーム），民営職業斡旋事
業者基準監督機関，およびギャングマスター及び労働者酷使取締局である。し
たがって，DLME はこの三機構の権限行使を円滑に進めるための連絡機構と
なる。DLME は，「労働市場における不遵守」の情報を収集，保管，処理，分
析，普及することが義務づけられている（2016 年移民法8条）。DLME は，労
働市場エンフォースメント権限を行使できる者または係官に，「労働市場にお
ける不遵守」の情報を提供するよう求めることができる（8条2項）。また，労
働市場エンフォースメント権限を行使できる者または係官は，自己の権限行使
を促すと考える情報の提供を DLME に求めることができる（8条4項，5項）。
8条2項および4項に基づいて情報提供の依頼を受けた者は，相当期間内にそ
れに応じなければならない（8条6項）。

　実際には，DLME は，歳入税関庁（最低賃金履行確保チーム），民営職業斡旋
事業者基準監督機関，およびギャングマスター及び労働者酷使取締局だけでな
く，警察，労働組合，使用者団体，NGOs 等からの情報も収集しており，収集
された情報は毎月，歳入税関庁（最低賃金履行確保チーム），民営職業斡旋事業
者基準監督機関，ギャングマスター及び労働者酷使取締局，労働安全衛生執行
局，移民管理局，DLME を主たる構成員とする戦略的連携グループ（Strategic

---

[664]　BEIS and Home Office（n 451）para 60.

第 4 部　イギリス労働関連法制の履行確保機構の統合

Coordination Group：以下，「SCG」とする。) に送られて[665]共有されている[666]。SCG は，歳入税関庁，民営職業斡旋事業者基準監督機関，およびギャングマスター及び労働者酷使取締局から，専門的知識を集めることを目的として，2016 年 10 月に設置されたものであり，共有された情報に基づいて，歳入税関庁（最低賃金履行確保チーム），民営職業斡旋事業者基準監督機関，およびギャングマスター及び労働者酷使取締局共同で可能な履行確保活動の特定および密接な連携を必要とする問題への対処の役割を担っている[667]。

◆ 第 3 節　DLME の及ぼす影響

　民営職業斡旋事業者基準監督機関の人的資源の増加[668]等，LME 戦略による毎年の勧告は，履行確保機構の活動に大きな影響を及ぼしているが，今後の統合議論につながるもっとも重要な DLME の働きは，情報ハブを通じた複数の履行確保機構による共同履行確保活動である。共同履行確保活動には，事業場施設における共同の監督活動だけでなく，履行確保機構間の情報共有も含まれる。

　共同履行確保活動は，SCG から共有された情報に基づいて実施されている。共同履行確保活動では，その開始前に，あらゆる情報が履行確保機構に共有されるとともに，その共同履行確保活動への参加意思が問われることにより，他の機構からの不必要な資源の投入を避けることで，より有効な資源利用を可能にさせていると DLME は指摘する[669]。そのため，2017 年度には，歳入税関庁（最低賃金履行確保チーム），民営職業斡旋事業者基準監督機関，およびギャングマスター及び労働者酷使取締局の三機構間において計 25 の共同履行確保活

---

[665]　DLME は，DLME の職権行使に関連して得た情報を，労働安全衛生執行局，入国管理係官に開示することができる（2016 年移民法 6 条 3 項，4 項，付則 1）。

[666]　Interim DLME (n 467) 43-48.

[667]　DLME (n 402) 76.

[668]　これは，2018 年度 LME 戦略における勧告であり，政府はこれを受諾し，実際に増員が行われた（Interim DLME (n 467) 17）。

[669]　DLME, *United Kingdom Labour market Enforcement Annual Report 2017/18* (2019) 17.

第 1 章　DLME の新設

動が実施されたが，三機構すべてが関与するものはなく[670]，各機構の判断により共同履行確保活動が実施されている。2017 年度では，歳入税関庁（最低賃金履行確保チーム）とギャングマスター及び労働者酷使取締局の二機構間で 14 件，ギャングマスター及び労働者酷使取締局と民営職業斡旋事業者基準監督機関の二機構間で 5 件，民営職業斡旋事業者基準監督機関と歳入税関庁（最低賃金履行確保チーム）の二機構間で 6 件の共同履行確保活動が実施された[671]。

　以下 1 および 2 では，DLME 設置後に生じた主たる共同履行確保活動の具体的な内容および成果を整理する。

1　スポーツ祭典における共同履行確保活動

　公表されている共同履行確保活動として，2017 年 7 月に，歳入税関庁（最低賃金履行確保チーム）と民営職業斡旋事業者基準監督機関により行われた，スポーツ祭典における共同の監督活動が挙げられる。歳入税関庁（最低賃金履行確保チーム）と民営職業斡旋事業者基準監督機関は，この祭典に出店していた店舗にケータリングおよび接客従業員を派遣した 22 の企業を調査し，その結果，そのすべての企業に法違反がみられたため，民営職業斡旋事業者基準監督機関は，この是正を求める警告文書を交付した[672]。民営職業斡旋事業者基準監督機関は，当該イベントにおける共同履行確保活動において，ケータリングおよび接客従業員として労働者を派遣する労働者派遣事業者が，他の産業部門に労働者を派遣する労働者派遣事業者より法違反率が高いことを見出した[673]。また，2017 年度，民営職業斡旋事業者基準監督機関により交付された警告文書の件数は計 321 件[674]であることを鑑みると，共同履行確保活動時に交付された警告文書の総数は公表されていないが，少なくとも 22 件以上の警告文書が交付されたことから，民営職業斡旋事業者基準監督機関にとって，当該イベン

---

[670]　労働安全衛生執行局，警察，地方当局，移民管理局等，三機構以外の履行確保機構または行政機関との共同履行確保活動を含めると 100 を超える（ibid figure 6）。

[671]　ibid.

[672]　DLME（n 402）77.

[673]　ibid.

[674]　BEIS, *Employment Agency Standards（EAS）Inspectorate: Annual Report 2017-2018*（2018）Annex A.

225

第 4 部　イギリス労働関連法制の履行確保機構の統合

トにおける共同履行確保活動の有効性は高かったと考えられる。この共同履行確保活動の結果，約 11,350 人の労働者が保護されたと見積もられている[675]。

2　レスター繊維産業における共同履行確保活動

2018 年度の LME 戦略では，イングランド中部に位置するレスターにおいて，繊維産業を対象とした共同履行確保活動を実施すべきであることが勧告された[676]。繊維産業地帯であるレスターでは，1980 年代以降，低価格かつ大量生産を行うファストファッションが展開したことに伴い，奴隷労働，労働搾取が問題視されていたことから，これらを根絶することを目的として，レスター市議会が労働関連法制の履行確保向上のための活動に着手していた。2017 年 10 月，レスター市議会は，企業による法令遵守を徹底させる方法を議論するために，ギャングマスター及び労働者酷使取締局，歳入税関庁，DLME，小売業者等，40 を超える代表者との会議を主催した[677]。DLME がこれに参加したことを契機として，2018 年度の LME 戦略において，レスターにおける共同履行確保活動の実施が勧告された。

DLME の勧告に沿って，レスター市議会，ギャングマスター及び労働者酷使取締局，民営職業斡旋事業者基準監督機関，歳入税関庁（最低賃金履行確保チーム），労働安全衛生執行局，警察，入国管理当局，および DLME によって共同履行確保活動が実施された。2018 年 9 月，履行確保機構間で共有された情報に基づいて，ギャングマスター及び労働者酷使取締局，歳入税関庁，入国管理当局，および警察は，3 日にわたって，レスター内の繊維産業における事業場施設に対して，共同の監督活動を行った[678]。その結果，歳入税関庁は最低賃金の未払事案，ギャングマスター及び労働者酷使取締局は労働搾取事案，入国管理当局は「不法」移民をそれぞれ発見した[679]。民営職業斡旋事業者基準監

---

[675]　DLME（n 402）77.

[676]　ibid box 7.

[677]　Leicester City Council, *Leicester Labour Market Partnership: Annual Report 2019-2020*（2021）7.

[678]　Interim DLME（n 467）31.

[679]　ibid.

第 1 章　DLME の新設

督機関は，2018 年春にレスター内の民営職業斡旋事業者に対して 30 以上の監
督を実施したが，繊維産業では民営職業斡旋事業者を通じて求職者・派遣就労
者を紹介または派遣しているという証拠が収集できなかったため，9 月の共同
履行確保活動には参加していない[680]。また，労働安全衛生執行局も，レスター
内の繊維産業において，22 企業に訪問調査を実施したが，健康・安全に高い
危険性を伴うような問題はなかったと報告しており[681]，同共同履行確保活動に
は参加していない。ただし，労働安全衛生執行局の訪問調査において発見され
たギャングマスター及び労働者酷使取締局の管轄事案をギャングマスター及び
労働者酷使取締局に引継ぐ等[682]，労働安全衛生執行局とギャングマスター及び
労働者酷使取締局間の連携がみられたことは今後の統合議論を展開させる上で
意義のあるものとなったといえる。

　DLME は，2018 年のレスターにおける共同履行確保活動を，履行確保機構
間の連携を図り，情報共有の問題を解決するものとなったと評価する一方で，
企業に対して，共同履行確保活動によりこれまで以上の抑止活動を行うおよび
共同履行確保活動を周知するという目的の達成は不十分であったという問題点
を示した[683]。DLME は，全体的な評価として，共同履行確保活動が，人的・経
済的資源および履行確保機構間の連携を要するものであることから，さらなる
情報が収集され，法令遵守を求める活動が実施され，共同履行確保活動の存在
が周知されない限り，今後，同一の活動を繰り返したとしても費用対効果を高
めることができないと結論づけた[684]。

　上記の共同履行確保活動後も，レスター市議会は，歳入税関庁，労働安全衛
生執行局，ギャングマスター及び労働者酷使取締局等を構成員とした会議を主
催しており，その活動内容があらゆるメディアに取り上げられ，英国全土で報
道された。このような社会的関心を契機として，2020 年 7 月，レスターの繊
維産業を対象として，Operation Tacit が内務省により組織された[685]。Opera-

---

[680]　ibid.

[681]　ibid.

[682]　ibid.

[683]　ibid 31-32.

[684]　ibid.

[685]　Leicester City Council（n 677）ch. 2.

227

第 4 部　イギリス労働関連法制の履行確保機構の統合

tion Tacit は，労働安全衛生執行局，歳入税関庁，英国犯罪対策庁，入国管理
当局，警察等，複数の機構による共同監督プログラムであり，ギャングマス
ター及び労働者酷使取締局により進められている。Operation Tacit に基づい
て，2021 年 12 月までに，履行確保機構は，300 以上の衣服製造会社の訪問調
査を実施した[686]。DLME は，2022 年の間に，Operation Tacit の全体的評価を
行うとしているが，本書の執筆時点では発表されていないため，労働関連法制
の履行確保にこのプログラムがいかなる影響をもたらしているかは，現在のと
ころ明確ではない。ただし，短期集中型のプログラムとして構想された Oper-
ation Tacit が，人的・経済的資源を要するプログラムであるにもかかわらず
継続して運用されていること，履行確保機構だけでなく，労働組合，NGOs 等
も加わって運用されていることから[687]，履行確保活動を円滑に進める一助に
なっているといえる。

　以上のように，DLME は，「労働市場における不遵守」の情報を収集し，
SCG を通じて，歳入税関庁（最低賃金履行確保チーム），民営職業斡旋事業者基
準監督機関，ギャングマスター及び労働者酷使取締局，その他の各履行確保機
構に情報を共有することにより，共同履行確保活動の実施に資するものとなっ
ている。

　しかし，DLME には次の問題点がある。すなわち，DLME は，分立してい
る履行確保機構を統合するものではなく，主として，歳入税関庁（最低賃金履
行確保チーム），民営職業斡旋事業者基準監督機関，およびギャングマスター及
び労働者酷使取締局の三機構の連絡機構にすぎず，DLME 自体が，個別の履
行確保に直接的な権限を有するものではない。また，DLME を通じて，情報
が共有されたとしても，実際に履行確保活動を行うか否かは各履行確保機構の
判断によっており，法違反事項全体が処理されるとは限らない。

　上記の問題点を抱える DLME に対して，現在，構想されている単一の履行
確保機構は，DLME のような連絡機構としてではなく，歳入税関庁（最低賃金
履行確保チーム），民営職業斡旋事業者基準監督機関，およびギャングマスター
及び労働者酷使取締局の統合に加えて，三機構の管轄法令を超えたものの統合

---

[686]　DLME, *United Kingdom Labour Market Enforcement Annual Report 2019/20*
（2022）box 4.

[687]　ibid.

も議論の俎上に載せられている。さらに，各履行確保機構の権限が再検討されており，これは，労働者の権利を直接的に救済できる権限を履行確保機構に付与することを含んでいる。そこで，次に，現在，構想されている履行確保機構の統合の構想過程，ならびに予定されている管轄法令，権限，および履行確保手法を整理する。

第2章　SEB の構想

　DLME の設置後，プラットフォームを介して企業や個人から仕事を請け負うクラウドワーカーの増加およびクラウドワーカーの「労働者」該当性を争点とする法的紛争の増加等を背景として提出された以下の政策文書において，労働関連法制の履行確保機構に関するさらなる統合議論が生じた。

　2016 年当時の首相メイは，既存の法的枠組みが今日の就労形態の展開に適しているかの調査をテイラーに諮問した[688]。翌 2017 年，テイラー報告書[689] において，労働関連法制の履行確保において生じている問題が指摘され，その対処のために必要となる措置が勧告された。政府は，テイラー報告書に沿って，2018 年に政策文書（以下，「2018 年政策文書」とする。）[690] を発表した。2018 年政策文書において，政府は，テイラー報告書における勧告を実施するために，履行確保機構の統合が必要になると指摘した。そこで，2019 年に，SEB の新設に関する意見聴取が実施され，2021 年に，意見聴取の結果およびそれに対する政府回答文書が発表された。

　本書の執筆時点では，SEB の設置に至っていないことから，以下では，テイラー報告書，2018 年政策文書，SEB 新設に関する意見聴取に付された文書，およびそれに対する政府回答文書を用いて，SEB の構想過程，ならびにSEB の管轄法令，権限，および履行確保手法をそれぞれ整理する。これらの政策文書は必ずしも労働関連法制の履行確保における問題だけをとりあげるものではないが，本書は，労働関連法制の履行確保に主眼を置いているため，以下の政策文書の整理においても，労働関連法制の履行確保と直接的な関連がない限り，その他の諸問題には言及しないものとする。

---

[688]　Theresa May, HC Deb 30 November 2016, vol 617, col 1517.

[689]　Taylor（n 11）.

[690]　HM Government（n 632）.

第4部　イギリス労働関連法制の履行確保機構の統合

◆ 第1節　SEB の構想過程

1　テイラー報告書

　テイラー報告書では，Good Work，すなわち「質の高い仕事」[691]が，EU 離脱やクラウドワーカーの登場といった労働市場の変化に伴って生ずる問題の解決策であり，人々の収入を得る能力の増強，職場における公正取扱いの確保，健康および幸福，生産性の向上，イギリス経済の長期成長につながるとする[692]。そして，「質の高い仕事」を普及するためには，就労者の法的地位（被用者，労働者，個人事業主）の明確化，脆弱な労働者に生ずる不当なリスクへの対処[693]に加えて，国家機関による労働関連法制の履行確保が重要になると指摘する[694]。テイラーは，就労者の法的地位を明確にすることが使用者責任の明確化につながり，法違反を防ぐことも可能にするとしつつも，これによっても法違反が生じる可能性があると考えた[695]。そこで，この場合に何が問題となるのかという視点から調査を行った結果，労働者の権利が法律により保障されているにもかかわらず，その実現が容易にできないと主張されていたことから，国家機関による履行確保の議論に至った[696]。テイラー報告書では，司法制度への

---

[691]　「質の高い仕事」は，高報酬および高条件を通じて，従業員に利益をもたらす労働慣行，安定した地位の確保，より良い教育訓練，仕事の裁量をサポートし，事業改善に従業員を参加させるのに有効なコミュニケーションと働き方によって形作られると説明されている（Taylor (n 11) 7）。

[692]　ibid 6.

[693]　テイラー報告書では，イギリス労働市場が柔軟性（労働者側からすれば就労したいときに就労することができ，使用者側からすれば，労務の供給が必要なときにそれを求めることができる）により特徴づけられているが，この柔軟性は，使用者の一方に利するものとなっており，労働者にリスクを転嫁させているとした。そこで，テイラー報告書は，柔軟性が労働者を犠牲にして，使用者だけに利するものとならないようにするために，そして柔軟性が真に相互に利するようにするために措置を講じなければならないとする（ibid ch 6）。

[694]　ibid ch 8.

[695]　ibid.

[696]　ibid.

アクセスを容易にするために雇用審判所制度の改善も勧告するが[697]，以下では，行政機関による労働関連法制の履行確保に関する勧告のみを整理する。

(1) 民営職業斡旋事業者基準監督機関による履行確保の対象事業者の拡大

2003 年民営職業斡旋事業行為規則 23 条において，民営職業斡旋事業者は，別の民営職業斡旋事業者を介して，求職者・派遣労働者を紹介または派遣することができると規定されている。民営職業斡旋事業者基準監督機関は，民営職業斡旋事業者に対して，民営職業斡旋事業法に定める権限を行使できるが，派遣労働者の最終利用者または最終利用者に至るまでの仲介者に対しては権限を行使できない。イギリスでは，労働者派遣事業者の代わりに，派遣就労者と雇用契約を締結するアンブレラ会社が問題視されている。アンブレラ会社は，派遣就労者の派遣先を探すものではないため，民営職業斡旋事業法および 2003 年民営職業斡旋事業行為規則のいずれの適用も受けない。このアンブレラ会社は，労働者派遣事業者から受け取った派遣就労者の報酬から合法的に手数料を控除して，控除後の報酬を派遣労働者に支払うことを可能にする。テイラー報告書では，民営職業斡旋事業者基準監督機関が，派遣労働者の最終利用者または最終利用者に至るまでの仲介者に対しても，民営職業斡旋事業者に対して行使する権限と同一の権限を行使できるようにするために，民営職業斡旋事業者基準監督機関による履行確保の対象事業者を拡大すべきか否かを検討すべきであると勧告した[698]。

(2) 民営職業斡旋事業者基準監督機関の管轄法令の拡大

派遣就労者と派遣先労働者の均等待遇原則を定める派遣労働者規則は，民営職業斡旋事業者基準監督機関の管轄外とされており，派遣労働者規則の履行確保のためには当該派遣就労者が雇用審判所に提訴するしかない。均等待遇原則

---

[697] テイラー報告書では，雇用審判所に訴えを提起する際に支払わなければならない料金が，司法制度へのアクセスを妨げているとして料金制度を問題視していたが，2017 年 7 月に最高裁はその料金制度が違法であると判断したことにより（*R（on the application of UNISON）（Appellant）v Lord Chancellor（Respondent）*［2017］UKSC 51），現在，雇用審判所の料金制度は停止されている。

[698] Taylor（n 11）58.

第 4 部　イギリス労働関連法制の履行確保機構の統合

の適用を回避する行為への対処，派遣就労者への均等待遇原則の保障は，派遣就労者の保護にとって重要であることから，派遣労働者規則も民営職業斡旋事業者基準監督機関の管轄とすべきであることが勧告された[699]。

(3) 休日賃金の履行確保機構の設置

現在，最低賃金と法定手当は，歳入税関庁（最低賃金履行確保チーム）と歳入税関庁（法定手当紛争処理チーム）（HM Revenue and Customs Statutory Payments Dispute team）がそれぞれ管轄している。年休および年休中の賃金（holiday pay：以下，「休日賃金」とする。）[700]は，労働時間規則に規定されている。労働時間規則のうち，週労働時間の上限，夜間労働，年少労働者の夜間労働等，労働時間の規制に関する規定の履行確保は，労働安全衛生執行局により管轄されているが，年休および休日賃金の履行確保は労働安全衛生執行局の管轄外とされている[701]。

2009 年，*HMRC v Stringer and others*[702]において，貴族院は，休日賃金が，1996 年雇用権利法上の「賃金（wage）」[703]に該当すると判断した。これにより，民営職業斡旋事業者基準監督機関およびギャングマスター及び労働者酷使取締局はそれぞれ，2003 年民営職業斡旋事業行為規則 12 条とギャングマスター（許可基準）ルール付則 13 条を根拠規定として，休日賃金が自己の管轄に含ま

---

[699]　ibid 59.

[700]　休暇年ごとに 4 週間の年次有給休暇を取得する権利が与えられており（労働時間規則 13 条），また労働者はこの年休中に休日賃金の支払いを受ける権利を有する（16 条）。

[701]　イギリスでは，各履行確保機構が何を管轄するかまたはしないかを決定する理論的根拠が明らかでないことが指摘されている（Barnard, Ludlow, and Butlin（n 480）247）。

[702]　*HMRC v Stringer and others* は，使用者である歳入税関庁が，被用者から労働時間規則 16 条の規定する休日賃金を，違法に控除したとして提起された事件である。被告である歳入税関庁は，休日賃金が 1996 年雇用権利法 13 条 1 項「賃金からの違法な控除」の「賃金」（27 条 1 項および 2 項）に該当しないと主張したが，貴族院判決において，1996 年雇用権利法 27 条の「賃金」が「雇用契約に基づいて遂行したまたは遂行している労務の対価」であり，休日賃金は「かつて雇用契約に基づいて遂行していた労務の対価の一部」であることから，休日賃金は 1996 年雇用権利法上の「賃金」に該当すると判示された（*Her Majesty's Revenue and Customs（Respondents）v Stringer and others（Appellants）*［2009］UKHL 31）。

234

第 2 章　SEB の構想

れると解釈した[704]。2003 年民営職業斡旋事業行為規則 12 条では，労働者派遣事業者は，派遣先から労働者派遣事業者に対する派遣料の不払い，労働者派遣事業の遂行上の事情等を理由として，遂行した労務に係る派遣就労者の報酬の全部または一部を支払わないことをしてはならない」と定められている。ギャングマスター（許可基準）ルール付則 13 条では，利用者（labour user）からの労働者供給料の不払い，事業の遂行上の事情等を理由として，遂行した労務に係る労働者の報酬または一部を支払わないことをしてはならないと定められている。民営職業斡旋事業者基準監督機関およびギャングマスター及び労働者酷使取締局は，上記各規定を根拠として，休日賃金を支払わない事業者に対して権限を行使することができるようになったが，その対象は，民営職業斡旋事業者に限定されている。テイラー報告書では，歳入税関庁内の各チーム（最低賃金履行確保チームおよび法定手当紛争処理チーム）が現在，最低賃金および法定傷病手当の履行確保を管轄していることから，歳入税関庁が，最低賃金，法定手当，および休日賃金といった賃金の支払確保を管轄する機構となるべきであることが勧告された[705]。

---

[703]　1996 年雇用権利法上の賃金は，①契約に基づいて支払われるか否かにかかわらず，雇入れに帰するあらゆる報酬，ボーナス，休日賃金その他の手当，②1992 年社会保障拠出及び給付法第 11 部に基づく法定傷病手当，第 12 部に基づく法手出産手当，③1992 年社会保障拠出及び給付法第 12ZA 部に基づく法定父親手当，第 12ZB 部に基づく法定養子手当，第 12ZD 部に基づく法定忌引休暇手当，④1996 年雇用権利法 28 条に基づく休業手当，⑤1992 年労働組合および労働関係（統合）法（Trade Union and Labour Relations (Consolidation) Act 1992）に基づく（労働組合員がその組合の任務のために取得する）タイムオフに対する手当，⑥1996 年雇用権利法 64 条および 68 条に基づく健康上の理由による出勤停止中の報酬，68C 条に基づく出産上の理由における派遣就労者の供給終了に際する報酬，⑦1996 年雇用権利法 113 条に基づく復職または再雇用命令にしたがって支払われる金銭，⑧1996 年雇用権利法 130 条または 1992 年労働組合および労働関係（統合）法 164 条に基づく雇用契約継続命令にしたがって支払われる金銭，⑨1992 年労働組合および労働関係（統合）法 189 条における救済命令（protective award）に基づく報酬を含む，労働者の雇入れに関係して支払われるべきあらゆる金銭を意味する（27 条 1 項）。

[704]　DLME (n 402) box 14.

[705]　Taylor (n 11) 59.

235

第4部　イギリス労働関連法制の履行確保機構の統合

2　Good Work Plan（2018年政策文書）

2018年12月，政府はテイラー報告書に沿って政策文書を発表し，労働関連法制の履行確保に関する(1)～(3)の勧告のうち，(1)民営職業斡旋事業者基準監督機関による履行確保の対象事業者の拡大および(3)休日賃金の履行確保機構の設置を受諾し，(2)民営職業斡旋事業者基準監督機関の管轄法令の拡大を受諾しないとした。

(1) 民営職業斡旋事業者基準監督機関による履行確保の対象事業者の拡大

政府は，アンブレラ会社の存在そのものの違法性の検討を行っていない。その代わりとして，政府は，派遣労働者の保護に資するようにするために，アンブレラ会社が法規制の対象となり，民営職業斡旋事業者基準監督機関による履行確保の対象となるべきであるとして，テイラー報告書におけるこの勧告を受諾した。政府は，派遣就労者の給与システム管理をアンブレラ会社に一任することで，労働者派遣事業者にかかるコストや複雑さを軽減することができるという利点を指摘する[706]。他方で，アンブレラ会社が，派遣就労者の報酬から合法的に（派遣）手数料を控除して，控除後の報酬を派遣就労者に支払うことにより，派遣就労者の報酬を引き下げることは不当であると指摘する[707]。報酬から手数料を控除した額の最低額を設定するのか，手数料の最低額を設定するのか，詳細は現在のところ明らかになっていないが，政府は，派遣就労者の報酬が不当に低くならないようにするために，民営職業斡旋事業者基準監督機関が，民営職業斡旋事業者だけでなく，アンブレラ会社等の仲介者に対しても，民営職業斡旋事業法に定める権限を行使できるように法令を改正するとした[708]。

(2) 民営職業斡旋事業者基準監督機関の管轄法令の拡大

政府は，次の理由から，民営職業斡旋事業者基準監督機関の管轄法令の拡大を受諾しないとした。すなわち，派遣労働者規則を民営職業斡旋事業者基準監

---

[706]　HM Government（n 632）40.

[707]　ibid.

[708]　ibid.

236

督機関の管轄とすることは，派遣労働者規則が派遣先の義務も規定することから，派遣労働者を使用する全企業を監督しなければならないことになり，このことは，（現在でも，監督官 29 人で 29,000 の民営職業斡旋事業者を取り締まっており，(1)の受諾により取締まりの対象事業者がさらに増加することもあり）管轄法令の不合理な拡張になると考えたからであった[709]。

⑶ 休日賃金の履行確保機構の設置

　休日賃金を受け取っていない場合，労働者は，雇用審判所に訴えを提起するしか休日賃金を受け取る手段がなく，訴訟手続は，労働者に長期的な負担を課すものとなると政府は指摘する[710]。そこで，政府は，行政機関が休日賃金を管轄することで，休日賃金を受け取れていない脆弱な労働者の保護が可能となるとして，休日賃金の履行確保機構を設置するとした[711]。具体的な履行確保権限としては，労働者に代わって，行政機関が未払賃金を請求する代位訴訟が挙げられている[712]。

　テイラー報告書では，履行確保機構の統合を直接的に勧告していなかったが，2018 年政策文書では，政府はテイラー報告書における勧告を受諾するとともに，「その（勧告の）将来の実施を考慮して」，単一の履行確保当局（single labour market enforcement agency）の新設を検討するとした[713]。すなわち，テイラーによる勧告の受諾により，例えば(1)民営職業斡旋事業者基準監督機関による履行確保の対象事業者の拡大のための大幅な人員増加，(3)これまでいずれの履行確保機構の管轄にもなっていなかった休日賃金の履行確保機構の設置を要することになり，既存の履行確保機構だけでは対応が難しいと考えたために，新たな履行確保機構の設置が提案されたと考えられる。

　2018 年政策文書で提案された「単一の履行確保当局」の具体的な管轄法令，

---

[709]　BEIS and Home Office, *United Kingdom Labour Market Enforcement Strategy 2018/19*（Government Response, 2018）para 134.

[710]　HM Government（n 632）42.

[711]　ibid.

[712]　ibid.

[713]　ibid; Greg Clark, HC Deb 17 December 2018, vol 651, col 573.

第 4 部　イギリス労働関連法制の履行確保機構の統合

権限，および履行確保手法は，2019 年に実施された意見聴取に付された文書
および意見聴取により得られた見解ならびに意見聴取に対する政府回答文書に
おいて明らかにされている。

◆ 第 2 節　SEB の管轄法令・権限・履行確保手法

1　SEB の新設に関する意見聴取

2019 年 7 月から 10 月にかけて，「単一の履行確保当局」として SEB を新設
するために，その新設に関する意見聴取が行われた。大きく分けて，(1)既存
の履行確保機構の問題点および SEB の有効性，(2)SEB の管轄法令，(3)SEB
の権限・制裁，(4)SEB の履行確保手法の 4 点，計 35 の質問が提示された。
この意見聴取では，履行確保機構，労働組合，使用者団体，個別労働者等に意
見が照会された。

(1) 既存の履行確保機構の問題点および SEB の有効性

まず，既存の履行確保機構が労働者の権利救済において有効か否かが問われ
た。意見聴取に応じたもののうち 74 ％が既存の制度が労働者の権利救済にお
いて有効だと思わないと指摘した[714]。具体的には，①履行確保機構とその管轄
法令が複雑である，②履行確保機構が分立しているがゆえに，法違反の相談・
申告先が不明確である，③履行確保機構により管轄されていない法令が存在す
るという問題点を指摘した[715]。これに対して 6 ％のみが既存の制度は労働者の
権利救済において有効だと思うと指摘した（20 ％は未回答）[716]。

次に，SEB が，履行確保機構が分立している現状と比較して，労働者の権
利救済において有効となるか否かが問われた。これに対して 55 ％が有効だと
思うと指摘する一方で，17 ％は，人的・経済的資源面および既存の履行確保
機構が有する専門性・熟練性の弱化を理由として，SEB が既存の制度より有

---

[714]　BEIS (n 14) 9.

[715]　ibid.

[716]　ibid.

238

第 2 章　SEB の構想

効だと思わないと指摘する見解もあった（28 ％はわからないまたは未回答）[717]。

⑵ SEB の管轄法令

　政府は，少なくとも DLME の管轄となっている歳入税関庁（最低賃金履行確保チーム），民営職業斡旋事業者基準監督機関，およびギャングマスター及び労働者酷使取締局の三機構は SEB に含めるべきであると提案したことから[718]，意見聴取では，三機構の管轄法令を除き，以下を SEB の管轄とすべきか否かが問われた。

　⒜ **法定傷病手当の履行確保**　　1992 年社会保障拠出及び給付法（Social Security Contributions and Benefits Act 1992）上の被用者（雇用契約に基づいてイギリス国内で雇用される者）は，病気またはけがを理由として働けない場合に，最大 28 週まで週 116.75 ポンド（日本円で約 19,850 円）の手当を使用者から受け取ることができる[719]。法定傷病手当は使用者が被用者に支払い，その後，国家が使用者に還付する社会保障給付であったが，年間 50 万ポンド（日本円で約 8,500 万円）の費用を国が負担していること，法定傷病手当の費用を還付することにより，病欠を減らす試み（被用者の健康状態の管理等）から使用者の関心を逸らしていることを理由として[720]，2014 年以降，還付制度は廃止され，その支払責任が国から使用者に移転した。しかし，歳入税関庁（法定手当紛争処理チーム）は，被用者から，使用者の法違反に関する申告を受けてからしか活動できず，事前の違反調査または支払命令等の権限を有していないことから，使用者に存する法定傷病手当の支払責任が不明瞭になっている[721]。意見聴取の結果，法定傷病手当を，その支払確保に有効な手段をもつことになる SEB の管轄とすべきとする見解が 55 ％を占めた（16 ％は反対，29 ％は不明）[722]。

　⒝ **職場における差別に係る問題処理**　　平等・人権委員会がその管轄を継続して SEB に統合すべきではないとする見解がある一方で，女性・平等委員

---

[717]　ibid 9-10.

[718]　BEIS（n 13）16.

[719]　HM Government 'Statutory Sick Pay（SSP）'〈https://www.gov.uk/statutory-sick-pay〉accessed 31 July 2024.

[720]　Dame Carol Black and David Frost CBE, *Health at work-an independent review of sickness absence*（Cm 8205, 2011）10.

会（Women and Equalities Committee）からは，少なくとも法定要件が明白な問題（同一賃金，直接差別等）は，SEB の管轄とすべきとする見解もあった[723]。その理由として，①平等・人権委員会には刑事訴追等，使用者の違反に対して抑止力として働く権限がないこと，②①ゆえに，使用者が平等・人権委員会による制裁を恐れていないこと，③平等・人権委員会は，差別禁止法の唯一の履行確保機構であるとともに，雇用だけでなく，非雇用分野における差別も管轄していることから，使用者による日常的差別への対処は，歳入税関庁（最低賃金履行確保チーム），民営職業斡旋事業者基準監督機関，およびギャングマスター及び労働者酷使取締局といった職場問題を専門とする履行確保機構の方が平等・人権委員会より優れていることが挙げられた[724]。

(c) **雇用審判所の裁定した賠償金の履行確保**　すべての労働関連法制が履行確保機構により管轄されているわけではなく，履行確保機構は一部の法令を管轄するにすぎない。そのため，履行確保機構の管轄外法令の履行確保は，個別労働者による訴えの提起を要する。例えば，不公正解雇（1996 年雇用権利法94 条）に対する訴えは，個別被用者により雇用審判所に提起されなければならない（111 条）。そのため，雇用審判所へのアクセスおよび裁定後の救済命令または賠償金の履行確保が，労働者（不公正解雇に対する訴えの場合は被用者）にとってきわめて重要となる。しかし，雇用審判所の命令には執行力がないため，使用者がそれに応じない場合，労働者は裁判所等に別途強制執行を請求しなければならない。テイラー報告書では，イングランドおよびウェールズにおいて 34 ％が，スコットランドにおいて 46 ％が，雇用審判所の裁定後に賠償金

---

[721]　前出のテイラー報告書においても，法定傷病手当が社会保障法上の権利ではなく，最低賃金と同様に労働関連法制上の権利となるように改正されるべきであると政府に勧告していた（Taylor (n 11) 98-99）。現在，歳入税関庁（法定手当紛争処理チーム）は，法定傷病手当の未払いが労働者から申告された場合に，使用者に対して支払いを求める文書を作成することができる。労働者からの申告のうち 90 ％は，歳入税関庁（法定手当紛争処理チーム）からの文書交付後に未払分が支払われているが（BEIS (n 13) 20），使用者が法定傷病手当の支払いを拒み，税審判所（Tax Tribunal）における審理後も，その支払いを拒む場合には，歳入税関庁（法定手当紛争処理チーム）が，未払分を労働者に支払うことから，法定傷病手当の実態は現在も社会保障給付となっている。

[722]　BEIS (n 14) 11.

[723]　ibid 11-12.

[724]　Women and Equalities Committee (n 19) paras 120-122.

240

を支払っていないままであったことが報告された[725]。雇用審判所により裁定された賠償金の履行確保に資する既存の制度のひとつとして，無料で利用できるビジネスエネルギー産業戦略省の制裁金制度（BEIS ET penalty scheme）がある。これは，雇用審判所の命令に応じない使用者に対して，まず28日以内に賠償金を支払うよう求める警告文書を交付し，これに従わない場合には制裁金を課す通告を交付するとともに使用者名が公表される制度である。そのため，ビジネスエネルギー産業戦略省の制裁金制度は，使用者に対して強制的に賠償金の支払いを求める制度ではない。意見聴取の結果，雇用審判所の裁定した賠償金の履行確保のために，さらなる制度が必要であるという見解もあった[726]。

　(d)　**安全衛生の履行確保**　　意見聴取に付された文書において，労働安全衛生執行局を，統合予定の三機構（歳入税関庁（最低賃金履行確保チーム），民営職業斡旋事業者基準監督機関，およびギャングマスター及び労働者酷使取締局）と比較した場合の労働安全衛生執行局の専門性および規模の相違[727]を考慮して，SEBの管轄とすべきことを提案しないとしていたことから，安全衛生をSEBの管轄とすべきか否かは意見聴取おいて直接的に問われなかったが，意見聴取の見解において，SEBに労働安全衛生執行局を統合するのではなく，安全衛生は，労働安全衛生執行局によって管轄されるべきであるとする見解があった[728]。

　(e)　**ギャングマスター許可制の適用対象産業の拡大**　　ギャングマスター及び労働者酷使取締局は現在，農業，採貝漁業，および農作物または貝・魚類の加工梱包業に労働者を供給する事業者の取締まりを行っているが，介護業，建設業，清掃業に許可制の拡大を求める声があったことから[729]，意見聴取では，ギャングマスター及び労働者酷使取締局の管轄産業を拡大させるべきか否かが問われた。これに対して回答したもののうち58％は，ギャングマスター及び

---

[725]　Taylor（n 11）62.

[726]　BEIS（n 14）11.

[727]　2020年度における労働安全衛生執行局の人的資源は2,431人であり（Health and Safty Executive, *Health and Safety Executive Annual Report and Accounts 2020/21*（HC 403, 2021）18），他の履行確保機構と比較して大きく，さらに，労働安全衛生執行局の所掌法令は，制定法だけでも十数あり，関連規則・行為準則も多岐にわたる。

[728]　BIES（n 13）21; BEIS（n 14）17.

[729]　BIES（n 13）17.

第4部　イギリス労働関連法制の履行確保機構の統合

労働者酷使取締局による許可制が，労働搾取のリスクの高い他の産業部門（食品製造業，建築業，洗車業，介護部門）にも拡大されるべきとする見解を示した（5％は反対，37％は未回答）[730]。

　(f)　現代奴隷法54条の履行確保　　現代奴隷法54条では，商品またはサービスの供給を行う営利団体は，毎年度，「奴隷及び人身売買声明書（slavery and human trafficking statement）」を用意しなければならないと規定されている。奴隷及び人身売買声明書は，サプライチェーンおよび事業のあらゆる点で，奴隷および人身売買を行わないために当該団体が講ずる措置または講じない措置の声明書である（54条4項）。奴隷及び人身売買声明書は，①当該団体の構造・事業・サプライチェーン，②奴隷および人身売買に関する方針，③当該事業およびサプライチェーンにおける奴隷および人身売買に対するデューデリジェンスプロセス，④奴隷および人身売買が行われるおそれのある事業およびサプライチェーンならびにそのリスクへの対処措置，⑤適切だと考える業務評価指標に照らした際に測定される，自己の事業およびサプライチェーンにおいて奴隷および人身売買が行われないようにすることを保障する措置の有効性，⑥自己の従業員が利用できる奴隷および人身売買に関する教育訓練，の情報を含む（54条5項）。当該団体のウェブサイトがある場合には，そのウェブサイト上で，奴隷及び人身売買声明書を公表しなければならない（54条7項）。ウェブサイトがない場合には，奴隷及び人身売買声明書の書面での提供を求める者に，30日以内にその声明書のコピーを提供しなければならない（54条8項）。

　現在，現代奴隷法に単独の履行確保機構は存在していない。ギャングマスター及び労働者酷使取締局は，ギャングマスターだけでなく，現代奴隷法第1部（奴隷，隷属，強制労働，人身売買）および第2部（奴隷及び人身売買防止命令，奴隷及び人身売買危機命令）を管轄している。現代奴隷法54条は，第6部に規定されており[731]，現在のところ，奴隷及び人身売買声明書の作成の作為（命令）的差止命令（injunction）を出すために，内務省が高等法院（high court）に訴えを提起することはできる。現代奴隷法の導入による成果および問題点を明らかにするために，政府が実施した「2015年現代奴隷法独立調査」の最終

---

(730)　BEIS (n 14) 12.

242

報告書[732]では，奴隷及び人身売買声明書を発表していない不遵守企業に対して（民事的な）制裁を課すことのできる履行確保機構を設置すべきであると勧告された[733]。SEB に民事的な制裁を課す権限を付与することが検討されていることから，意見聴取において，SEB に現代奴隷法 54 条の履行確保を管轄させるべきか否かが問われた[734]。意見聴取に応じたもののうち 46 ％は SEB の管轄とすべきであるとしたのに対して 10 ％は SEB が管轄すべきではないとした（37 ％は未回答）[735]。

(3) SEB の権限・制裁

現在，図表 10 のように，SEB の統合対象とされている三機構には，それぞれ異なる権限が存在している。

歳入税関庁（最低賃金履行確保チーム）には，民営職業斡旋事業者基準監督機関とギャングマスター及び労働者酷使取締局にない権限がある。それは，最低賃金未満の賃金を支払う使用者に対して，未払賃金を労働者に，懲罰的制裁としての制裁金を国務大臣に，それぞれ支払うよう求める未払通告を交付する民事制裁権限と，未払通告に従わない場合に，歳入税関庁（最低賃金履行確保チーム）係官が，当該労働者に代わって未払賃金請求の訴えを提起する民事救済権限である。

意見聴取に付された文書では，民営職業斡旋事業者基準監督機関およびギャングマスター及び労働者酷使取締局において，刑事訴追または営業停止にあたらない故意犯に対する有効な権限があるかが問題として指摘された[736]。そこで，意見聴取では，報酬未払いが生じる違反に対して，SEB の権限として，民事

---

[731] 2016 年移民法第 3 部は，海上の取締まりを規定しており，これに対しては治安官（constable）または指定税関職員，海陸空軍の航空機の指揮官等の履行確保係官により取締まりが行われている。第 4 部は，独立反奴隷制調査官の職権を規定する。第 5 部は被害者の保護を規定する。

[732] Home Office, *Independent Review of the Modern Slavery Act 2015: Final Report*（CP 100, 2019）.

[733] ibid para 17.

[734] BIES（n 13）38-39.

[735] BEIS（n 14）14.

[736] BIES（n 13）33-35.

第4部　イギリス労働関連法制の履行確保機構の統合

図表10　各履行確保機構の権限の相違

歳入税関庁（最低賃金履行確保チーム）	注意喚起文書	民事制裁民事救済		LMEULMEO	刑事訴追
民営職業斡旋事業者基準監督機関	警告文書		禁止命令	LMEULMEO	刑事訴追
ギャングマスター及び労働者酷使取締局	許可条件履行確保通告		許可の許否許可の取消	LMEULMEO	刑事訴追

遵守アプローチ ▬▬▬▬▬▬▶ 抑止アプローチ

（出所）BEIS, *Good Work Plan: establishing Single Enforcement Body for employment rights*（2019）figure 6 を参考に作成。

制裁・民事救済権限が導入されるべきか否かが問われた[737]。意見聴取に応じたもののうち 34 ％が民事制裁・民事救済権限の導入を支持したが，10 ％はこれに反対した（56 ％は未回答）[738]。

(4) SEB の履行確保手法

　履行確保機構による権限の行使は，大きく 2 つのアプローチに分かれているとされる[739]。歳入税関庁（最低賃金履行確保チーム），民営職業斡旋事業者基準監督機関，およびギャングマスター及び労働者酷使取締局の三機構は，各自の権限行使の目的に応じて，遵守アプローチもしくは抑止アプローチまたはその両方を組み合わせた手法をとる。

　歳入税関庁（最低賃金履行確保チーム）は，法違反が使用者の故意か否かを区別することなく，また，未払賃金額の大小を考慮することなく，民事制裁権限等，使用者の法違反に対して抑止力として働く権限行使（抑止アプローチ）を中心としている[740]。民営職業斡旋事業者基準監督機関は遵守アプローチを，ギャングマスター及び労働者酷使取締局は遵守アプローチと抑止アプローチを

[737]　ibid.
[738]　BEIS (n 14) 21.
[739]　DLME (n 402) 32.

244

組み合わせた手法をとる[741]。

意見聴取では，SEB は遵守アプローチと抑止アプローチのどちらに焦点を
あてるべきかが問われた[742]。意見聴取に応じた者のうち 76 ％が，SEB の履行確
保手法として，遵守アプローチと抑止アプローチ，2 つのアプローチのバラン
スがとれたアプローチを支持したが[743]，比重の置き方に見解の対立が見られた。
使用者側からは，法違反が使用者の無知から生じていることから，SEB は遵
守アプローチに比重を置いて，使用者サポートを重視すべきであるとする見解
があった[744]。他方で，労働者側からは，法違反が使用者の故意の違反から生じ
ているとして，抑止アプローチに比重を置き，法的強制力のある権限を行使す
べきとする見解があった[745]。また，労働者側からは，使用者サポートに割り当
てられる資源増が，労働者サポートおよび保護に割り当てられる資源を削減さ
せるという懸念も示された[746]。

2　意見聴取における見解に対する政府回答

以下，2019 年に実施された意見聴取における見解に対して，2021 年に発表
された政府回答を整理する。

⑴　既存の履行確保機構の問題点および SEB の有効性

政府は，次の理由から，履行確保機構の統合は利点のあるものとなるとし
て，SEB を設置するとした。すなわち，①意見聴取に応じた者のうち半数以
上が SEB の新設を支持していること，②78 ％は既存の履行確保機構が労働者

---

[740]　ibid 33. 歳入税関庁（最低賃金履行確保チーム）による権限行使は，労働者の末払最
　　　低賃金の回復に資することに加えて，法違反使用者の態様を改めることを目的とする
　　　（BEIS, *National Living Wage and National Minimum Wage: Government evidence on
　　　enforcement and compliance 2020/2021*（2022）12-14）

[741]　DLME（n 402）32.

[742]　BIES（n 13）23-30.

[743]　BEIS（n 14）18.

[744]　ibid.

[745]　ibid.

[746]　ibid.

第 4 部　イギリス労働関連法制の履行確保機構の統合

の権利救済において有効だと思わないという見解を示しており，改革のニーズ
があること，および③レスターにおける共同履行確保活動の成果があることで
ある[747]。

(2) SEB の管轄法令

政府回答文書では，(a)法定傷病手当の履行確保，(c)雇用審判所の裁定した
賠償金の履行確保，(f)現代奴隷法 54 条の履行確保を，SEB の管轄として進め
る方向性を示した[748]。

まず，(a)法定傷病手当の履行確保は，被用者の健康障害に関連した失業を
削減するために，政府および使用者が講じることのできるさまざまな措置に関
する意見を照会した意見聴取においても，議論の俎上に載せられた[749]。その意
見聴取に応じた者の 72 ％は，使用者が法定傷病手当の支払義務を履行しない
場合には，政府が当該使用者に対してより厳格な措置を取るべきであると指摘
されていることから，政府回答において，政府は，公平な企業間競争および被
用者に対する法定傷病手当の確保のために，法定傷病手当を SEB の管轄とす
るとして，その履行確保に有効な権限を検討するとした[750]。後述するように，
法定傷病手当の履行確保権限としては，被用者に対するその支払いを直接的に
可能にする権限の導入が検討されている。

次に，(c)雇用審判所の裁定した賠償金の履行確保は，かなりの使用者がそ
の賠償金を支払っておらず，労働者の権利救済を阻害するものとなっていると
して，現在，ビジネスエネルギー産業戦略省により運用されている制裁金制度
を SEB の管轄とするとともに，労働者に対して，賠償金の支払いを確保する

---

[747]　ibid 10.

[748]　ibid 15.

[749]　HM Government, *Health is Everyone's Business: proposals to reduce ill health-related job loss* (CP 134, 2019) paras 78-81.

[750]　Department for Work & Pensions and Department of Health & Social Care, *Health is Everyone's Business: Government response to the consultation on proposals to reduce ill health related job loss* (July 2021) 〈https://www.gov.uk/government/consultations/health-is-everyones-business-proposals-to-reduce-ill-health-related-job-loss/outcome/government-response-health-is-everyones-business〉 accessed 31 July 2024.

第 2 章　SEB の構想

ための権限を SEB に付与する検討を行うとした[751]。

　そして，(f)現代奴隷法 54 条の履行確保は，奴隷及び人身売買声明書が，サプライチェーン上における労働関連法制違反の特定に資するとして，SEB の管轄とするとした[752]。奴隷及び人身売買声明書を提出しないまたは必要項目を充足していない企業に対して，民事制裁を課す権限を SEB に付与する検討を行うとした[753]。

　他方で，政府は，(b)職場における差別に係る問題処理，(d)安全衛生の履行確保，(e)ギャングマスター許可制の適用対象産業の拡大を，SEB の管轄に含めることは，2021 年時点において意図していないことが示された[754]。

　まず，(b)職場における差別に係る問題処理を管轄の対象外とすべき理由は，政府回答文書においては示されていない。

　次に，意見聴取では，(d)安全衛生の履行確保は，三機構（歳入税関庁（最低賃金履行確保チーム），民営職業斡旋事業者基準監督機関，およびギャングマスター及び労働者酷使取締局）と労働安全衛生執行局の各専門性に鑑みて，SEB の管轄とすべきではなく，労働安全衛生執行局は別個で運用されるべきとする見解もあったが，政府回答文書では，三機構と労働安全衛生執行局は，SCG を通じた情報共有や共同履行確保活動を通じて，労働安全衛生執行局が三機構との連携を図る機会があることから，労働安全衛生執行局が SEB にとっての重要なパートナーとなるように，その 2 つの機構のあり方を検討するとした[755]。

　そして，(e)ギャングマスター許可制の適用対象産業の拡大は，次の理由から新たな産業への拡大はしないとした。すなわち，食品製造業，建築業，洗車業，介護部門等，意見聴取に応じたものによって指摘される産業部門は，現行許可制の対象産業と同じように労働搾取のリスクがあるが，これらの産業は，労働者を直接雇用している傾向にあることから，許可制の適用対象を拡大したとしても，当該産業における不遵守問題に対処するもっとも有効な方法になる

---

[751]　BEIS (n 14) 11.

[752]　ibid 14.

[753]　ibid.

[754]　ibid 15.

[755]　BEIS (n 14) 17.

247

第4部　イギリス労働関連法制の履行確保機構の統合

とはいえないことを理由とした[756]。

(3) SEB の権限・制裁

政府は，SEB の権限・制裁として，報酬の未払いが生じる違反に対して有効な権限を整備するために，民事制裁・民事救済権限を行使できるように法改正を行うとした[757]。

(4) SEB の履行確保手法

政府回答文書では，法令を遵守させるための使用者サポートの重要性を指摘するとともに，自己の利益のために故意に責任を回避する使用者がいることも視野に入れて，遵守アプローチと抑止アプローチの双方が必要となるとした[758]。

使用者サポートとして，労働関連法制の複雑性から，SEB は詳細な専門的指針を与えることに焦点をあてることになるとして，この指針は，ACAS による情報を補完するものと位置付けられた[759]。

故意に責任を回避する使用者を特定するためには，違反使用者の情報の蓄積を要するとした上で，違反使用者の情報収集にとってもっとも有効な方法は，労働者からの申告または相談による方法であるとする[760]。労働者の申告または相談を妨げる要因として，使用者による報復の恐れ，申告先の無知が挙げられた[761]。そこで，申告率を上げるために，申告の安全性を確保する措置および申告先の明白性を向上する措置を検討すると述べた[762]。

以上，労働関連法制の履行確保機構において構想されている今後の統合議論の内容を整理した。SEB は，歳入税関庁（最低賃金履行確保チーム），民営職業斡旋事業者基準監督機関，およびギャングマスター及び労働者酷使取締局の連

[756]　ibid 12.
[757]　BEIS（n 13）33; BEIS（n 14）22.
[758]　ibid 19.
[759]　ibid.
[760]　ibid 19-20.
[761]　ibid 20.
[762]　ibid.

248

絡機構である DLME とは異なり，SEB それ自体が権限を行使できるものとなる。政府回答文書を要約すると，SEB は，歳入税関庁（最低賃金履行確保チーム），民営職業斡旋事業者基準監督機関，およびギャングマスター及び労働者酷使取締局の各管轄法令，ならびに，休日賃金[763]，法定傷病手当，雇用審判所の裁定した賠償金，および奴隷及び人身売買声明書の履行確保を管轄することになる。また，SEB は，各履行確保機構の権限および履行確保手法を体系的に整理し，その統一を図ろうとするものとなることが予定されている。SEB の権限として，これまで歳入税関庁（最低賃金履行確保チーム）に付与されていた民事制裁・民事救済権限の付与が検討されている。

SEB は，2018 年 12 月に設置が提案され，2019 年 7 月から 10 月にかけて意見聴取が実施され，2021 年 6 月にその意見聴取に対する政府見解が発表された。政府回答の発表により，SEB の管轄法令，権限，履行確保手法がおおよそ明らかになったが，EU 離脱，首相の交代，COVID-19，政権交代等の影響により SEB の設置はいまだ進行していない。このような状況において，DLME，TUC，労働党等は，SEB の設置に関係する文書や見解の発表，ワークショップの開催を行っている。これらは，政府による諮問を受けて実施されたものでも，政府に対して勧告を行うものでもないが，SEB および今後の履行確保機構のあり方に影響を及ぼす一見解・提案として，以下，その内容を整理する。

3　SEB の新設に関する意見聴取後の DLME，TUC，労働党の反応

まず，DLME は，2020 年 11 月と 12 月に労働組合，使用者団体，履行確保機構からなるワークショップを開催し，SEB のあり方を検討した。ワークショップでは，SEB が独立しており透明性のある機構となることが重要であること，移民法の履行確保と労働関連法制の履行確保間のつながりを再検討しなければならないこと，財源の確保，地域的な問題に取り組むために，全国的

---

[763]　休日賃金を SEB の管轄にするか否かは，2019 年に実施された意見聴取において直接的に問われていない。これは，前出のテイラー報告書の勧告（休日賃金の履行確保機構の設置）を SEB において実施しようとするものである。

第4部　イギリス労働関連法制の履行確保機構の統合

機構としての SEB の設置に加えて，Local SEB の設置が必要となることが指摘された[764]。

　次に，TUC は，2021 年 5 月 13 日に，労働市場エンフォースメントを改善するためのアクション・プランを発表した。TUC は，「労働市場エンフォースメント制度（labour market enforcement system）」が次の理由から必要となると指摘する。すなわち，①労働者の権利を保障するため，②労働者に権利救済手段を提供するため，③法令遵守使用者より価格を不当に引き下げる使用者を阻止して公平な競争をもたらすため，④行政機関における監督官による積極的な調査を促すため，⑤生産性を向上させるため，⑥貧困率を下げるためである[765]。この点において，TUC は，「労働市場エンフォースメント」を，労働者の保護・権利保障として機能する労働関連法制の履行確保と労働市場の機能調整の双方を意味するものとして用いている。そして，TUC は，労働市場エンフォースメント制度を改良するためにおよび履行確保機構による有効な活動を可能とするために，財源を確保すること，財源確保のために，法違反使用者に対してそのコストを（監督・調査料として）負担させるべきであること，強制送還を恐れて労働者が申告しなくなることから，移民法の履行確保と労働関連法制の履行確保を区別すること，労働組合にも履行確保機構の活動方針や戦略の設定に対する発言権が与えられるべきであること等が必要とされていると指摘した[766]。

　さらに，労働党は，2021 年 10 月に発表した緑書の中で，「労働者の権利（worker's rights）を実現させるために，財源ある SEB を設置」し，SEB は，「職場を監督する権限，刑事訴追権限，および安全衛生，最低賃金，労働搾取，職場における差別に係る問題についての代位（民事）訴訟権限を持つもの」になると述べた[767]。労働党の SEB 構想は，保守党政府の進める SEB とは異なり，安全衛生の履行確保と職場における差別に係る問題処理も SEB の管轄とするものである。

---

[764]　Interim DLME (n 380) 37-44.

[765]　TUC (n 483) para 19.

[766]　ibid para 34-76.

[767]　Labour Party, *A new deal for working people* (Green Paper, 2021) 11.

第3章 検 討

◈ 第1節 労働関連法制の履行確保機構の特徴

1 労働関連法制の履行確保機構間の共同履行確保活動

イギリスでは，労働関連法制の履行確保機構が各法令に基づいて分立して設置されているが，複数の履行確保機構間で連携が図られている。例えば，歳入税関庁（最低賃金履行確保チーム）と民営職業斡旋事業者基準監督機関では，2009年度から2012年度にかけて，両機関の連携方法の検討や情報共有を目的とした会議が開かれており，2013年5月には共同監督が実施された[768]。共同監督において，歳入税関庁（最低賃金履行確保チーム）と民営職業斡旋事業者基準監督機関は，34の民営職業斡旋事業者を調査した結果，約3,000人の労働者に対して約10万ポンド（日本円で約1,700万円）の最低賃金未払い[769]および73件の2003年民営職業斡旋事業行為規則違反[770]があることが明らかになった[771]。この結果を受けて，2013年11月に，民営職業斡旋事業者基準監督機関の人的・経済的資源を歳入税関庁（最低賃金履行確保チーム）に移行させた[772]。最も脆弱

---

[768] BIS, *Employment Agency Standards（EAS）Inspectorate: Annual Report 2012 to 2013*（2013）para 19.

[769] 2013年度，歳入税関庁（最低賃金履行確保チーム）により発見された未払最低賃金総額と未払労働者総数はそれぞれ，約460万ポンド（日本円で約7.8億円）と約23,000人であった（BEIS, *Supplementary data for the 2020 to 2021 National Minimum Wage Enforcement and Compliance statics report*（Excel））。

[770] 2013年度，民営職業斡旋事業者基準監督機関により発見された法違反総件数は320件であった（BIS, *Employment Agency Standards Inspectorate: Annual Report 2015-16*（2016）annex A）。

[771] BIS（n 768）para 19.

[772] Jo Swinson, HC Deb 4 November 2013, vol 570, col 1WS.

な低賃金労働者の保護に重点を置くことおよび歳入税関庁（最低賃金履行確保
チーム）に移行した人的・経済的資源が民営職業斡旋事業者における最低賃金
の履行確保に焦点をあてることで，法令を遵守する民営職業斡旋事業者に公平
な競争を可能とするとして，民営職業斡旋事業者基準監督機関の人的・経済的
資源を歳入税関庁（最低賃金履行確保チーム）に移行させたとされる[773]。

　また，イギリスでは，DLME の設置により，歳入税関庁（最低賃金履行確保
チーム），民営職業斡旋事業者基準監督機関，およびギャングマスター及び労
働者酷使取締局間の情報共有が円滑化しており，毎月情報が共有されている。

　さらに，イギリスでは，SCG（歳入税関庁（最低賃金履行確保チーム），民営職
業斡旋事業者基準監督機関，ギャングマスター及び労働者酷使取締局，労働安全衛
生執行局，移民管理局，DLME を主たる構成員とするグループ）を通じて，異なる
管轄法令，権限，目的をもつ複数の機構による共同監督が実施されている。共
同監督において生じた課題（例えば，さらなる情報が収集され，法令遵守を求め
る活動が実施され，共同履行確保活動の存在が周知されない限り，今後，同一の活
動を繰り返したとしても費用対効果を高めることができないといった課題）に取り
組むために，SEB の設置を構想するに至っている。

　労働関連法制の履行確保機構間の連携は，労働者が申告または相談すべき履
行確保機構と異なる履行確保機構に申告または相談した場合に適切な履行確保
機構に当該内容の引継ぎを行うだけでなく（ヘルプラインの統合による成果），
自己の管轄法令の履行確保を目的として実施した活動において，他の履行確保
機構の管轄法令違反を発見した際に，その事案の引継ぎを可能にする点に意義
がある。また，各履行確保機構が法違反使用者の情報を共有することで，限ら
れた財源の中で，より有効な監督を可能にする点にも意義がある。

2　履行確保機構による労働関連法制の履行確保のあり方の再編

　イギリスにおいて，2000 年以降，労働関連法制の履行確保機構および連絡
機構の新設，ならびに履行確保機構の統合議論等，履行確保機構による労働関
連法制の履行確保のあり方を再編するための具体的な動きがある。

---

[773]　ibid.

第3章　検　討

　第一に，移民労働問題への対処のために，履行確保機構による労働関連法制の履行確保のあり方に再編が生じた。労働関連法制問題に係る総合的なヘルプラインの設置およびギャングマスター許可局（ギャングマスター及び労働者酷使取締局の前身）の新設は，「不法」移民労働者に対する労働搾取によって引き起こされたモーカム湾事件を契機としている。ギャングマスター許可局からギャングマスター及び労働者酷使取締局への置換えおよびDLMEの新設は，入国管理を目的とした2016年移民法の制定を契機としている。履行確保手段の改善および履行確保機構の再構成は，移民労働者の増加および「不法」移民労働者の搾取といった移民労働問題への対処を背景としており，移民労働問題への対処から始まった議論ではあるが，移民労働者だけでなく，国内労働者にも同様の問題が生じていることから，これらは，移民労働者に限定されることなく，全労働者を対象とした法制度になっている。

　第二に，就労形態の多様化といった労働市場の変化への対応のために，履行確保機構による労働関連法制の履行確保のあり方の再編に至っている。就労者の「労働者」該当性が法的紛争において問われている中，労働市場における就労者の法的地位の明確化，使用者責任の明確化が議論の俎上に載せられていた[774]。これらに加えて，就労者の法的地位が明確になり，当該就労者に労働者としての権利が保障されたとしても，使用者の法違反により労働者の権利が侵害される場合，自己の権利を実現することが容易ではないとして，国家機関，とりわけ行政機関による労働関連法制の履行確保のあり方に関する議論（履行確保機構の権限の修正，履行確保機構の統合等）に至った。

　第三に，各地方自治体による取り組みの結果として，履行確保機構による労働関連法制の履行確保のあり方を再編するに至っている。実際に，レスターにおける履行確保活動によって，履行確保機構の統合および改革のニーズおよび利点が明らかになったとして，政府は，SEBを新設するとした[775]。

　イギリスでは，移民問題，就労形態の多様化，実務的問題へのそれぞれの対応が，履行確保機構による労働関連法制の履行確保のあり方の再検討につながっているという特徴がある。

---

[774]　Taylor（n 11）ch 8.

[775]　BEIS（n 14）10.

253

第 4 部　イギリス労働関連法制の履行確保機構の統合

◆ 第 2 節　労働関連法制の履行確保機構の統合における課題

1　SEB による民営職業斡旋事業法制の履行確保機構への影響

　2003 年民営職業斡旋事業行為規則 12 条では，労働者派遣事業者は，派遣先から労働者派遣事業者に対する派遣料の不払い，労働者派遣事業の遂行上の事情等を理由として，遂行した労務に係る派遣就労者の報酬の全部または一部を支払わないことをしてはならない」と定められている。ギャングマスター（許可基準）ルール付則 13 条では，利用者（labour user）からの労働者供給料の不払い，事業の遂行上の事情等を理由として，遂行した労務に係る労働者の報酬または一部を支払わないことをしてはならないと定められている。民営職業斡旋事業者基準監督機関およびギャングマスター及び労働者酷使取締局は，上記各規定を根拠として，報酬の履行確保のために自己の権限を行使できるが，現在，民営職業斡旋事業者基準監督機関およびギャングマスター及び労働者酷使取締局は，労働者の報酬の回復を直接的に可能にする民事救済権限がないため，その権限は，法的拘束力のない通告や警告，または刑事訴追もしくは許可の取消しに限定される。刑事訴追および許可取消の件数はともに低く，また，これらの権限が行使されたとしても，事業者が労働者に未払分の報酬を支払わない場合には労働者に報酬の回復は見込まれない。

　SEB の設置に係る意見聴取では，2003 年民営職業斡旋事業行為規則 12 条およびギャングマスター（許可基準）ルール付則 13 条違反といった，報酬未払いが生じる違反に対して，SEB の権限として，歳入税関庁（最低賃金履行確保チーム）により行使される既存のレベル[776]での民事制裁・民事救済権限が導入されるべきか否かが問われた[777]。その結果，政府は，2003 年民営職業斡旋事業

---

[776]　現在，使用者に課される制裁金額は，労働者に支払われるべき未払賃金額の 200 ％（全国最低賃金法 19A 条 5A 項）である。未払賃金額の総額が 100 ポンド（日本円で約 17,000 円）未満になる場合は，一労働者につき最小制裁金の 100 ポンドが制裁金として課され（19A 条 6 項），未払賃金の総額が，20,000 ポンド（日本円で約 340 万円）以上になる場合は，一労働者につき最大制裁金である 20,000 ポンドが制裁金として課せられる（19A 条 5B 項）。

[777]　BIES (n 13) 33-35.

行為規則 12 条違反やギャングマスター（許可基準）ルール付則 13 条違反といった，報酬の未払いが生じる違反に対して有効な権限がないことから，民事制裁・民事救済権限を行使できるように法改正を行うとした[778]。制裁額に対して，現在のレベルより高いレベルの制裁が課されるべきであるとする見解があったが，政府回答文書では，現在のレベル（未払額の 200 ％）を維持するとした[779]。

　したがって，今後，民営職業斡旋事業者基準監督機関およびギャングマスター及び労働者酷使取締局またはこれらを統合した SEB において，民営職業斡旋事業法制の履行確保手段として，民事救済権限が導入されることが見込まれる。ただし，民営職業斡旋事業者基準監督機関およびギャングマスター及び労働者酷使取締局の特徴と現在の果たす役割，すなわち民営職業斡旋事業法制に精通している人員が少ないこと，ギャングマスター及び労働者酷使取締局による履行確保の主眼が，民営職業斡旋事業法制というよりむしろ労働搾取に当てられていること，管轄法令および権限の及ぶ事業者が限定されていること，民営職業斡旋事業法制の履行確保に係る履行確保機構の権限行使が，遵守アプローチを中心としており，抑止アプローチを中心としていないことに鑑みると，単に民事救済権限が付与されただけでは，労働者の権利救済の範囲が広がるとは言えない状況にある。

2　SEB に統合されない平等・人権委員会への影響

　2019 年 7 月から 10 月にかけて行われた SEB の新設に係る意見聴取では，職場における差別に係る問題を，平等・人権委員会がその管轄を継続して，SEB に統合すべきではないとする見解がある一方で，下院特別委員会である女性平等委員会からは，少なくとも法定要件が明白な問題は，SEB の管轄とすべきとする見解もあった[780]。これに対して，2019 年当時の DLME であるディビッド・メトカルフ（David Metcalf）は，2019 年 3 月 27 日に女性平等委員会による会議に参加し，その後，同委員会宛てに書簡を送り，次の 3 点を理由と

---

[778]　BEIS（n 13）33; BEIS（n 14）22.

[779]　BEIS（n 14）22.

[780]　BEIS（n 14）11-12.

して，職場における差別に係る問題を，必ずしも SEB の管轄とすべきとはいえないとする見解を示した。すなわち，第一に，SEB が主たる対象としようとする使用者は，最低賃金等の法定最低基準さえも満たせない使用者であるが，差別に係る問題の対象となる使用者は，法定最低基準以上の条件で労働者を自己の事業に従事させる使用者も含まれることから，双方の対象使用者が同一になるとはいえないこと，第二に，職場で労働搾取を被るおそれのあるグループは，保護特性のあるグループと部分的に一致するが，差別リスクのあるこれらのグループは，法定最低基準を超えている傾向にあること，第三に，SEB による履行確保手段は，法定最低基準の充足であるのに対して，2010 年平等法の履行確保手段は，最低基準遵守の要求では処理できない，差別を受ける労働者と差別を受けていない労働者間の比較という司法判断を要するため，履行確保手段が本質的に異なることを挙げた[781]。

　SEB では，その権限のひとつとして，民事制裁・民事救済権限の導入が検討されている[782]。最低賃金の未払分については，全国最低賃金法に基づいて，歳入税関庁（最低賃金履行確保チーム）が，民事制裁・民事救済権限を有しており，最低賃金の未払分の支払いと未払分に対して制裁金を課すことが可能であり，支払わない場合には，歳入税関庁（最低賃金履行確保チーム）自体が，労働者に代わって，未払最低賃金を請求する訴えの提起が可能である。歳入税関庁（最低賃金の履行確保チーム）による民事制裁・民事救済権限の行使において，未払最低賃金の下限額といった要件はない。

　2010 年平等法の履行確保機構である平等・人権委員会の権限においても，代位訴訟といった，民事救済権限があるといえども，2010 年平等法の履行確保は，個人による提訴が前提として考えられている[783]。2006 年平等法 30 条 1 項は，平等・人権委員会が，自己の職務に関係する問題について，司法審査その他の法的手続を行うことが「できる」という規定に過ぎない。平等・人権委

---

[781]　Letter from David Metcalf CBE to Women and Equalities Committee (30 May 2019) 〈https://www.parliament.uk/globalassets/documents/commons-committees/women-and-equalities/Correspondence/30-05-19-Equality-Act-David-Metcalf.pdf〉 accessed 31 July 2024.

[782]　BEIS (n 14) 33-35.

[783]　House of Commons Women and Equalities Committee (n 19) para 11.

第 3 章　検　討

員会による提訴が認められるのは，当事者が複数人いる場合で，そのうちある
1 人によって申立てを行ったのではその全体像を示すことができない場合等，
平等・人権委員会の裁量に委ねられており，件数から考慮すると，現行権限の
行使は限定的である。

　男女間の賃金格差について，異性の比較対象者が行う労働と等しい労働に従
事しているにもかかわらず，男女間に賃金格差がある場合，当該者の契約内容
は，格差のない賃金が契約条件となると規定する「性平等条項（sex equality
clause）」が適用される[784]。この場合，その履行確保は，最低賃金と最低賃金未
満の賃金との差額と同じく差額の計算が容易なものである。平等・人権委員会
による代位訴訟は，1 人によって申立てを行ったのではその全体像を示すこと
ができない場合等を想定しており，男女間の賃金格差の是正について同権限が
行使される可能性が低いことになる。さらに，平等・人権委員会には，民事制
裁がないため，未払分を支払うよう促す措置もない。

　職場における差別に係る問題について，平等・人権委員会の SEB への統合
可否に加えて，個別的な履行確保では，差別に係る個別紛争処理を超えた組織
的な変化を生じさせることが難しいという指摘もあり[785]，平等・人権委員会に
よる 2010 年平等法の履行確保手段の改善が課題とされている[786]。

---

[784]　性平等条項は，賃金その他の契約条件に適用される（2010 年平等法 66 条）。

[785]　Written submission from RNIB（EEA0199）〈https://data.parliament.uk/
writtenevidence/committeeevidence.svc/evidencedocument/women-and-equalities-
committee/enforcing-the-equality-act-the-law-and-the-role-of-the-equality-and-human-
rights-commission/written/91138.html〉（October 2018）para 5.2 accessed 31 July
2024.

[786]　ibid paras 19-23.

結

◈ 第1節　本書の総括

　本書は，個別的労働関係法の履行確保が重要な検討課題となっているが，現行の履行確保手段では，労働者の保護を図ることが困難となっていることを背景として，イギリスにおける労働関連法制の履行確保機構の権限である民事救済権限の意義・課題の解明を試みた。以下，本書冒頭で示した，本書全体の問題提起に関する帰結を確認する。

⑴　行政機関による民事救済権限の特徴
　イギリスにおいて，全国最低賃金法の履行確保機構である歳入税関庁（最低賃金履行確保チーム）は，労働者に代わって，未払最低賃金を請求するための訴えを提起することができる。民事救済権限は，当初，産業委員会法の制定時，自主的団体交渉機構が未確立な産業において，労働組合の代替機構であった産業委員会に導入されたものであった。もっとも，産業委員会において，労働者側の交渉力の劣位ゆえに団体交渉機構の代替としての機能が弱いことから，その交渉力を補完するために行政機関による民事救済権限が規定されていた。現在では，最低賃金以上の賃金を受け取る労働者の権利を直接的に保障することが権限行使の目的とされており，団体交渉機構の有無を問わず，民事救済権限が導入されている。
　2010年平等法の履行確保機構である平等・人権委員会は，差別を受けた当事者が複数人いる場合で，そのうちある1人によって申立てを行ったのではその全体像を示すことができない場合，申立てに係る内容が，平等・人権委員会の歴史，法的義務，または経験に鑑みて，平等・人権委員会による申立てが最適である場合等において，裁判所または審判所に申立てを行う可能性がある。

259

結

平等・人権委員会への民事救済権限の付与は，差別が，1人ではなく（性別，人種，障害等の）グループに対して行われるものであり，グループ全体を救済する手段が必要であるとして要請された[787]。

労働組合は，使用者に自ら交渉を行うことで権利を実現することができるが，行政機関は，裁判所により効力を与えられなければならない。そこで，行政機関が，労働組合の代替として，労働者の権利を実現するために，民事救済権限が導入されるに至ったと考えられる。

行政機関による民事救済権限は，法的拘束力のない文書の交付や刑事訴追等の権限と比較して，労働者に経済的・時間的・精神的負担を課すことなく，労働者の権利救済を可能にできるという特徴がある。また，個別労働者による履行確保では，各問題処理について，会社組織全体への波及効果が小さく，問題が生じたその都度の解決を要するが，履行確保機構による民事救済権限では，当該会社組織全体の労働者の問題を処理することができるという意義がある。

(2) 行政機関による民事救済権限の課題

本書の執筆時点において，民事救済権限が付与されているのは，歳入税関庁（最低賃金履行確保チーム）と平等・人権委員会に限られている。

2019年から，歳入税関庁（最低賃金履行確保チーム），民営職業斡旋事業者基準監督機関，およびギャングマスター及び労働者酷使取締局の三機構の統合議論が生じている。この議論において，民営職業斡旋事業法制の履行確保手段として，民事救済権限が導入されるべきであるという指摘があり，政府も導入を行うとしている。

図表11のように，最低賃金の履行確保および差別に係る問題処理に加えて，（民営職業斡旋事業者により支払われる）報酬，法定傷病手当，および休日賃金（斜線部）の履行確保に，民事救済権限の拡大が見込まれている。もっとも，SEBの設置による民事救済権限の拡大によっても，その対象は，報酬の未払いに限定されている。また，現行制度下において，民事救済権限の行使対象が，①低賃金業種を中心としていること，②SEBには報酬の未払いを対象として民事救済権限が導入されることから，SEBによる民事救済権限の行使

---

[787]　Blackstone（n 558）col 388.

図表11　民事救済権限の拡大範囲

	報酬	法定傷病手当	安全衛生	事業許可	休日賃金	差別行為
歳入税関庁 （最低賃金履行確保チーム）	○	—	—	—	—	—
民営職業斡旋事業者 基準監督機関		—	—	—		—
ギャングマスター及び 労働者酷使取締局		—	—	—		—
労働安全衛生執行局	—	—	—	—	—	—
歳入税関庁 （法定手当紛争処理チーム）	—		—	—	—	—
平等・人権委員会	—	—	—	—	—	○

対象も低賃金業種を中心とすることが予想される。

　平等・人権委員会による民事救済権限の行使は，当事者が複数人いる場合で，そのうちある1人によって申立てを行ったのではその全体像を示すことができない場合等，平等・人権委員会の裁量に委ねられている。また，平等・人権委員会は，履行確保手法として，内省的規制手法を中心としており，会社組織内の仕組みによって問題処理を行えない場合にはじめて，自己の権限行使を控える傾向にある。実際に，平等・人権委員会の権限行使件数から考慮すると，現行権限の行使は限定的である。

(3)　結　論
　したがって，イギリスにおいて，行政機関による民事救済権限は，法の履行確保および労働者の権利救済にとって有効な手段ではあるが，現状において，民事救済権限が，労働者の保護に果たす役割は限定されていると言わざるを得ない。

結

◆ 第2節　残された課題

　最後に，今後の課題を示すことで，本書の結びに代えたい。

　現在，イギリスにおいて，行政機関による労働関連法制の履行確保は変革期を迎えており，民事救済権限が，最低賃金の履行確保，差別に係る問題処理のための手段だけでなく，休日賃金等の履行確保手段として拡大されることになる。もっとも，民事救済権限は，本書において分析を行ってきたような課題を抱えている。したがって，歳入税関庁（最低賃金履行確保チーム），民営職業斡旋事業者基準監督機関，およびギャングマスター及び労働者酷使取締局がSEBとして設置され，SEBに民事救済権限が付与されるからといって，これが，必ずしも労働者の権利救済にとって有効な手段となるわけではない。

　本書の執筆時点において，SEBの設置が進んでいないことから，労働関連法制の履行確保機構の統合に伴う各法律の履行確保への影響を検討することができていない。そこで，SEBが設置された後の民事救済権限のあり方は今後の課題としたい。

262

索　引

◆ あ　行 ◆

アクション・プラン ·················· *155, 194*
アンブレラ会社 ····························· *116*
意見聴取 ·························· *135, 218*
意見聴取文書 ····························· *135*
移籍料 ···································· *90*
違法行為通告 ····················· *157, 194*
移民法 ···························· *58, 128*
移民問題助言委員会 ···················· *215*
永続的差別 ····························· *185*
欧州共同体法 ····························· *94*
欧州社会憲章 ····························· *40*
オプト・アウト ·························· *94*

◆ か　行 ◆

係　官 ············· *48, 49, 53, 107, 221*
間接差別 ······················ *161, 162, 176*
監督官 ···························· *4, 145*
機会均等委員会 ·························· *163*
ギグワーカー ····························· *62*
規制緩和・業務委託法 ··················· *86*
基本の労働・雇用条件 ··················· *96*
ギャング ································· *121*
ギャングマスター ··················· *7, 119*
ギャングマスター及び労働者酷使取締局 ······· *134*
ギャングマスター(許可基準)ルール ········· *123*
ギャングマスター許可局 ················· *130*
ギャングマスター許可局係官 ·············· *131*
ギャングマスター(許可制度)法 ············ *121*
休日賃金 ································· *234*
強制労働 ···························· *119, 124*
強制労働条約 ····························· *124*
強制労働条約議定書 ····················· *124*
協　定 ·································· *188*
共同労使評議会 ·························· *22*
許可当局 ································· *86*
禁止命令 ···························· *87, 110*
均等待遇回避 ····························· *98*
均等待遇原則 ····························· *96*

◆ く ～ こ ◆

苦汗産業 ································· *15*
苦汗労働 ································· *15*
苦情処理機構 ····················· *165, 200*
グラスゴー法 ····························· *81*
警　告 ·································· *133*
警告文書 ································· *113*
警察及び刑事証拠法 ····················· *137*
結合差別 ································· *176*
ケーブ委員会 ····························· *24*
現代奴隷法 ························ *119, 124*
公共職業安定所 ·························· *75*
公式調査 ································· *184*
公衆衛生法修正法 ······················· *82*
公正賃金決議 ····························· *18*
公正報酬 ································· *40*
合理的調整義務 ·························· *170*
合理的な疑い ····························· *189*
国務大臣 ································· *41*
個人事業主 ······························ *84*
個別的権利実現手法 ····················· *201*
雇用環境・均等部(室) ··············· *4, 203*
雇用権利法 ······························ *56*
雇用審判所 ······················ *55, 101, 178*
雇用平等(宗教もしくは信条)規則 ··········· *158*
雇用平等(性的指向)規則 ················· *158*
雇用平等(年齢)規則 ····················· *158*
雇用法 ·································· *54*

◆ さ　行 ◆

最低賃金の決定方法 ····················· *40*
歳入税関庁(最低賃金履行確保チーム) ······· *52, 61*
歳入税関庁(法定手当紛争処理チーム) ······· *234*
差止命令 ································· *165*
差別禁止法 ······························ *155*
差別停止通告 ····························· *185*
産業委員会 ······························ *20*
産業委員会法 ························ *17, 21*
資格要件期間 ····························· *96*
指揮・統制手法 ·························· *201*
自主的是正 ······························ *60*

263

索　引

仕出業賃金法……………………25	低賃金委員会……………………42
司法審査………………………196	低賃金業種………………………69
集団的規制手法…………………200	テイラー報告書………………232
需給調整事業部(室)………4, 203	デューデリジェンス…………242
遵守アプローチ…………150, 248	同一賃金法………………29, 160
遵守係官………………………131	独立反奴隷制調査官…………127
障害者権利委員会(法)………159	ドノヴァン委員会………………28
障害者差別禁止法………………168	奴　隷………………119, 124
使用者名公表制度………………59	——及び人身売買危機命令…126
情報ハブ………………………223	——及び人身売買防止命令…126
職業紹介事業者…………………75	——又は人身売買の犯罪行為…126
所得の中央値……………………40	
人種関係委員会…………………164	◆ な 行 ◆
人種関係法………………………164	内省的規制手法…………………201
人種平等委員会…………………158	二重派遣…………………………92
人身売買………………………119	
審　問…………………………191	◆ は 行 ◆
生活賃金…………………………19	派遣先……………………………95
制裁金………………54, 56, 66, 241	派遣就労者………………………76
制裁金通告………………………54	派遣労働者…………40, 79, 95
性差別禁止法……………………159	派遣労働者規則…………………93
ゼロ時間契約……………………62	ハラスメント……………………176
全国一律最低賃金制……………34	ハンプトン原則…………………112
全国最低賃金規則………………38	被用者……………………………84
全国最低賃金法…………………36	平等・人権委員会………………191
全国最低賃金法の適用対象……40	平等法………………173, 175
全国最低賃金(履行確保通告)法…54	複合差別…………………………174
全国障害者審議会………………171	ホイットレイ委員会……………22
全国生活賃金……………………41	法定傷病手当……………………239
——の改訂額…………………44	報　復…………………………176
戦略的連携グループ……………223	保護特性…………………………157
即決裁判…………………………47	ボランタリズム…………………23
◆ た 行 ◆	◆ ま 行 ◆
代位訴訟…………………………57	マンチェスター法………………81
多重派遣…………………………92	見習労働者………………………41
治安判事………………………103	未払通告…………………………54
地方当局…………………………82	民営職業斡旋事業行為規則……88
仲介者……………………………95	民営職業斡旋事業者……………75
直接差別………………161, 162, 176	民営職業斡旋事業者基準監督機関…103
賃金監督官…………………32, 50	民営職業斡旋事業者基準室……86
賃金監督機構……………………47	民営職業斡旋事業者基準室……86
賃金規制命令……………………26	民営職業斡旋事業法……………75
賃金算定基礎期間………………54	民間職業仲介事業者……………87
賃金審議会法……………………25	民事救済権限………9, 65, 71, 259
提訴権…………………………101	民事制裁……………………9, 66
	民事訴訟…………………………49

索 引

モーカム湾事件 …………………………… 119

◆ や 行 ◆

郵便調査 ……………………………………… 52
有料職業紹介 ………………………………… 92
抑止アプローチ ………………………… 150, 248
ヨーロッパ人権条約 ……………………… 124

◆ ら 行 ◆

履行確保係官 ……………………………… 131
履行確保機構 ………………………………… 5
履行確保通告 …………………………… 53, 133
臨時労働者 …………………………………… 78
隷　属 …………………………………… 119, 124
レッドテープ ……………………………… 130
労使審判所 ………………………………… 161
労働安全衛生執行局 ……………………… 111
労働安全衛生法 …………………………… 85
労働関連法制 ………………………………… 5
労働基準監督官 …………………………… 4, 203
労働組合及び労働関係(統合)法 ………… 97
労働組合改革・雇用権法 ………………… 35
労働組合会議 ……………………………… 30
労働搾取 …………………………………… 120

労働時間規則 ……………………………… 85
労働市場エンフォースメント権限 ……… 220
労働市場エンフォースメント室長 …… 215, 220, 224
労働市場エンフォースメント誓約書 …… 58
労働市場エンフォースメント戦略 ……… 149
労働市場エンフォースメント命令 ……… 58
労働市場規制 ……………………………… 211
労働者 …………………………………… 6, 84
労働者酷使防止官 ………………………… 137
労働者派遣事業者 ……………………… 75, 95
労務供給契約 …………………………… 76, 84
ロンドン議会(包括権限)法 …………… 82
ロンドン生活賃金 ………………………… 44

◆ 欧 文 ◆

DLME …………………………… 215, 220, 224
EU 労働者派遣指令 ……………………… 93
GPMU ……………………………………… 37
LMEO ……………………………………… 58
LMEU ……………………………………… 58
LME 戦略 ………………………………… 149
Operation Tacit …………………………… 227
SEB ………………………………………… 231
TUC ………………………………………… 30

265

〈略歴〉

西畑佳奈 (にしはた・かな)

2019年　立命館大学法学部卒業
2024年　立命館大学大学院法学研究科博士後期課程修了
2024年　岩手大学人文社会科学部講師（現在に至る）

〈主要著作〉
「最低賃金の実効的な履行確保手段(1)〜(3・完)」立命館法学
　397号(2021年), 398号(2021年), 401号(2022年)
「イギリス労働関連法制における履行確保機構の統合」季刊労
　働法278号(2022年)
「民営職業斡旋事業法制の履行確保機構による労働者保護(1)〜
　(3・完)」立命館法学407号(2023年), 408号(2023年), 409
　号(2023年)
「平等・人権委員会による2010年平等法の履行確保および労働
　者の保護」立命館法学413号(2024年)

学術選書
260
労働法

イギリス労働関連法制の履行確保
—— 歴史的変遷と行政機関の役割 ——

2024(令和6)年12月25日　初版第1刷発行

著　者　西　畑　佳　奈
発行者　今井 貴・稲葉文子
発行所　株式会社 信 山 社

〒113-0033　東京都文京区本郷6-2-9-102
Tel 03-3818-1019　Fax 03-3818-0344
info@shinzansha.co.jp
笠間才木支店 〒309-1600 茨城県笠間市笠間 515-3
笠間来栖支店 〒309-1625 茨城県笠間市来栖 2345-1
Tel 0296-71-0215　Fax 0296-72-5410
出版契約 2024-8286-3-01011　Printed in Japan

©西畑佳奈, 2024　印刷・製本／藤原印刷
ISBN978-4-7972-8286-3 C3332.P.284/328.623 a.016 労働法
8286-01011:012-030-010 《禁無断複写》

JCOPY 〈(社)出版者著作権管理機構 委託出版物〉

本書の無断複写は著作権法上での例外を除き禁じられています。複写される場合は、
そのつど事前に、(社)出版者著作権管理機構(電話03-5244-5088, FAX03-5244-5089,
e-mail: info@jcopy.or.jp)の許諾を得てください。また、本書を代行業者等の第三者に
依頼してスキャニング等の行為によりデジタル化することは、個人の家庭内利用であっ
ても、一切認められておりません。

横井芳弘著作選集 1〜3巻

蓼沼謙一著作集 1〜8巻、別巻

労働者人格権の研究 角田邦重先生古稀記念 上・下

　山田省三・石井保雄 編

労働法理論変革への模索 毛塚勝利先生古稀記念

　山田省三・青野覚・鎌田耕一・浜村彰・石井保雄 編

現代雇用社会における自由と平等 山田省三先生古稀記念

　新田秀樹・米津孝司・川田知子・長谷川 聡・河合塁 編

トピック労働法〔第2版〕　山田省三・石井保雄 編著

プラクティス労働法〔第3版〕　山川隆一 編

労働法〔第8版〕　川口美貴

最低賃金と最低生活保障の法規制—日英仏の比較法的研究

　神吉知郁子

フランス労働法概説　野田 進

EU・ドイツの労働者概念と労働時間法　橋本陽子 編

ドイツ労働法判例50選—裁判官が描く労働法の歴史

　ミヒャエル・キットナー 著／橋本陽子 訳

ドイツ進出企業の労働問題　池田良一

外国人労働者と法—入管法政策と労働法政策　早川智津子

賃金の不利益変更—日韓の比較法的研究　朴 孝淑

信山社